코리아 브랜드, 세계를 매혹시키다

한국의 얼과 꿈을 세상에 펼친 사람들

김지윤 지음

명인문화사

코리아브랜드, 세계를 매혹시키다

1쇄 펴낸 날 2012년 8월 13일
3쇄 펴낸 날 2014년 11월 30일

지은이 김지윤
펴낸이 박선영
펴낸곳 명인문화사

표지디자인 조수연
내지디자인 박종희

기 획 박선영
교 정 문혜연

등 록 제2005-77호(2005.11.10)
주 소 서울시 송파구 석촌동 58-24 미주빌딩 202호
이메일 myunginbooks@hanmail.net
전 화 02)416-3059
팩 스 02)417-3095
ISBN 978-89-92803-44-1
가 격 16,000원

차례

인물목록

WFK (한국대학생해외봉사단) · 굿뉴스의료봉사회 · 열린 의사회 · 지구촌
　　모두하나스쿨 · 굿네이버스

강상균 ('비빔밥 유랑단' 단장), 김명식, 정겨운, 김수찬, 박현진 ('비빔밥
　　유랑단' 단원들)

강우성 ('코리아 알림이', 前 'NYU 한인학생회 KGSA' 부회장)

김석명 (고성농요 보전회장, 한국 중요무형문화재 총연합회 회장)

김숙향 (교사, 사회사업가)

김연아 (피겨스케이팅 선수. 2010 제21회 밴쿠버 동계올림픽 금메달
　　리스트)

김장훈 (가수, '독도지킴이')

김재홍 (만해학술원 원장, 문학평론가, 경희대 국문학과 교수)

김태진 (前 미국 맨해튼 브로드웨이 한글학교 교사, 한국문화국제교류
　　운동본부 연구위원)

다이나믹 코리아 메신저(이른바 DKM. 곽종혁, 김경훈, 전희상, 문현주,
　　심수원)

마르자, 장 조지 (미 다큐 〈Kimchi Chronicles〉 진행자들. 장 조지는
　　미국의 스타 셰프)

말레이시아 아리랑 클럽 (회장 이휘원)

박기태 (사회활동가, '반크 VANK' 단장)

박종철 ('김치전도사', 순천대 한약자원학과 교수)

박형동 (의사, 선교사)

서경덕 (한국문화홍보전문가, 성신여대 교양교육원 교수)

서미라 (의사, 선교사)

세스 앤드루 (맨해튼 할렘의 '데모크라시 프렙 차터 스쿨 [Democracy
　　　　Prep Charter School]'의 교장)

신경숙 (소설가)

신성학 (선교사, 성악가, 사회사업가)

싸이 (가수, '강남스타일'로 빌보드 차트 2위, 영국 차트 1위에 랭크)

앤드루 조 (한국명 조현준, ISEA Communication 대표, 다큐멘터리
　　　　제작자)

어바인 고등학교 한인학부모회(회장 심혜경)·산라몬 한국어 사랑모임
　　　　(회장 강상철)

이광규 (한국문화국제교류운동본부 이사장)

이기수 (KOICA, 한국국제협력단 해외 파견사범)

이명학 (성균관대 한문교육과 교수)

이승철 (가수)

이영희 (디자이너, 메종 드 이영희 대표)

이예근 (재미국악원 원장)

이은영 (건축가)

이재훈 (의사, 선교사)

이준구 (무술인, '세계무술협회', 'JHOON RHEE 태권도 협회'의 창설자
이자 의장)

이지성 (작가)

이태석 (신부, 의사, 선교사)

인남순 (한국전통문화연구원 원장, 무용가)

조영(형택) (한국문화알림터 '동화문화센터' 운영, 컨설팅 업체 PWC의
파트너)

줄리 내리먼 (뉴욕 브롱스의 '펠햄 랭귀지 앤 이노베이션 고등학교
[Pelham High School for Language and Innovation]'의 교장)

최현묵 (영화감독, 지오엔터테인먼트 대표)

한국문화국제교류본부 (공동대표: 이광규, 김홍기, 김길남)

한국항공선교회 (이사장: 길자연 목사·대표: 김영욱 목사)

한규언 (한의사)

호사카 유지 (세종대 부교수, 세종대 독도종합연구소 소장)

한국과 세계를 잇는 징검다리

한 소녀가 있다. 이제 여덟 살, 궁금한 것도 하고픈 것도 많은 소녀는 세상의 모든 것을 맑은 눈망울에 담으며 몸도 마음도 더 자라나야 한다. 그러나 그녀의 눈은 어둠에 가려져있다. 보이지 않아도 학교에는 가고 싶은 어린 그녀에게 이 암흑은 너무 무거운 짐이다.

하지만 아이 셋을 키우면서 가난에 찌든 엄마는 아이의 삶에 드리워진 두터운 장막을 젖혀 줄 방도가 없다. 그 때 어둠의 수렁으로 자꾸 빠져 들어가던 소녀를 누군가의 단단한 손이 붙들어준다. 그 친절한 손길을 따라 온 곳에서 그녀는 빛줄기를 닮은 희망을 얻는다.

병원에서 잠을 깨자 귓가에 들려오는 낯선 언어의 목소리들 속에서 소녀는 잊지 않으려는 듯 몇 번이고 혼자 같은 말을 되뇌어 본다. "이곳은 한국이다." 어둠을 밝힐 불씨를 내밀며 소녀에게 다가온 나라, 이곳은 대한민국이다.

국제구호개발 비정부기구(NGO) 굿네이버스를 통해 실명 위기에 처한 소녀 카디자의 눈을 치료해 준 이는 우리나라의 유명 가수 이승철(44) 씨다. 이승철 씨는 지난해 TV에서 고 박용하 씨가 생전 아프리카 차드의 아이들을 위해 지은 학교 '요나스쿨' 방송을 보고 '희망 학교' 프로젝트에 참여했다.

올해 3월 그는 차드에서 봉사 활동을 하다가 카디자의 딱한 사연을 들었다. 이 소녀는 치료비가 없어 눈에 난 작은 상처를 방치했다가 현지 병원으로부터 두 눈을 적출해야 한다는 진단을 받은 참이었다.

이씨의 후원으로 어머니와 함께 한국을 방문한 카디자는 차병원에서 무료 치료를 받았고 이승철 씨와 함께 한국 관광도 했다. 그리고 서툰 한국말로 부끄러운 듯이 "감사합니다"라고 말했다. 생경한 그 언어를 말하기 위해 그녀는 소리 내어 몇 번씩, 진심을 담아 연습해 보았을 것이다. 새로 배운 그 말을 가슴에 안고 본국에 돌아간 뒤 소녀는 자신의 삶을 밝은 곳으로 이끌어 준 한국인, 그리고 대한민국이라는 나라에 대해 모두에게 이야기할 것이다. 카디자에게 직접 듣지 못하는 먼 곳에 사는 다른 외국인들도 이이야기를 접하며 감동을 느끼고, 한국이라는 나라에 대해 다시 생각해볼 수 있을 것이다. 어쩌면 시간이 흐른 뒤 그들이 Korea라는 나라 이름을 들었을 때 문득, 한 어린 소녀의 다시 뜬 해맑은 눈망울을 떠올릴지도 모를 일이다.

물론 위의 사례의 경우, "보통 사람이 아닌 인기 연예인이니 이런 일을 하는 거지"라고 생각할 수도 있을 것이다. 한국의 국가 이미지나 그 위상을 높이는 일을 하고 있는 개인은 이처럼 유명인이나, 재력가거나, 많은 후원을 받는 기업, 국가기관, 단체에 속한 일원일 것이라 짐작하기 쉽다. 일반인이 뛰어들기 어려운 전문적이거나 규모가 큰 프로젝트여야 할 것이란 부담을 가지기도 한다. 그러나 올림픽을 유치하는 국가기관이나, 국가대표선수나, 특별한 재능을 지닌 이가 아니라도 마음만 먹으면 아주 작은 실천과 아이디어, 열정만으로 누구든 할 수 있는 일이다.

한국을 알리는 일에는 세 가지가 꼭 필요하다. 필자는 그것을 한. 얼. 꿈이라는 세 글자로 말하고 싶다. 여기서 '한'은 한국을 뜻하는 韓이기도 하고 한국 고유의 정서인 恨이기도 하다. 우리나라를 알리기 위해서는 한국 고유의 전통과 민족정서를 녹여내어 바르게 전달해야 한다는 뜻이다. 또한 '한 겨레'와 같은 말에 쓰는 순우리말로서의 '한'처럼 '큰' 마음을 '하나'로 모으는 우리 모두의 관심과 협력이 필요하다.

또 무엇보다 우리의 '얼'을 잘 살려야 한다. 한 나라의 '정신'은 한 사람에게 있어서는 영혼과 같다. 우리의 정체성을 지키는 것은 '한국적인 것을 세계적인 것으로' 만드는 데 가장 필요한 일이다.

그리고 남은 것은 '꿈'이다. 이제 다가오는 시대는 꿈과 감성, 이미지의 시대다. 꿈을 담아낼 수 있어야 세계인에게 한국의 매력을 보여줄 수 있고, 보편적인 인간성과 진심에 호소할 수 있다. 그리고 쉼 없는 열정이 담긴, 살아있는 꿈은 수많은 가능성을 낳는다.

이 책에 앞으로 등장할 많은 이들은 이 세 가지를 잘 간직하고, 지키고, 세계에 알리기 위해 노력한 사람들이다. 이 책은 한국의 정서와 전통, 문화, 정신 그리고 무엇보다 한국인의 꿈과 열정을 세계로 펼친 이들의 이야기를 담고 있다.

한국과 세계 사이에는 넓은 강이 흐르고 있다. 강 너머의 마을이 물안개로 흐릿하게 보이듯, 다리를 놓아 서로 연결해주지 않으면 수많은 무관심, 오해를 낳는 강물이 될 수도 있다.

한국과 세계를 잇는 다리는 한 사람, 한 사람이 개울가에 들어가 바위 한 개씩 내려놓아 만드는 징검다리와 같다. 이런 사람들의 마음이 모아져서 다리가 없던 곳에 징검다리가 놓이고, 점점 더 많은 이들이 오가며 건너다니다 보면 다리는 더 튼튼해지고 견고해지기 마련이다. 그 시작은, 그저 누군가가 발목을 적시며 돌을 가져다 놓으면 된다. 어린 아이라도, 허리가 굽은 할아버지라도, 그 누구라도.

처녀귀신과 비빔밥 한 그릇의 공통점

월드비전 긴급구호 팀장 한비야 씨는 "철문은 작은 열쇠로 열린다"고 말한 적이 있다. 우리나라와 세계의 사이에 두꺼운 철문처럼 가로막힌 잘못된 인식, 오류, 무지들을 걷어낼 수 있는 것은 사실 아주 작은 열쇠 하나일지 모른다. 그 열쇠는 다음에 이어지는 사례들에서 보듯 처녀귀신의 흰 소복일 수도 있고, 그저 비빔밥 한 그릇일 수도 있다.

이런 장면을 한 번 생각해보자. 여기는 미국 뉴욕, 때는 할로윈 데이다. 아이들도 어른도 축제 분위기에 한껏 들떠 있다. 드라큘라, 프랑켄슈타인, 마법사와 마녀 등 미국의 괴물과 옛이야기 속 인물들이 걸어가는 퍼레이드가 한창 진행 중이다.

미국인들에게 친밀하고 익숙한 디자인의 의상들이 대부분이다. 수많은 할로윈 데이 때마다 미국인이라면 누구든 셀 수 없이 많이 보았을 상투적인 분장들, 전형적인 캐릭터 설정이라 아이들만 들뜨고 어른들은 슬슬 지겨워져선 퍼레이드의 끝이 언제일까 연신 손목시계를 들여다보고 있을, 딱 그 무렵이다.

흰 소복을 입고 입가에 피를 흘리는 처녀귀신과 무시무시한 저승사자, 위풍당당한 고구려 무사가 나란히 등장한다. 모두의 시선이 한 번에 쏠린다. 와, 정말 무섭다. 저건 뭐지? 새로운 것에 호기심이 동한 아이들이 부모에게 묻는다.

"엄마, 아빠. 저 귀신은 이름이 뭐예요?" 부모들은 잠깐 망설인다. 자신들도 답을 모르기 때문이다. 하지만 전 세계 모든 부모들은 아이들의 대답에 대꾸를 하기 위해 어떻게든 적절한 답을 찾게 되어있다. 아빠는 잠시 생각하다가, 머리가 검고 동양인의 모습을 하고 있으니 동양의 귀신인 것 같다는 결론을 내리고 대답한다.

"저건 중국 귀신이야. 그 옆에는 아마 사무라이인 것 같다." 하지만 대답을 한 아빠는 자신이 없다. 자기가 보아왔던 어떤 중국 귀신, 일본 사무라이와도 다른 모습이라는 것을 그는 알고 있다. 게다가 그 옆을 지나가던 검은 옷에 검은 챙 모자를 쓴 귀신은 생전 처음 봤고, 뭐라고 설명해야 할지 난감해서 슬쩍 빼먹기까지 했다.

그래서 그는 대답을 해놓고도 내심 궁금하고, 눈을 떼지 못하다가 누군가 나누어 준 유인물을 받는다. 유인물에는 그에게 꼭 필요한 답이 적혀 있다. 한국. 한국의 귀신들이다. 그는 신이 나서 아들에게 설명해준다.

"저건 중국이나 일본 귀신이 아니라 한국 귀신이래." 그리고 슬쩍 주워들은 이름을 아이에게 알려준다. 처녀귀신, 저승사자, 고구려 무사라고.

"와, 진짜 멋져요. 저런 건 처음 봐." 궁금증을 참지 못한 아이는 아예 유인물을 나눠주는 사람에게 직접 묻는다. "저건 뭐예요? 귀신은 아닌 거 같은데."

유인물을 나눠주던 젊은 한국 청년이 웃으며 말해준다. 저 사람은 'Royal Guards of Joseon Dynasty(조선 왕조 시대 왕궁 경비)'이며 지금은 관광지가 된 한국의 경복궁 앞에 가면 볼 수 있다고. 이런 설명과 함께 '수문장'이라는 한국 발음을 알려주자 아이는 얼른 'Sumunjang'이라 따라해 보며 수문장의 붉은 관복을 한참 바라본다. "와, 근사하네요. 이야기를 다 들은 아이는 아빠를 보고 말한다. 아빠, 한국에 가서 경복궁을 지킨다는 수문장을 보면 멋지겠어요."

아빠는 비록 한국에 대해 아는 바가 거의 없지만, 저런 멋진 옷을 입은 사람들이 서 있는 동양의 옛 궁전이라니 근사하겠다고 잠시 생각한다. 유인물에는 페이스북 주소가 적혀 있다. 그 주소로 들어가면 한국 귀신들을 더 알 수 있겠구나.

아빠는 이야기한다. 네가 더 궁금하면 집에 가서 여기 페이스북 주소로 들어가 한국 귀신들 더 보여줄게. 아이는 얼른 머리를 끄덕인다.

그들은 집에 돌아가 페이스북 홈페이지 내의 한국 귀신들 뿐 아니라 한국의 고궁 풍경, 한복, 한국의 문화를 소개하는 다른 포스팅 들도 접하게 될 것이다. 모두 영어로 되어 있어 편리하게 읽을 수 있고, 어쩌면 읽은 후엔 훗날 어딘가에서 아는 척이라도 할 수 있을 것이다. 한국? 너 한국의 전통 옷은 한복인 거 알아? 기

코리아 브랜드, 세계를 매혹시키다

모노가 아니고 말이야. 하는 식으로.

2010년 가을 열렸던 '뉴욕 할로윈 고구려 프로젝트'는 한국 문화를 홍보하고 한국의 국가브랜드 가치를 높이겠다는 꿈으로 결성된 한국 유학생들의 자발적 모임에서 기획한 행사였다. 이 모임은 자신들이 운영하는 사이트 등에 이 프로젝트 기획을 알리며 1만 한국 네티즌 성금을 받아 의상을 마련해 이 행사를 벌였다.

한국을 대표하는 캐릭터를 만들어 한국의 이미지 상승을 꾀하려는 목표로, 뉴욕 빌리지 퍼레이드에 참여해서 한국 고구려 무사복, 한복, 소복, 관복 등을 입은 채로 5만 참가자, 200만 관객, 전 세계 시청자들 앞에서 행진한 이 프로젝트는 많은 인기를 끌었을 뿐 아니라 여러 언론의 주목을 받기도 했다.

또 다른 장면으로 건너가 보자. 여기는 캐나다, 사람들이 많이 모이는 월마트다. 그 안에서 특이한 행사가 하나 열리고 있다. 바로 비빔밥 시식회다. 한국 음식 중에 가장 많이 알려진 메뉴 중 하나지만, 실제로 잘 알고 있거나 시식을 해 본 사람들은 드물다. 캐나다 사람들은 잘 차려진 비빔밥 테이블을 보며 신기해하면서도 낯설어 한다. 각종 오색 야채들이 보기 좋게 어우러진 비빔밥은 유기농, 참살이가 화두가 되고 건강과 다이어트를 생각하는 사람들에게 매력적으로 보이는 메뉴다. 기름지고 무거운 음식들, 패스트푸드를 쉽게 접할 수 있는 나라에서는 더욱 그렇다.

용기 있는 사람들이 먼저 시도해본다. 사람들이 하나둘씩 먹어보기 시작하고 점점 더 많은 인파가 모이기 시작한다. 여러 가지 색이 식감을 돋우고 달콤하며 매콤한 맛이 이제껏 경험해보지 못한 독특함을 선사하며 기억에 남는다.

비빔밥, 한국이란 나라에는 이런 음식이 있구나. 다음에는 한식을 경험해봐야겠다는 생각을 하는 사람도 더러 있을 것이다.

이 행사를 기획하고 실행한 '비빔밥 유랑단'은 한식 대표주자 비빔밥을 세계인에게 사랑받는 메뉴로 만들겠다는 꿈으로 뭉친 5명의 젊은이들이 만들었다. 직장을 그만두고 자비를 털어 의기투합한 그들은 베이징을 시작으로 세계 40개국 주요 도시에서 외국인 1만 명에게 100회의 비빔밥 테이블을 차려주며 한식을 세계에 알리고자 2011년 12월까지 8개월 동안이나 유랑했다.

이런 이야기들은 이 책에서 앞으로 소개할 많은 일화 중 일부분일 뿐이다. 이 책에 등장할 수많은 이들은 귀한 시간 한 토막을, 젊음을, 혹은 일생을 바쳐서 우리 문화를 세계에 알리는 데 헌신한 사람들이다. 사이버 외교관, 민간외교사절단, 문화홍보전문가, 자원봉사자, 혹은 그저 이름 없는 '한국인'으로.

그들은 외국에 학교를 짓고, 아픈 사람을 구호하고, 한국 스포츠를 알리고, 공연을 하고, 한글을 가르치고, 아이들을 돌보고, 요리를 한다. 다만 인터넷에 글 한 줄을 쓰거나 붉은 옷을 입고 목청껏 응원을 하기도 한다.

이 책에는 '한식전도사' 비빔밥 유랑단, '사이버외교사절단' 반크, 한국홍보전문가 서경덕 교수, 부시맨닥터 이재훈, '코리아알림이' 강우성, 한복 디자이너 이영희, 수많은 미국인들이 '그랜드 마스터(대사부)'라고 불렀던 무술인 이준구, 스리랑카의 태권도 대부 이기수 등 수많은 사람들의 이야기가 소개될 것이다.

피겨 스케이터 김연아처럼 이름 높은 스포츠스타, 가수 김장훈 같은 인기 연예인, 존경받는 대학교수와 저명한 예술가, 유명한 사회운동가들의 노력도 등장하지만 그저 이름 없는 대학생, 심지어 중학생, 노인과 어린 아이들, 우리의 다정한 이웃들이 귀한 힘을 보태온 이야기들도 수많은 페이지를 장식한다.

생각해보자. 벽안의 외국인들이 비빔밥을 먹기 위해 긴 줄을 서고, '한 그릇 더' 먹을 수 있다는 사실에 환하게 웃는 모습을. 뉴욕 타임 스퀘어 전광판에 아리랑 음악이 흘러나오고, 외국 아이들이 한국 노래를 우리말로 따라 부르며 헐리웃 배우들이 고운 한복을 입고, 세계적인 스포츠스타가 몸에 한글 문신을 한다.

외국 유명 명소와 관광지마다 한글 표지판, 한글 안내문이 비치되고 외국 공립학교에서 한국의 글과 문화를 배우는 장면을 떠올려보자. 문명의 손길이 닿지 않는 오지에서 귀한 생명을 구한 이의 고국을 기리기 위해 울려 퍼지는 한국어 노래를.

세계적인 카네기홀에서 한국어 공연이 펼쳐지고, 외국인들이 한글이 새겨진 티셔츠를 입으며 서툰 젓가락질로 한식을 즐기며, 태극기가 걸린 체육관에서 우리말 구령을 외치며 태권도를 배우는 장면을. 이것들은 모두 현재 세계 각지에서 일어나고 있는 실화이고, '지금 이 순간' 세계에서 한국을 알리기 위해 오늘도 달리는 사람들의 숨 가쁜 노력의 결실이기도 하다

이들의 행동에는 공통점이 있다. 금전적인 보상이나 실리적인 영리 추구 목적을 떠나 꿈과 열정, 혹은 박애 정신 등을 기반으로 자발적으로 활동했다는 점이다. 그리고 결과적으로 한국과 우리의 문화를 세계에 더 널리 알리는 일에 보탬이 되었다.

새로운 시대의 자발적 활동가들

위에서 언급한 사람들은 자발적 활동가들이라고 할 수 있는데, 이러한 자발적 참여주의, 스스로 나서서 하는 봉사 등의 뜻을 가진 'voluntarism'는 자주, 자유의지라는 뜻의 라틴어 'voluntas'에서 유래했다. 그들을 움직이게 하는 가장 근원적인 힘은 바로 이 'voluntas'에 있다고 할 수 있다.

이것은 미국의 사회학자 스미스(D. H Smith)가 말했듯 "직접적인 보상(급료, 경제적 이익)에 대한 기대나 법, 관습, 물리적 힘 등 외부의 강제가 없이도 스스로 활동하는 것"을 말하며, 사회적 연대감과 자기 성숙 등 자신의 마음속에서 우러나는 내적인 동기를 기반으로 삼고 있다.

이런 자발적인 활동가들이 우리의 관심을 끄는 이유는 현 시대의 사회문화적 변화와 연관이 있으므로, 먼저 이러한 배경에 대해 살펴 볼 필요가 있다.

물론 애국심이란 기본적으로 이타적인 속성을 지니고 있기에 아무 강제나 보상이 없더라도 자발적으로 애국 활동을 해온 사람들은 역사적으로 늘 존재해왔다. 그러니 이 자체만으로 새로운 사실인 것은 아니다. 그러나 근래에 와서 이런 활동가들이 더욱 급증하고, 그 양상 또한 변화하고 있다는 점에 주목할 필요가 있다.

이전에는 주로 국가 체제가 민족 공동체의 의의를 강조하고 국가가 개인보다 우선한다는 이데올로기를 주입하며 충성이나 결속력을 요구했다면, 최근 볼 수 있는 새로운 징후들은 전혀 달라 보인다. 어떤 강력한 사회적 요구나 대의가 없어도, 국가 장치의 개입이나 지원이 없어도, 심지어는 보수나 개인적인 이익을 떠나서도 자발적으로 이루어진다는 것은 주목할 만한 일이다.

이러한 자발적 애국활동이 중요한 것은, '대의를 위해 자기를 희생하고 잃어버리는 것'이 아닌, 자기를 찾고 자기 성장을 이루는 의미를 담고 있는 까닭이다. '꼭 필요하거나, 강력한 시대적 요청이 있어서'라기보다는 기본적인 의무감에 매이지 않은 채 자발적으로 선택해서 이루어지는 것이기에 자유로운 의지가 큰 동력으로 작용한다.

무보수로, 직접적인 결과물이나 인센티브를 기대할 수 없는 상황에서도 사람들의 많은 참여를 촉발하고 인상적인 성취를 이루는 광경은 어찌 보면 상식이나 경제논리에 어긋나는 것으로 느껴지기도 한다.

성공해도 아무런 개인적 이익이 없는 상태에서, 심지어 사기 재산을 털어가면서까지 그들을 움직이는 힘은 무엇인가? 이 질문에 답하기에 앞서 우리는 현재 우리가 서 있는 '지금 여기'에 관하여 논해볼 필요가 있다.

산업사회의 발달 속에서 기계 부품처럼 전락해 가는 인간의 왜소한 모습을 그려낸 영화 〈모던 타임즈(*Modern Times*)〉(1936)에서처럼, 현대인은 생산성을 높이고 성과를 내기 위한 노동과 생활방식에 물들어 살아왔고 이는 산업혁명시대부터 근래에 이르기까지 지속되며 경제발전의 원동력이 되기도 했다.

그러나 이처럼 생산성과 성과지향성에 매몰된 체제는 현 시대에 와서 균열을 보이고, 많은 부분에서 이례적인 예외들이 쏟아져 나오고 있다. 서점가의 수많은 베스트셀러들이 앞 다투어 '느리게 살기'를 강조하고, 여가시간과 취미생활이 '꼭 해야 하는 의무적인 일'들보다 더 소중하게 여겨지기도 한다. 외적 보상이나 외부적 억압에 의해 움직이는 것이 아니라 자신의 의지로 움직이고, 자기가 선택한 일에서 최적의 효율성을 보인다.

수십 년 전, 아니 10년 전이라고 해도 상상하기 어려웠을 SNS, 인터넷 블로거들의 등장은 이제 흔한 일이 되었다. 전 세계의 자원자들이 공개소스의 소프트웨어들을 어떤 대가도 없이 무상으로 제공하고 있다. 무엇보다 놀라운 건, 온라인상의 비전문가들이 개인적으로 취미생활처럼 만든 이 소프트웨어들이 소규모로 공유. 소비되는 데 그치지 않고, 큰 회사가 집약적 기술과 자본을 투입해 만든 제품만큼이나, 혹은 그 이상의 파급력을 지닌다는 점이다.

핀란드의 한 젊은이가 '그냥 취미로' 만든 운영체제인 리눅스는 현재 전 세계의 서버 가운데 60% 이상, 전 세계 스마트폰의 50% 정도가 사용하고 있다. 심지어 독일 외무부는 지난 2002년부터 전 세계 226개 해외 공관에 설치된 1만 1,000대의 컴퓨터 운영체제를 모두 공개 소프트웨어로 교체하기도 했다.

전 세계 자원봉사자들의 무상 참여로 만들어지는 위키디피아 (2001년에 지미 웨일즈와 래리 생어가 공동으로 만든 온라인 백과사전)는 10년 만에 세계최대 규모의 인기 있는 백과사전으로 발돋움했다. 2011년 7월 기준으로 약 9만 명의 적극적인 자원봉사자들이 282개 언어로 1,900만 개(영어 기준으로 370만 개)의 주제를 포함하며 그 내용을 지속적으로 개정하고 확대해 나가고 있는 엄청난 규모의 백과사전이 된 것이다.

인터넷에는 인세 한 푼 받지 않고 글을 쓰는 작가들, 누가 들어
줄지 모르는 노래를 작곡하고 부르고 연주하고 그림을 그리는 예
술가들, 자신의 모든 지식과 노하우를 무료로 공개하는 전문가와
유사전문가들뿐만 아니라 온갖 공개소스 소프트웨어들이 넘쳐난
다. 이것은 이제 하나의 사회, 문화현상으로 받아들여야 할 것이
다. 그렇다면 이 현상의 의미는 무엇일까?

그들을 움직이는 내적인 힘
_그들은 왜, 오늘도 달리나?

미국의 심리학자 드샴(L. decharms)[1]
은 인간에게는 '내가 나의 행동의 원천이고 싶다, 나의 행동의 주
인이고 싶다'는 욕구가 있다고 했다.

사람은 좋아하는 일을 할 때 '나의 활동을 지배하는 것은 다름
아닌 바로 나 자신이다'라는 실감을 가진다. 타인의 인정이나 보
상 등의 외적 동기나 외부적 요인의 주도에 의해 이루어진 일은
아무리 바람직한 변화를 일으킬 수 있었다 해도, 자율성에 의해
이루어진 것처럼 진정한 만족감이나 유능감을 선사하지는 않을
것이며, 성취가 주는 순수한 기쁨도 손상될 것이다.

선택의 기회를 갖는 것은, '내 행동의 주인공은 나다'란 느낌을
더욱 강화시킨다. 자기 선택의 주체가 된다는 건 현시대에서 무
엇보다 중요한 가치가 되었다.

사회의 전반에 걸쳐 이처럼 자율적으로 행동하는 개인은 어디

에서나 볼 수 있고 개인의 목소리는 그 어느 때보다 높다. 소위 'SNS 시대'를 맞아 1인 미디어는 여타 다른 미디어를 위협할 정도이며, 1인 커뮤니티, 1인 기업 등이 눈에 띄게 증가하고 있다.

이런 현상들의 바탕에는 사회적 패러다임의 변화가 있다. 세계를 이념의 국경 아래 재편성하던 냉전의 종식으로 이데올로기 시대가 막을 내리고, 사람들의 의식을 지배하던 거대 담론이 와해되면서 개인의 욕망이나 일상성과 같은 미시 담론이 등장했다.

문학에서도 자전적이거나 신변잡기적인 일상을 다루는 소설이 늘어나고, 자질구레한 삶의 이야기나 일상적 감상을 담은 경수필이 급증했다. 자아를 탐색하고 자신을 찾아가는 에세이나 자기계발서, 명상집 등이 연일 서점가의 베스트셀러를 기록하고 있다. 일기를 쓰거나 혼잣말을 중얼거리는 것 같기도 한 인터넷의 수많은 블로그 포스팅, SNS의 글들은 오늘도 댓글이 달리고 조회 수가 올라가는 중이다.

이제 사람들에게 어떤 활동에 대한 동기는 자신의 선택으로, 자기 내부에서 끌어낸 것이어야 만족감과 에너지를 가져다주게 되었다.

이 책에 소개하게 될 이들은 모두 스스로의 선택으로 한국을 올바르게 알리고 주장하는 데 힘쓰고 있는 자발적 활동가들로, 누구의 이익도 대변하지 않으며, 정부도 하지 못하는 일을 해내는 국경을 초월한 순수 개인이나 민간단체들이다.

현재는 민간외교단체에 대한 정부의 보조금 지원이 일부 이루어지고 있으나 2008년까지는 정부가 민간외교단체에 35년간 지원을 전혀 하지 않았다는 점을 주목할 필요가 있다.[2]

현재 정부는 반크에 지원금을 제공하고 있으나 그 비용이 현저히 적고, 많은 예산이 친선협회 등과 같은 특정 단체에 편중되어 있다. 대부분 민간단체들은 정부의 지원금을 받지 못한 채 순수 자비를 통해 활동하거나, 기업 스폰을 통해 이루어지고 있다. 그렇다면 과연 그들은 왜 이런 활동을 하는 것일까?

이 책은 한국문화의 우수성을 알리려고 자발적인 애국활동을 시작하고 열정적으로 헌신한 분들, 순수한 자신의 내적동기로 인해 활동하시는 분들에 한해 대상을 선정하였다.

이런 분들께는 과연 어떤 동기가 있고, 그 힘과 원동력이 무엇일까? 앞으로 소개할 분들의 이야기들은 '그들은 왜, 오늘도 무엇을 위해 달리나?' 라는 질문에 대해 답을 찾아가는 과정일 것이다.

'Korea'
브랜드의
도약

제 1 장

'Korea' 브랜드의 도약
코리아, 세계 속에 다시 태어나다

드림 소사이어티,
새로운 시대의 국가 브랜딩

'Korea' 그 이름도 하나의 브랜드'다. 지금까지 그런 생각을 해보았는가? 삼성, LG와 같은 한국산 제품 브랜드, 즉 상표를 말하는 것이 아니라 '국가 자체가 하나의 브랜드'라는 선언은 어쩌면 약간의 거부감을 줄 수도 있다. 어떤 이는 국가의 신성성에 대한 모독이라고 느낄 수도 있을 것이다. 그러나 국가 자체도 하나의 브랜드라는 사실을 긍정하는 것은 한국을 알리고 그 이미지를 신장하는 데에 실질적인 도움을 준다.

실제로 '국가 브랜딩(nation branding)'은 사전적 용어로 등장했으며, 한 국가의 명성지수를 구체적으로 수량화, 객관화시킨

지표를 말한다.[3] 국가 브랜드 이미지는 한 국가의 경제적 성취에 지대한 영향을 미치는 것으로 여겨지고 있다.

현대에 소비자의 감성을 자극하는 브랜드, 이미지 마케팅의 중요성은 극대화되고 있으며 이것은 국가의 경우에도 예외가 아니다. 이제는 국가도 적극적으로 자신을 세계에 홍보해야 하는 시대가 되었다.

광고가 어떤 상품이나 용역의 가치를 향상시키는 것처럼, 국가 브랜드를 높이기 위한 전략은 그 나라의 경쟁력을 올리는 힘이 된다. 장기적으로 무역수치에도 긍정적 영향을 미칠 것이며 관광수입도 늘어날 것이다. 이러한 이미지 마케팅의 가치는 미래시대로 갈수록 감성과 심리적 만족감과 같은 정서적 욕구를 추구하게 될 소비자의 증가로 인해 더욱 중요해진다.

세계에서 가장 큰 미래문제 연구 집단인 코펜하겐 미래학 연구소 소장을 역임한 덴마크의 미래학자 롤프 옌센(Rolf Jensen)은 자신의 저서에서 다가오는 새 시대를 일컬어 '드림 소사이어티(Dream Society)'라고 명명한 바 있다. 이 새로운 사회를 지배하는 것은 다름 아닌 '꿈과 감성'이다. 인터넷에는 경계가 없으니 정보의 독점은 끝이 났으며 신체의 전쟁이 아닌 문화와 이야기의 전쟁이 미래의 드림 소사이어티 전쟁이라는 것이다.

어떤 브랜드의 호소력은 그 내부의 '스토리'에서 나온다. 소비자의 오감을 만족시키는 광고의 스토리텔링이 중요해지는 것과 마찬가지로, 국가 브랜드 또한 이야기와 콘텐츠로 승부해야 하는 세상이 될 것이다.

이런 관점에서 보면, 새로운 시대의 국가 브랜딩도 다른 국면을 가져야만 한다. 이제는 문화와 콘텐츠로, 이미지로써 승부하고 이야기를 담아내며 감성에 호소해야 하는 시대다.

일례로, K-POP과 '한류'의 괄목할만한 성과가 그 어떤 외교적 시도보다 큰 영향과 파급효과를 낳았음을 모두 인정하지 않을 수 없을 것이다. 이런 '문화'를 통한 민간외교의 역할이 현 시대에 와서 얼마나 중요한지에 대한 이야기는 거듭 강조해도 지나치지 않을 것이다.

특히 다가오는 새 시대는 '이야기'가 부가가치를 만드는 사회이다. 어떤 이미지와 스토리를 통해 꿈과 감성을 주는 것이 경쟁력이 되는 시대이기 때문이다. 더욱이 글로벌 미디어의 발달에 힘입어 이제 국가는 집단적인 이미지로 전달되는 하나의 기호가 되었다고 해도 과언이 아니다.

코리아 브랜드의 냉엄한 현 주소

2012년 6월 우리나라가 세계에서 일곱 번째로 '20-50클럽'의 멤버가 되어 선진국 대열에 합류한다는 뉴스가 각 언론을 장식한 바 있다. 소득 2만 달러, 인구 5,000만 명을 넘는 소위 '20-50클럽'에 이름을 올리게 된 것은 우리나라의 발전상을 보여주는 자랑스러운 일이 아닐 수 없다. 한국의 '20-50클럽'의 가입은 영국의 합류 이후 16년 만의 일이며 다음 순서의 멤버가 한참동안 나오기 어려울 것이라 한다. 더욱이 제2차 세계대전 이후 독립국가 중에서는 우리나라가 유일하게 가입했다는 것이다. 그런데 G-20 세계정상회의를 주재할 정도로 국제적 위상이 높아진 우리나라지만, 냉정히 살펴볼 때 한국의 국가 브랜드로서의 가치나 세계적 인지도, 현 이미지 등은 아직 실망스러운 수준인 것이 사실이다.

안타깝게도 외국인들은 '코리아'를 전쟁 위험국으로 인식하는 것은 기본이며, 매우 가난한 국가라고 생각하거나 다른 아시아 국가와 혼동하는 일도 비일비재하다. 우리나라가 이렇게 짧은 시간 동안 놀라운 경제성장을 누리고 세계 주요 국가 중 하나로 부상하고 있는 것에 자부심을 느끼는 이 순간에도, 많은 세계인들은 한국을 잘 알지 못할 뿐 아니라, 심지어 한국이 어디에 위치하고 있는지조차 모르는 경우가 다반사다.

영국 업체인 '안홀트-GfK'가 세계 50개국을 대상으로 조사해 매년 10월 발표하는 '국가 브랜드 지수(NBI)'에서 한국의 국가브랜드는 2010년 기준 30위를 기록하고 있다. 매년 5위권 안에 드는 일본과의 순위 차이도 많이 난다.

외국, 특히 서양의 미디어나 영화 등에서 그려지는 한국의 이미지도 현실과는 전혀 동떨어진 경우가 많은데, '한국'이라고 하면 연상되는 정확한 그림이 없기 때문이다. 막연한 동양의 이미지가 겹쳐지고 여러 가지 시사적 이슈들이 얽혀있는 왜곡된 그림만이 존재한다.

그에 반해 중국과 일본에 관한 묘사들은 비교적 사실에 가까운데, 그동안 중국 문화나 일본 문화가 이미지나 콘텐츠의 차원에서 효과적이고 흥미롭게 제시되어 생산, 소비되어왔기 때문이다.

소니나 닌텐도, 도시바와 같은 제품 브랜드가 아니더라도 많은

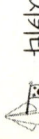

외국인들이 일본의 스모, 사무라이, 벚꽃, 키모노 등 어떤 특징적인 이미지를 문화적 코드와 연결시켜 떠올릴 수 있다.

중국의 경우에도 용춤, 중국 북 등을 포함한 신년 행사나, 치파오, 쿵푸, 선(禪) 등 많은 이미지들이 서양인들의 뇌리에 자리 잡고 있다. 물론 이들 이미지들도 많은 부분 부정확하거나 때로는 왜곡을 거치기는 하지만, 중요한 것은 적어도 한국에 대한 이미지보다는 사실에 가깝거니와 폭넓고 다양하면서 무엇보다 재미있다는 점이다.

그에 반해 한국에 대한 이미지는 아예 존재하지 않거나, 부정적인 것이 태반이다. 2008년 한국이미지 커뮤니케이션 연구원의 조사에 따르면 '한국하면 가장 먼저 떠오르는 것'에 대한 외국인의 대답 1위는 '분단국(39%)'이었으며 '북핵(6%)'도 있었다.

이러한 문제의식을 가지고 몇몇 활동가들, 비영리 단체들이 한국을 홍보하고 세계에 올바른 한국의 이미지를 심어주기 위한 운동을 하고 있다. 그들은 세계인의 마음속으로 다가가는 '이야기'를 만들기 위해 노력중이다.

국가이미지는 한 국가에 대한 모든 요소를 함축하고 있으며 고정적이지 않고 다분히 유동적이다. 좋은 이미지를 구축하기 위해서는 문화 콘텐츠에 많은 시간과 공을 들여야 하며, 한번 만들어진 이미지가 지속적으로 유지되는 것도 아니기에 끊임없는 관리가 필요하다. 변화가 많은 시대에는 더욱 그렇다. 한국의 문화적 저력이 높아지려면 외국인들이 한국을 바라보는 인식을 긍정적인 이미지로 변화시키고, 이를 지키기 위한 노력이 필요하다.

안데르센의 동화 『눈의 여왕』을 보면 이런 이야기가 나온다.

악마들이 모든 것을 일그러져 보이게 하는 마술 거울을 세상에 떨어뜨려 거울이 산산이 깨어진다. 그 파편들이 눈에 박힌 사람들은 눈에 비치는 것들을 모두 부정적이고 비뚤어진 모습으로 보게 된다.

이처럼 오염되고 변질된 렌즈를 통해 바라보면 사물은 왜곡된 모습으로 보이게 마련이다. 어쩌면 우리나라를 바라보는 외국인들의 시선 속에도 이미 일그러진 Korea의 이미지 조각들이 들어 있을지 모른다. 이러한 조각들을 갖고 성장한 외국인들의 눈에 보이는 우리의 모습은 어떠할 것인가. 이 문제를 해결할 수 있는 유일한 방법은 깨끗한 새 렌즈, 아니 오히려 사물을 더 아름답게 보이게 하는 렌즈로 바꾸어 그들이 긍정적인 시각으로 우리를 보게 하는 길 뿐이다.

그리고 그렇게 렌즈를 바꾸기 위해서는 그들의 눈 속에 들어있는 그 많은 잘못된 이미지와 선입견들이 어떤 모습으로 자리 잡고 있는지를 먼저 알아야 할 것이다.

한국을 알리는 다수의 프로젝트들을 주도해온 '코리아 알림이' 강우성 씨는 이 문제에 관하여 쉽고 명쾌한 해답을 준다.

"아무래도 이것을 가장 정확하게 평가할 수 있는 방법은 그들의 스케치북을 보는 것일 겁니다. 왜냐하면 우리 모두 한 번쯤은 타인의 시선에서 그려진 자신의 모습을 보고 직접 생각하던 이미지와 많이 달라서 당황했을 경험이 있을 테니까요. 내가 코가 이렇게 생겼었나? 내 눈이 이렇게 작았나? 입은 또 왜 이렇게 크게 그려났을까? 등등. 자신의 눈으로 바라보던 자신의 이미지와는 사뭇 다른 모습을 본적이 있을 겁니다. 이 경우에서 보듯이, 우리

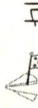

또한 그들의 시각에서 그려진 그림을 통해 그들이 갖고 있는 솔직한 Korea의 이미지가 어떠한 것인지 알 수 있을 겁니다." 그의 말처럼 외국인들의 시선에 비친 한국을 잘 살펴보면, 적나라하게 드러난 불편한 진실을 만나게 된다. 하지만 그것과 정확히 대면해야만 개선의 가능성이 생기는 법이다.

외국 영화 속에 묘사된 한국의 왜곡된 이미지

외국인이 어떤 나라에 대해 가지는 일반적인 이미지를 잘 대변해주는 것 중 하나가 외국 영화일 것이다. 전 세계 영화시장에 가장 큰 영향력을 끼치는 할리우드 영화 속 한국의 모습을 짚어보면 외국 사람들이 한국에 대해 가진 왜곡과 무지의 현 주소를 볼 수 있다.

007 시리즈의 하나인 〈007 어나더데이(*Die Another Day*)〉(2002)를 보자. 세계를 위협하는 신무기를 개발하려는 '악의 축' 북한의 음모를 제임스 본드가 저지하기 위해 맞서 싸운다는 설정으로 전개되는 이 영화에서 한국의 수도 서울을 연상시키는 곳은 마치 60년대의 모습인 듯 낙후되어 있는데다 한국 농촌은 물소가 등장하는 등 동남아를 떠올리게 한다. 한국인으로 나오는 엑스트라들은 어설픈 발음의 동양인이라 자막이 필요할 정도로 알아듣기 힘들고 "했습네다"식의 북한 사투리와 남한 말이 구분 없이 섞여 쓰인다. 릭윤이 연기한 '자오'는 한국 이름이 아니라 중국 이름이다. 영화 속 등장하는 장승에는 '늙은 사람'이라고 한글로 쓰여

있다. 마지막 부분에서 주인공 제임스 본드와 본드걸이 입은 위장군복엔 한국 예비군복인 '청천1동대' 마크까지 붙어 있어서 실소를 자아낸다.

영화의 하이라이트 중 하나인 제임스 본드와 본드 걸이 헬리콥터를 타고 도망치는 장면에서 가난한 모습의 한국인 농부 두 명이 소달구지를 끌고 간다. 마치 한국전쟁 직후의 모습을 연상시킨다. 한반도의 위기상황을 한국 군대와 의논하는 장면은 전혀 나오지 않고, 남한은 군사적 주권이 없는 속국처럼 그려진다. 심지어는 '한국군을 동원하라'는 대사까지 나오기도 한다.

일부 한국을 비하하는 장면들도 있다. 〈폴링다운(Falling down)〉(1993)에서는 주인공 윌리엄 디펜스 포스터가 공중전화를 쓰기 위해 한국인 상점 주인에게 잔돈을 빌리려고 하자 상점 주인이 물건을 사야만 동전으로 바꿔준다며 거절하는 장면이 나온다. 이에 폭발한 주인공이 야구방망이로 구타하여 가게를 난장판으로 만든다. 주인공은 "너희가 전쟁으로 어려울 때 우리가 얼마나 도와주었는데, 배은망덕하다"식의 말과 함께 나이 많은 상점 주인을 구타하는 데 일말의 죄책감도 보이지 않는다. 나중에 현장에 도착한 경찰이 한국인 상점 주인에게 오히려 행동을 바로 하라며 꾸짖는 모습이 묘사되어 있다. 이 영화는 한국인 비하장면 때문에 실제 제작년도보다 늦은 1997년에야 국내개봉이 이루어졌다.

〈아웃브레이크(Outbreak)〉(1995)에서는 바이러스를 옮기는 숙주 원숭이를 운송하는 배 '태극호'가 한국 국적으로 설정돼 할리우드 공개 당시 재미교포들의 격렬한 항의 시위를 불러일으킨 바 있으며, 영화 〈크래쉬(Crash)〉(2004)에 등장하는 '조진구'라는 한국인과 그의 아내는 영어를 엉망으로 구사하는 것은 물론, 돈을 위해 불법입국자를 태우고 심지어 인신매매까지 서슴지 않는다.

여러 가지 부정적인 인식을 보여주는 부분도 많다. 〈28일 후 (*28 Days later*)〉(2002)에서는 폭력장면을 보여주던 중에 한국 전경의 모습을 비추는데, 전경의 등에 적혀있는 선명한 한글 '경찰'이 눈에 띈다.

〈미녀 드라큐라(*Innocent Blood*)〉(1992)에서는 토스터기를 보여주면서 이건 한국산인데, 토스터기를 개발한 게 아니고 '그들은 베끼는데 천재적'이라고 언급하기도 했다. 〈스피어(*Sphere*)〉(1998)에서는 외계물질을 접한 탐사대원이 싸구려물건이라는 뜻으로 "뒷면을 살펴봐. '메이드 인 코리아'라고 씌어 있을지도 몰라"라고 말하기도 한다.

스파이크 리 감독의 영화 〈똑바로 살아라〉(1989)에서와 같이 한국인을 돈에 눈 먼 이들로 비하하는 경우도 있다. 심지어 〈아드레날린 24(*Crank*)〉(2009)에서는 한국인들이 일하는 공장 안에서 총탄이 난무하는데 관리인은 "괜찮다. 앉아서 일을 계속하라"고 외치는 냉혈한 수전노와 같은 모습을 보인다.

엉터리 고증은 흔한 일이다. 오래된 영화지만 에미상을 받으며 유명세를 얻은 작품이라 한국의 전쟁고아로서의 이미지를 깊이 심어준 〈매쉬(*Mash*)〉(1970)에서는 배고파하며 구걸을 하는 한국인들의 모습 등 처참한 묘사도 많지만, 그보다 한국에 대한 사실과 다른 고증이 더 문제가 된다. 한국의 술집 여종업원들에게 키모노를 입히고 남자들은 베트남식 밀짚모자를 쓰게 하는 등 전혀 한국과 동떨어진 모습이다.

〈레모(*Remo williams: the adventure begins*)〉(1985)에서는 무술의 달인으로 나오는 한국인 노인 '전 사부'가 등장하는데, 비록 한국에 대한 강한 자부심을 가진 등장인물이기에 한국의 위상을 높이는 대사들을 많이 말하지만, 실제 한국적인 것을 묘사하는 부분에는 많은 오류를 보이고 있다.

극중 전 사부가 한국 민속의상인 듯 걸치고 있는 옷은 가죽으로 만든 에스키모 옷처럼 보이며, 음식이나 식기 등은 소품은 물론 그가 구사하는 한국무술이라는 것도 전혀 국적을 알 수 없는 엉터리이다.

〈특명24시(*The Rescue*)〉(1988)에서는 남한의 도시가 베트남 수상가옥으로 되어 있고 한강에서 모터보트를 타고 휴전선을 넘는 등 황당한 설정이 버젓이 등장한다. 이러한 고증의 오류는 그 후에도 많은 영화에서 그대로 재생산되었다.

그렇다면 TV 드라마나, 할리우드 영화가 아닌 다른 나라의 영화라면 좀 다를까?

미국 인기 드라마인 〈Lost〉에서는 극중 한국인 커플인 '진'과 '선'이 나온다. 그런데 그들의 과거회상신마다 등장하는 한국의 모습은 사실과 다르다. 배경음악도 매우 중국적이고 건물은 하나같이 중국 사극에나 등장할법한 풍경이다. 더군다나 인테리어는 모두 일본식인데 진과 선의 결혼식 장면에 배경으로 서 있는 '한국' 사찰은 사실 일본의 유명 사찰인 보도인(平等院)을 그대로 본떠 하와이에 제작해놓은 복제판이다. 극중 진의 아버지는 태국이나 베트남의 강기슭 같은 곳에서 고기잡이를 하고 있는 모습으로 나오기도 한다.

〈Lost〉 시즌3 18회 중에 나오는 한강대교의 모습도 문제로 지적되기도 했다. 한강대교는 서울 용산구와 동작구를 잇는 길이 1,005m의 인도교다. 하지만 드라마 속의 한강대교는 청계천 수표교를 방불케 하는 아담한 크기의 다리에 이름만 붙여놓았다.

CBS방송사의 최근작 드라마 〈하와이(Hawaii-five-o)〉(2010)의 첫 회에 등장하는 한국의 포항의 모습도 당황스럽다. 날개를 편 지평선과 야자수 나무 등, 한 눈에도 포항이 아닐 뿐더러 어떤 한국 해변과도 닮은 데가 없다.

미국 인기 드라마 〈프렌즈(Friends)〉(1994~2004)에서도 잠시 한국에 대한 이야기가 등장하는 에피소드가 있다. 등장인물들이 한국에 관해 이야기를 나누면서 한국은 '아름다운 나라'이고, '슬픈 역사를 가지고 있다'고 말한다. 덧붙여 우스갯소리로 '김(Kim) 씨들은 얼마나 많은지'라고 하며 웃기도 한다. 한국을 아름다운 나라로 표현한 것은 물론 긍정적인 표현이기는 하지만, 잘 생각해보면 외국인들이 얼마나 한국에 관한 이야깃거리가 없는지 여실히 보여주는 대화가 아닐 수 없어 씁쓸한 면도 있다.

'아름다운 나라'라는 것은 얼마든 막연히 이야기할 수 있는 것이고, '슬픈 역사'라는 것은 한국전쟁을 비추어볼 때 지레 짐작 가능하며 그 외에 한국에 대해 떠오르는 것이라고는 고작 '김'이라는 성씨가 아주 많다는 것 정도에 불과한 것이다.

유럽영화의 인식도 크게 다르지 않다. 프랑스 영화인 〈택시(Taxi)〉(1998)에서 한국인들은 일밖에 모르는 지독한 기계처럼 묘사가 된다. 극중 스피드광 택시 운전사 다니엘과 멍청한 형사 에밀리앙이 독일에서 온 은행 강도를 잡기 위해 잠복근무 중인 장면에서 한 택시에서 동양인 운전사가 나와 기지개를 켠다. 이를 본 다니엘이 에밀리앙에게 "저들은 한국인들인데 조국이 어려워 24시간동안 운전을 하지요"라고 설명한다. 운전사가 트렁크를 열자 또 다른 한국인이 담요를 쓴 채 자고 있다. 이어 "일어나", "벌써 시간됐어?"라는 한국어 대사가 들리자 에밀리앙은 한국식 작전이라며 은행 강도 차에 숨어 있다가 강도들에게 "난 홈리스(노숙자)"라고 말하는 장면이 나온다.

물론 우리나라에서도 미국을 배경으로 하는 영화를 찍으면서 미국 현지 촬영대신 이태원이나 영어마을에서 촬영하는 것과 마찬가지로 어쩔 수 없는 한계로 인해 한국을 담아내는 데 일정 부분 오류가 생길 수 있는 것은 인정한다 해도, 이런 사례들을 보면 많은 부분에서 한국에 대한 왜곡이 지나치고, 기본적인 인식 자체에 문제가 많다는 것을 알 수 있다.

한국을 잘 알지도 못하거나 아예 관심이 없고, 때로는 잘못된 정보와 선입견으로 가득 차 있는 외국 사람들에게 한국에 대한 인상을 바꾸려면 지금까지 한국을 바라보던 렌즈를 완전히 새로운 것으로 바꿀 수 있을만한 새로운 '이미지'로 기존의 것을 완전히 덮어버리는 큰 '전환'이 필요하다. 세계인의 렌즈를 바꾸기 위한, '이미지 메이킹'이 시급한 것이다. ▶사진1-1부터 1-5까지 (p. 60 다음 페이지)

코리아 브랜드, 이미지를 창조하라

'이미지 메이킹(Image

Making)'이란 자신의 이미지를 상대방 또는 일반인에게 각인시키는 일이다. 이를 위해 자신을 더 매력적으로, 더 인상적으로 만드는 과정이 필요하다. 국가의 이미지를 창조하고, 타인에게 그 이미지를 새기는 일도 일반적인 이미지 메이킹의 논리와 크게 다르지 않을 것이다.

과연 '이미지 메이킹'이란 무엇인가? 이미지 메이킹이란, '이미지를 만들다, 이미지를 향상시키다, 이미지를 바꾸다' 등의 의미를 갖는데, 자신만의 이미지를 만들어 향상시키고 개선해 이상적인 이미지를 만들어 가는 자기 정체성 확립의 과정을 말한다.[4] 더 나은 이미지로 자신을 각인시키는 것은 자신의 성공 파워가

강우성
- 1982년 태어나 1997년 미국으로 이민.
- 미국 덴버 대학교에서 경영학/경제학(부전공) 전공
- NYU 대학원 석사과정 졸업. NYU 재학 중에 한인학생회 KGSA 부회장을 지내며 한국 홍보를 위한 다양한 문화행사를 기획, 실행했다.
- 국가브랜드가치를 높이기 위한 다양한 전략을 분석 세시티는 파워블로거로써 KoreaBrandImage.com, closeup-usa.tistory.com를 2007년부터 운영하고 있으며 '글로벌웹진' 뉴스로 (www.newsroh.com)의 칼럼니스트이기도 하다.

되고, 자신감의 원천이 되기도 한다.

이것은 국가에 있어서도 별반 다르지 않다. 바야흐로 현 시대는 각종 영상매체와 컴퓨터에서 끊임없이 현란한 이미지를 창출하고 소비하고 있다. 국가도 자신의 고유의 이미지를 만들고 개선시켜 세계에 어필해야 하는 때가 되었다. 그것이 곧 국가경쟁력이 되고, 국가의 미래가 된다. 상대의 마음을 움직이고, 설득하

는 힘이 되어 큰 외교적 파급효과를 낳기도 한다. 이런 이미지의 중요성에 착안하여 한국을 대표하는 이미지를 창조하려고 노력하는 한 사람이 있다. '코리아 알림이'로 불리는 강우성 씨다.

그는 NYU 한인학생회 KGSA 부회장 출신으로, '세계 속에서 저평가된 한국의 브랜드 가치, 그 원인과 해결책을 찾아라!'라는 제호를 걸고 한국 문화의 우수성을 알리려는 포스팅을 지속적으로 해 오고 있다.

필자와의 인터뷰에서, 이러한 활동을 시작하게 된 가장 큰 계기가 무엇이냐는 질문에 대한 강우성 씨의 첫마디는 이것이었다. "수많은 'Are you Japanese or Chinese?(일본인이세요? 아니면 중국인이세요?)'란 질문들 때문이었죠."

해외여행을 해 보거나 해외에서 생활 해 본 사람이라면 누구나 한번쯤은 들어보았을 이 질문에는, 단순히 동양인을 잘 구별하지 못하는 외국인들의 특성 탓으로 돌리기엔, 우리의 생각보다 더 뼈아픈 진실이 숨어있다.

"아시아인을 만나는 외국인들의 머릿속에는 왜 항상 일본 아니면 중국이 먼저 떠오르게 되는 걸까요? 당황한 마음을 가라앉히고 'I am Korean'이라 말해주면 외국인들은 잠시 생각에 잠긴 후 또 질문을 이어가지요. 'North or South? (남한인가요? 북한인가요?)' 이제는 어느덧 이런 상황에 익숙해져 무감각해진 나머지 퉁명스럽게 'South Korea'라고 대답을 해줍니다. 그러면 그 외국인은 '김정일', '핵무기' 등의 이야기를 꺼내겠지요. 물론, 가끔씩은 태권도 얘기도 나오긴 하겠지요."

물론 그러려니 하고 무신경하게 지나칠 수도 있는 이 대화에,

코리아 브랜드, 세계를 매혹시키다

세계 속에서 차지하고 있는 한국의 위상과 국가 브랜드 가치가 적나라하게 드러나 있다고 강우성 씨는 이야기한다.

왜 외국인들에게 Korea는 일본과 중국 사이에 끼어 무색무취의 특징 없는 모습을 하고 있게 된 것인가? 그리고 왜 외국인들은 Korea를 떠올리면 부정적인 이미지를 우선적으로 떠올리게 되는 것인가? 이런 의문과 문제의식이 그의 활동들의 출발점이 되었다.

코리아 알림이가 된 젊은이, 강우성

1997년, 15살의 어린 소년으로 미국에 와서 설레는 마음으로 세계 역사 교과서를 펼쳤던 그는 충격적이었던 그 때의 기억을 잊지 못한다. 일본과 중국의 사이에 있는 한국의 모습은, 그가 어려서부터 한국에서 알고 있던 모습과는 너무나도 달랐기 때문이었다.

중국과 같은 색깔로 영토가 표시되고 'Sea of Japan'에 둘러싸인, 독도와 제주도는 온 데 간 데 없는 이상한 모습의 한반도. 그리고 한국을 소개하는 아주 초라한 한 토막의 글귀에는, 아직도 한국은 한국전쟁(The Korean War)의 피해에서 채 회복하지 못한 작고 힘없는 소국으로 묘사되어 있었다.

행여나 미국 친구들이 볼까봐 황급히 책을 닫았지만, 너무나도 큰 소리로 심장이 뛰던 그때의 기억을 아직도 그는 고스란히 간직하고 있다. 언젠가는 반드시, 제멋대로 짓밟히고 왜곡되어 있는 Korea의 모습을 되찾겠노라고 어린 소년이었던 그는 다짐했었다.

그리고 수년 간 그는 이 문제에 대해 자료를 수집했고, 그 결과로 얻게 된 깨달음은 바로 이러한 왜곡의 중심에는 다름 아닌 우리 자신이 있다는 것이었다.

보다 더 적극적으로 우리의 모습을 알려야 할 이 중요한 시기에, 아직도 세계의 도서관에는 1970~1980년대의 한국 관련 자료가 가득하고, 서점에서도 일본, 중국, 홍콩, 태국, 말레이시아와 같은 관광 책자들 틈에서는 끼지도 못한 채 저 구석의 '기타 아시아' 섹션에 먼지 쌓인 모습으로 처량하게 홀로 진열된 자그마한 Korea 책자를 보며, 그는 우리의 소극적인 홍보와 홍보 방법의 비효율성에 대해 깨닫게 되었다.

무엇보다 가장 큰 문제는 세계를 상대로 하는 우리의 홍보가 절대적으로 부족하고 비효율적인 것이었으며, 정작 문제 해결에 힘을 써야 하는 한국인들이 지금의 상황이 얼마나 심각한지에 대해서 잘 모르고 있다는 것이었다. 이 문제에 대한 인식이 있다고 해도 대체 어디서부터 어떻게 손을 대야 할지 난감해 하기 일쑤였다.

"우리가 손을 놓고 있는 이 순간에도, 세계 시장에서 한국은 중국과 일본에 밀려 그 입지가 줄어들고 있습니다. 그리고 많은 한국인들이 자신과는 상관없는 일이라 생각할지 몰라도 사실은 직간접적으로 입는 피해는 상당하지요. 쉽게 말해, 우리 모두 같은 증상으로 고통을 받고 있지만, 이를 치료하기 위해서는 너무나도 소극적으로 대처하고 있는 모습이라고 느껴졌습니다."

이대로 상황을 방치하게 된다면 세계 속에서 제대로 된 한국의 모습을 찾기는 더더욱 힘이 들 것이라고 그는 생각했다. 이러한 문제가 미디어를 통해 이슈가 된다 해도 사람들의 관심에 머무르는 것도 잠시, 어느 새 다시 그들의 일상으로 되돌아가는 모습을 보며 '무엇인가 해야 하겠다'라고 마음을 먹었다.

그는 이미지를 각인시키기 위해서는 다른 것들보다도 우선 'visual identity 형성'이 중요하다고 판단했다. 그래서 주로 눈으로 보여지는 이미지를 생성하고 노출시키는 데 주력하여 몇 가지 의미 있는 행사를 기획했다.

그 후 그가 벌인 다양한 프로젝트와 그가 쓴 수많은 글들은 이미 많은 사람들의 지지를 받고, 세간의 관심과 언론의 집중을 받았다. 매사에 성의를 다하는 그의 성실함과 열정은, 필자와의 인터뷰에서 모자란 이야기를 다 하기 위해 미국에 오고가는 비행기 안에서도 질문지를 작성해가며 열성적으로 임한 모습에서도 엿볼 수 있었다.

1,000명에게 월드컵 티셔츠를 입혀라!

그가 가장 먼저 해 낸 프로젝트는 외부의 지원 없이 자발적으로 성금을 걷어 진행한 '월드컵 티셔츠 프로젝트'였다. 미국 내의 현지인들 및 미국을 방문하는 이들을 대상으로 최소 1,000장의 티셔츠를 2~3번에 걸쳐 무료로 배포한 행사였다.

이 행사의 계기가 된 것은 2010년, 월드컵을 앞두고 신문 기사에 소개된 '붉은 악마 공식 티셔츠'때문이었다. 한국에서 제작된 이 티셔츠의 디자인이 생각과는 영 딴판이었기 때문에 그는 실망했다. 한글은 어디에도 없고 역시나 영어 문구만 가득한 붉은 티셔츠를 보며, 지난 14년간 들어왔던 미국 친구의 천진난만한 질문 "한국인은 중국어를 쓰니 일본어를 쓰니?"가 머리에 스쳐 지나갔기 때문이었다.

"일본과 중국은 벌써부터 자국의 문화를 상품화하여 세계시장에 내놓고 효과적으로 마케팅을 한 결과, 미국 친구들은 일본의 히라가나/가타카나는 물론 중국의 한자가 적혀있는 티셔츠를 너무도 좋아하며 손쉽게 구해서 입고 다닙니다. 하지만 한글은? 우리나라 대한민국에서조차 촌스럽고 창피하다며 구박받고 있는 실정에 상품화는커녕 천덕꾸러기 취급만 받고 있는 실정이지요."

'이건 정말 심각한 문제다'란 생각만으로 그는 무작정 제안서를 만들었다. 월드컵을 맞아 한글 티셔츠를 제작해 외국인들에게 배포하자는 아이디어를 담아 이틀 밤 꼬박 새 가며 작성했다. 그리고 40쪽에 달하는 제안서를 하루 만에 도착하는 특급 우편으로 내로라하는 한국 기업들에게 일일이 발송을 했다.

하지만 대기업들은 이런 저런 핑계를 대고 거절했고, 관심을 보인 몇몇 기업에서는 자기업 홍보를 위해 도저히 납득할 수 없는 제안을 해왔다. 티셔츠 도안에서 한글을 빼자는 것이었다. 도저히 수용할 수 없는 요구였기 때문에 그는 거절했다. 스폰서십 없이 혼자 힘으로 해낼지언정 그 뜻만은 올곧게 지키고 싶었다. 한글을 뺀다는 건 그에게는 이 행사 자체가 무의미하게 느껴지는 일이었다.

그러나 불안한 마음을 떨칠 수는 없었다. 월드컵만 하더라도 이번에 해내지 못하면 또 4년을 기다려야 하는 상황이었다. 그러나 그는 애써 마음을 다잡고, 자신의 얼굴이 나온 한 토막의 신문 기사와 제안서를 들고 무작정 한인 타운의 업주들을 만나러 다니기 시작했다.

'기업 스폰서십'을 '국민 스폰서십'으로 바꿔보자는 생각에서였다. 사장님들을 만나려면 이른 시간에 가야 한다는 생각에 그는 오전 7시가 되면 서류가방을 들고 집을 나섰다. 영업 준비를 하는 사장님들을 붙잡고 설득을 했지만, 그들은 도통 마음을 열지 않았다. 1,000장의 티셔츠를 제작하기 위해 약 5,500달러의 경비가 소요되는데, 이 돈을 마련할 수 있는 가망이 전혀 보이지 않아 시간이 흘러갈수록 그는 마음이 답답해졌다.

"그런 거 하면 뭐가 좋은데요?"라는 냉소는 기본, 있으면서도 없는 척하는 사장님들을 보며 그는 실망했고 그렇게 다니며 지쳐갈 즈음, 아무 기대도 없이 터벅터벅 어느 학원에 들어갔다.

다소 차가운 인상의 여자 원장님은 그가 "말씀드리고 싶은 얘기가 있다"라고 하니 일단 자리에 앉으라고 했다. 하지만 표정은 굳은 얼굴이어서 그는 '아 또 여기서 꾸지람 들을 게 뻔하군'하고 낙담한 채로 입을 뗐다. 이런 저런 설명을 하고 나니 그녀는 잠시 침묵을 지키더니 아무 말 없이 사무실에 들어갔다. 그 뒷모습을 보며 마음을 비우려던 찰나, 그녀가 손에 무언가를 들고 왔다. 그리고는 그 자리에서 묵묵히 200달러짜리 수표를 끊어 주면서 "젊은 친구가 훌륭한 일을 한다"고 격려를 해 주는 것이었다.

잔뜩 주눅이 들어 기대하지도 않았던 그는 그 자리에서 정말 엉엉 울었다고 했다.

"왜 그렇게 바보같이 눈물이 나던지, 평생 살아가면서 잊지 못할 값진 경험이라고 생각합니다. 그 때 용기를 얻고 마음을 다잡아 계속해서 돌아다닐 수 있었지요."

무작정 돌아다니고, 설득을 하는 그의 꾸준하고 열정적인 모습에 사람들이 서서히 마음을 열기 시작했다.

그가 어떤 개인적 이익을 바라고 하는 것이 아니라, '우리 모두'를 위해 혼자서 힘들여하는 일이라는 것을 알고서 한 사람 한 사람 힘을 실어주기 시작했다. 이러한 소식을 접한 신문 기자들이 기사를 내주며 응원을 해 주고, 이를 보고 많은 미주 동포들이 격려는 물론 후원금까지 보내 주는 놀라운 일이 일어났다. 하지만 너무 오랜 시간이 소요되어서 계획된 행사 때까지 약 열흘이 남은 시점이었다.

티셔츠 제작에 필요한 경비는 둘째 치고, 시간이 부족했다. 미국인이 경영하는 티셔츠 업소에 견적을 받았더니 최소한 열흘은 걸려야 한다고 했다.

"조바심이 났죠. 하지만 다시 한 번 도움의 손길이 찾아왔습니다. 기자님을 통해 저의 연락처를 받으신 한인 의류회사 사장님께서 이러한 딱한 사정을 알고, 기존 가격인 5,500달러가 아닌 원가인 4,500달러에 제작해 주시기로 선뜻 제안을 해 주신 겁니다. 뿐만 아닙니다. 1,000장에 달하는 티셔츠를 단 이틀 만에, 공장 직원들을 야근까지 시켜가며 뽑아 주셨습니다. 티셔츠가 만들어지는 그 공장에서, 사장님과 직원들과 함께 했던 그 순간도 절대로 잊을 수 없는 그런 감동적인 장면이었습니다."

그가 그동안의 프로젝트를 진행하면서 궁극적으로 이루고 싶었던 꿈은 바로 우리 국민들의 의식을 일깨우는 것이었다. 국가 이미지를 제고하는 일, 한국을 세계에 제대로 알리는 것은 우리 국민 하나하나가 제대로 된 의식을 갖고 일어서 힘을 모을 때야 비로소 이루어 낼 수 있는 것이라는 신념 때문이었다.

"흔히들 국가 이미지를 높이는 사업은 정부 기관이나 기업, 혹은 특정 단체에서 도맡아서 하는, 그들만이 할 수 있는 일이라는 식의 잘못된 인식을 갖고 있는 사람들을 많이 보았는데, 바로 그것이 문제라고 생각했어요. 이러한 사업은 정부 기관, 기업, 그리고 민간이라는 이 3가지 요소가 하나로 어우러져 함께 움직일 때야 비로소 빛을 발하게 되는 것이라고 말씀드리고 싶습니다. 만약 이러한 요소들이 각자 따로 움직이게 된다면, 책임 의식이 없어질 뿐 아니라 문제가 생겼을 때는 서로를 비판할 뿐 누군가 먼저 나서서 하려는 노력 또한 부족하게 된다는 말이지요. '정부가 해야 할 일을 왜 개인이 해야 하는가?', '자국민의 성원으로 이만큼 큰 한국 기업들이 왜 나서지 않는가?' 등을 묻게 되는 현상이 나타나게 되기 때문입니다."

하지만 책임을 전가시키기 시작하면 일은 쉬이 해결되지 않는다. 하다못해 청소를 한다고 쳐도 서로 떠넘기다 보면 쓰레기는 점점 더 심한 냄새를 풍길 뿐, 정작 쓰레기를 치우는 일은 차일피일 미루어질 것이다. 누구의 것인지 따지지 않고 서로 함께 힘을 모은다면 순식간에 모두에게 쾌적함과 깨끗함을 선사하게 될 것이다. 이와 마찬가지다.

모든 것이 준비가 되고 결전의 날이 다가오는데, 청천벽력과 같은 소식이 들려왔다. 일기예보에서는 6월 8일 비가 온다고 하는 것이었다. 야외 공원에서 펼쳐지는 행사이기에 비가 오면 모든 게 수포가 될 수밖에 없는 상황이었다.

무척 걱정하면서 10여명에 달하는 자원 봉사자들과 함께 행사 준비를 시작한 오후 12시 30분, 다행이도 비가 올 조짐은 보이지 않았다. 준비해간 1,000장의 티셔츠가 당초 예상했던 5시간이 아닌 단 두 시간 만에 동이 나고, 뒷정리를 하는 그때 하늘에서 비가 내리기 시작했다.

"아마 뜻이 닿았기에 비구름도 거두어 주신 게 아닌가 하는 생각을 해 봅니다." 그는 미소를 지으며 말했다. 월드컵 한글 티셔츠 프로젝트가 성공적으로 끝나고, 많은 네티즌들의 격려와 칭찬의 글이 쏟아졌다. 꼭 필요한 일이고 고쳐야할 문제라는 건 알았지만 어떻게 행동해야 할지 몰랐다는 사람들, 많은 것을 느꼈다는 사람들 등등.

하지만 이런 일을 통해 무엇보다도 우리의 미래를 책임지게 될 재능과 가능성이 풍부한 젊은 친구들에게 경종을 울리고 영감을 불어 일으켜 넣을 수 있었다는 점에서 그는 가장 큰 보람을 느낀다고 했다.

또한 외국인들이 한국의 고유 문자인 한글을 접하게 하는 좋은 기회가 되기도 했다. 한국이 중국어나 일본어를 쓴다고 잘못 아는 외국인도 많은 상황에, 자연스럽게 한글을 직접 보고 알게 되는 것은 백 마디 말로 설명하는 것보다 쉽게 와 닿는다.

그리고 무엇보다 그저 티셔츠 한 장일 뿐이지만, 한국에 대한 좋은 이미지의 시작이 될 수 있다면 그 어떤 국가적 홍보물보다 실질적인 효과를 줄 수 있다는 것이다.

또한 그들은 티셔츠를 배포함에 있어서, 단순히 무료로 티셔츠를 나누어 주는 것에서 끝나는 것이 아니라 실질적으로 외국인들을 한국의 문화 상품들을 판매하고 있는 코리아타운으로 유입을 시켜 연쇄적인 소비가 일어나도록 하려는 시험을 해 보았다.

이른바 "The Ultimate Koreatown World Cup Passcard"로 명명된 일종의 프로모션 카드를 배포한 것이다. 한글 티셔츠를 입고, 본 카드를 소지한 고객에 한해 업소들이 제공하는 특별 디스카운트를 제공하는 프로모션을 제공하여 한글 티셔츠를 입는 횟수도 증가시키고 더욱 많은 외국인들이 코리아타운을 찾게끔 유도한 것이다.

이것은 하나의 작은 예이지만, 국가 브랜드 이미지 메이킹이 전반적 국가경쟁력을 신장시키고 경제적 상승효과를 가져올 수 있음을 시사하는 의미가 있다. ▶사진 1-6, 1-7 (p. 60 다음 페이지)

뉴욕 거리에 등장한 한국 귀신들

강우성 씨와 NYU 한인 학생회를 더 유명하게 한 것은 뒤이어 2010년 10월 31일에 가졌던 '뉴욕 할로윈 고구려 프로젝트'였다. 그는 한국 네티즌들의 성금을 받아 의상을 마련하여 한국을 대표하는 캐릭터를 만들어, 한국의 이미지 상승을 꾀하고자 뉴욕 할로윈 빌리지 퍼레이드에서 한국 고구려 무사복, 한복, 소복, 관복 등을 입은 '한국 귀신'들을 선보였다. 수많은 참가자, 관객, 전 세계 시청자들 앞에서 행진한 프로젝트였다.

미국에는 할로윈을 맞아 다양한 행사가 펼쳐진다. 애초에는 고대 켈트족의 죽음의 신을 기리는 것에서 기원한 행사가 이제는 젊은이들이 한데 모여서 각양각색의 캐릭터로 분장을 하고 함께 즐기는 하나의 문화 코드로 자리 잡게 되었다. 미국에서 할로윈 의상을 판매하는 가게에 들어가 보면 정말 기상천외한 제품들이 많다. 영화에 나왔던 캐릭터들은 물론, 음식, 동물들 모습의 캐릭터까지 다양하게 판매하고 있다. 할로윈은 이제는 그 시대의 트렌드를 반영하는 '캐릭터 박람회'가 되었다고 해도 과언이 아닐 정도다.

"한 가지 주목해야 할 것은, 바로 이러한 인기 캐릭터들 중에는 일본과 중국 문화를 대표하는 캐릭터들이 넘쳐난다는 사실입니다. 하지만 한국을 대표하는 캐릭터는 김정일 외에는 눈을 씻고 찾아봐도 없습니다."

강우성 씨의 말은 시니컬하게 들리지만 사실이다. 한국을 대표하는 캐릭터로 미국인들이 떠올릴 수 있는 게 도대체 뭐란 말인가? 아무리 애써도 쉽게 생각하지 못할 것이다.

이미 예전부터 자국의 문화를 상품화하고 개발하는데 발 빠른 걸음을 해 온 일본과 중국의 노력 덕에 미국 시내 여느 곳의 할로윈 의상 상점에서는 닌자, 게이샤, 스모선수, 사무라이는 물론, 강시, 이소룡, 중국의 판다곰 등의 캐릭터를 손쉽게 구입하고 할로윈을 즐기는 미국인들을 심심찮게 볼 수 있다. 하지만 한국 하면 떠오르는 것은 오직 '김정일'뿐, 한국을 대표하는 캐릭터는 우스꽝스러운 모습을 하고 있는 김정일 코스튬을 제외하고는 그 무엇도 없는 현실에서, 외국인들의 눈에 비친 우리의 모습이 특색이나 존재감을 갖기는 어렵다.

할로윈 당일, 뉴욕에서는 지상 최대 규모의 할로윈 퍼레이드인 'New York's Village Halloween Parade'가 펼쳐진다. 종교적인 유래에서 벗어나 이제는 미국의 문화를 대표하는, 세계인이 즐기는 즐거운 파티문화로 발전한 이 행사에는, 무려 8만 명에 이르는 참가자들과 200만 명에 이르는 관람객들로 인산인해를 이루는 진풍경이 펼쳐지는데, 애석하게도 많은 수의 참가자들이 일본과 중국 캐릭터로 분장을 해서 참가하며 즐기지만, 한국을 대표할 캐릭터는 전무한 실정이다.

그래서 그가 시작한 것이 바로 '고구려 할로윈 프로젝트'였다. 한국을 대표할만한 캐릭터를 선정하고, 외국인들을 직접 우리의 옷을 입히고 즐기게 함으로서 우리의 멋을 함께 느끼게 해주자는 의도였다. 작년 6월에 한국에 나왔을 때 문득 떠오른 이러한 생각에, 그는 또다시 기획안을 들고 정신없이 발품을 팔러 다녔다.

이 프로젝트에서 가장 중요한 것은 아무래도 '의상'이었다. 이왕 하는 거 정말 멋지게, 제대로 된 의상을 보여주자 라는 생각으로 고민하다가 떠오른 것이 바로 한국의 방송국이었다. 방송국 사극에 나왔던 의상정도라면 정말 멋질 것 같다는 생각에 방송국 의상실에 연락을 해서 들뜬 마음으로 찾아갔다.

KBS 드라마에 나왔던 이순신 장군의 갑옷도 구경하고, 대조영에 나왔던 고구려 장수들의 옷도 보고, SBS에 가서는 드라마 연개소문에 나왔던 고구려 장수들의 옷과 궁중 한복들을 구경할 수 있었다. 이 옷을 입고 뉴욕 한복판을 거닐 상상을 하니 그는 생각만 해도 가슴이 벅차올랐다. 하지만 상상은 상상, 현실적인 문제가 역시나 걸림돌이 되었다.

너무 비쌌다. SBS 연개소문의 의상을 대여하기로 했는데, 의상 대여료가 약 120만 원, 배송료가 약 100만 원 정도라는 것이었다. 만만치 않은 금액이라는 것, 쉽지 않은 일이 되리라는 것을 예감할 수 있었다. 게다가 의상을 입고만 간다고 해서 한국 문화가 저절로 알려지는 것은 아닐 터, 이를 보다 효과적으로 알리기 위한 유인물과 대형 배너 등의 제작비, 참가자들 식사비, 분장 소품 구입비 등등을 계산하니 비용이 눈덩이처럼 불어만 갔다.

그러나 그는 자금을 모으기 위해서 이번에는 월드컵 때와는 달리 처음부터 '국민 스폰서십'을 기획하고 접근하기로 했다.

"정부 기관과 기업의 무관심에 실망했던 것도 큰 이유였지만, 우리 국민의 마음 하나하나를 모으면 얼마든지 멋들어지게 해낼 수 있다고 생각했기 때문이지요."

그래서 그는 인터넷 Daum을 통한 '국민 모금 청원'을 신청하게 되었다. 한국에 있는 Daum 담당자에게 필요한 서류를 제출하고, 검토를 받고 오랜 시간의 설득과 기다림의 시간이 흘러갔다. 그러다 결국 승인이 떨어졌다.

376만 원을 모으기 위해 주어진 시간은 단 20일! 긴박감이 넘치는 날들이었다. 10월 1일부터 모금을 시작했다. 블로그를 통해서 사람들에게 도움을 청하고, 대형 한류 동호회인 '한류 열풍 사랑(한열사)'의 회원들과 함께 입소문 마케팅을 통해 계속해서 홍보를 했다.

하지만 웬걸? 절반인 10일이 지난 순간에도 모금액이 고작 100만 원밖에 모이지 않았다. 눈앞이 캄캄하고 조바심이 났다. 초반에 관심이 집중되어 모금액의 대부분을 채웠어야 하는데 그러기는커녕 절반도 모이지 않았으니, 나머지 276만 원을 무슨 수로 열흘 만에 마저 모은단 말인가?

그는 또 발품을 팔기 시작했다. 미국 내 기관 및 단체들을 찾아가며 도움을 요청할 수밖에 없었다. 그러나 정부 기관에서조차 냉랭한 반응을 받고 다시 크게 좌절할 수밖에 없었다. 기획이 이대로 물 건너가는 것은 아닌지, 그는 밤에도 잠이 오지 않을 정도로 애가 탔다.

하루에도 몇 번씩 모금 현황을 주시하며 피 말리는 순간을 보냈다. 13일째가 되는 날, 도저히 가망이 보이지 않고 해결책도 나오지 않아 그는 정말 "어쩌면 포기해야 할 수도 있겠다"라는 생각을 하게 되었다. 아무리 노력을 해도, 되지 않는 것은 어쩔 수 없구나… 라는 생각을 하면서 애써 마음을 비울 준비를 했다.

그리고 9회말 2사 만루의 상황(狀況)에서 마지막 공을 던지는 투수의 심정으로 그는 블로그를 통해 글을 올렸다. "왜 우리가 이러한 노력을 해야 하는지, 하지 않으면 악순환이 어떻게 계속해서 이어질지…" 절절한 심정으로 써간 글에 담긴 그의 진심이 전해졌는지, 글을 읽은 수많은 네티즌들이 트위터, 페이스북등을 통해 이곳저곳으로 퍼다 날라주며 힘을 모으자고 독려하는 믿기 힘든 광경이 벌어졌다.

그리고 모금 종료 당일, 무려 1만 명이 넘는 네티즌들이 서명과 후원금을 보내준 덕분에 목표액을 100% 달성하는 쾌거를 이루어냈다. 기적처럼 이루어진 일이었다. 어린이의 코 묻은 100원부터 자영업자의 20만 원까지, 액수의 크기와는 상관없이 그 가치를 돈으로 환산할 수 없는 귀한 도움들이었다.

그는 그 모금액을 받아들며 이것이 그저 돈이 아니라 우리의 문화 독립을 위한 염원이라는 생각마저 들었다고 했다. 많은 이들의 도움이 없었다면 해내기 어려운 일이었겠지만, 다행히 아무 보상을 바라지 않은 도움이 쇄도했다. Daum과 한열사를 비롯한 네티즌들의 도움은 물론, 뉴욕한인회에서는 자신들도 빠듯한 재정 상태인데도 불구하고 본 이벤트의 취지에 감명하여 15벌에 달하는 조선시대 수문장의상을 무상으로 대여해주었다. 그리고 결국 그 뜻이 모여 뉴욕 할로윈 퍼레이드에 무려 45명에 이르는 초대형 한국 캐릭터 팀을 이끌고 참여할 수 있었던 것이다.

한국의 귀신들인 처녀귀신과 저승사자에 맞서 고구려 장수들과 조선의 수문장들이 왕족들을 지켜낸다는 설정으로 진행된 그들의 퍼레이드는 그렇게 발을 내딛었다. 길 양쪽으로 엄청난 관람객 인파가 몰려들었고, 너나 할 것 없이 카메라를 들이대며 같이 사진을 찍기를 요청하는 사람들이 모여서 뿌듯한 마음도 잠시, 여기저기서 들리는 감탄의 목소리를 듣다보니 그들은 맥이 빠졌다. "그 키모노 정말 멋진데요?", "게이샤 의상 끝내줍니다!", "사무라이 코스튬 최고입니다!" 그런 말들을 듣고 그들은 속이 많이 상했다.

하지만 이미 그런 현실을 각오하고 시정하기 위해 나온 그들은 굴하지 않고 이것은 한국 캐릭터임을 설명했다. 그들은 본 행사에 참가한 한국 캐릭터들을 설명하는 홈페이지(www.facebook. com/IFNOK2010)를 미리 준비해 놓았고, 1,000장의 미니 유인물을 나누어 주면서 방문을 유도했다.

외국인들이 퍼레이드에서 즐기며 찍은 사진을 구경하다가 궁금증이 생겨 더 많은 것을 보려고 홈페이지를 방문하면, 자연스럽게 한국에 대해 알 수 있게끔 하는 것이 그들의 계획이고 바램이었다. 직접 행사에 참여한 외국인 친구들에게도 한국은 잊지 못할 즐거운 기억으로, 이야기로 뇌리에 새겨질 것이다.

한국 캐릭터 팀의 절반 이상이 UN에서 인턴으로 근무하는 외국인 친구들이었는데 이들이 본국으로 돌아가 외교관이 되고 정치인이 되었을 때, 한국에 대해 좋은 감정과 기억을 가지고 있다면 미래 한국의 큰 국가적 자산이 될 수도 있을 것이다.

강우성 씨는 그 중 한 외국인 여자 참가자가 했던 한마디를 인상 깊게 기억하고 있다.

"이렇게 아름다운 한복이라는 의상을 입게 되어서 너무 행복하다. 키모노는 알지만 한국 사람들이 한복을 입는 모습을 본 적이 없어서 이런 훌륭한 의상이 있다는 것을 이제 와서야 알게 되었다"는 그녀의 말은 예리하게 문제점을 짚어내고 있다. 한국인들조차 한복을 입지 않으니 외국인들이 한복에 대해 알 수 있는 성로는 더욱 전무해진다.

"이 행사를 기획하기 1년 전에 할로윈 때 한복을 곱게 입고 지나가는 한 여성을 본 적이 있어요. 그런데 다른 한국 여학생이 그 모습을 보더니 그러더군요. '아, 창피하게 웬 한복이람.' 그 말을 듣고 이 행사를 꼭 해야겠다는 생각이 더 강해졌죠." 강우성 씨의 말이다.

외국인들이 한국 문화에 대한 인지도가 전무한 상황이며, 한국 문화의 특징을 구별하기 어렵고 일본, 중국과 차별화 되는 한국의 이미지를 구축하는 것이 더없이 중요한 상황에서 같은 한국인들의 무관심은 또 하나의 큰 문제라고 그는 근심어린 말을 잇는다.

또 외국인에게 한국에 대한 특별한 이미지를 심어주려면, 단지

'보여주기'에서 그쳐서는 안 된다고 그는 강조한다.

　상품을 판매할 때 그 브랜드를 알리기 위해 유인물을 나누어 주고 판매원이 기능을 설명해주며 교육을 시키듯이 국가 브랜딩 역시 그런 과정이 있어야 한다는 것이다. 광고를 통해서 호기심을 자극하고, 홈페이지로 방문을 유도해 교육이 이루어지게 하는 기업의 마케팅 기법처럼 전략적인 접근이 필요하다.

　이 행사에서 이러한 역할을 한 것이 바로 그가 운영하는 페이스북 홈페이지 WWW.FACEBOOK.COM/IFNOK2010이다. 일련의 과정이 소정의 성과를 거친 것은 통계에서도 드러난다.

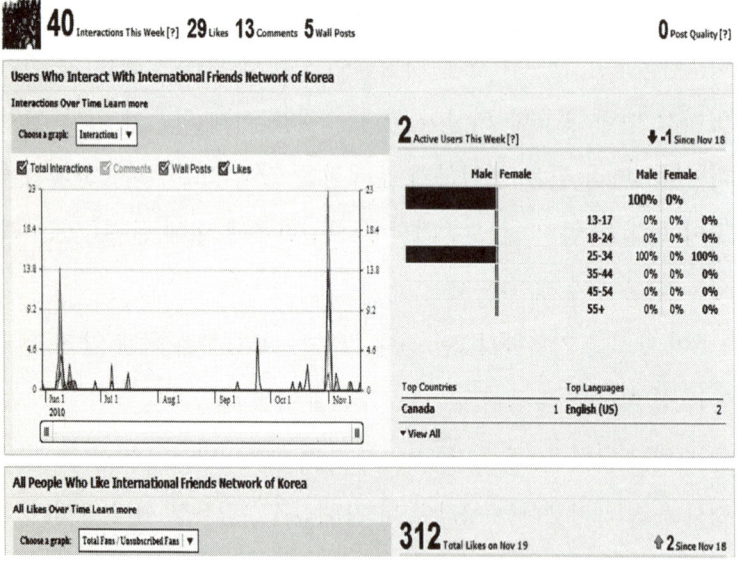

　앞에서 볼 수 있듯이 유인물이 배포 되었던 10월 31일을 기점으로 하여 가파르게 방문객이 급증한 것을 알 수 있다. 또 다음 사진에서 보듯 페이지의 팬(fan) 수도 늘어났다.

　중요한 것은 그 한 주 동안 1,829명의 방문이 이루어졌는데,

Hi Woosung,

Here is this week's summary for your Facebook Page:

 International Friends Network of Korea

309 monthly active users ⬆**209** since last week

286 people like this ⬆**52** since last week

44 wall posts and comments this week ⬆**44** since last week

1,829 visits this week ⬆**1,657** since last week

* Send an update to people who like this
* Visit your Insights Page
* Promote with Facebook Ads

Learn more about how to update via mobile

Thanks,
The Facebook Team

그 전 주의 172명에 비교하면 무려 1,000% 이상에 달하는 트래픽 상승을 이루어 냈음을 알 수 있다. (아래 사진 참고)

물론 전체 미국 인구에 비해 이들의 숫자는 매우 적고, 미미한 변화라고 말할지 모른다. 그러나 이런 작은 변화들이 지속되고, 쌓여 가면 결국 그것이 전파되어 한국의 이미지는 바뀔 수 있다.

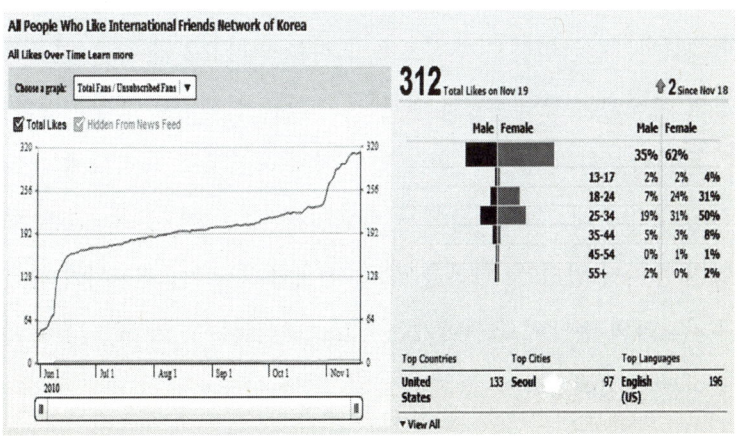

'할로윈 퍼레이드'와 같이 직접 오감으로 체험하고 '스토리텔링'으로서 겪는 경험은 책에서 읽는 몇 줄의 설명보다 더 인상적이고 오래 기억에 남을 것이다. ▶사진 1-8, 1-9 (p. 60 다음 페이지)

축제가 된 한국 설날

가장 최근에 강우성 씨가 기획한 행사는 2011년 2월, 'Chinese New Year'로 알려져 있는 우리의 설날을 바로 알리기 위해 계획한 '설날 페스티벌(Seollal Festival)'이었다. 놀랍게도 무려 30명이 넘는 홍안의 뉴욕대학교 학부생들이 자발적으로 힘을 보태겠다며 찾아왔다.

강우성 씨의 표현대로 '한국의 문화 독립을 선포하고자' 아무것도 모르고 무작정 덤벼들었던 2010년 이후, 일정 시간이 흐른 뒤 마주치게 된 그 광경은 감동 그 자체로 그에게 다가왔다.

"한국인이 왜 중국의 명절인 음력설을 쇠나요?"라는 질문에 답하기 위한 그의 아이디어였다. 이것은 "한국 키모노는 정말 아름답네요!", "한국인들도 주식으로 스시를 먹나요?"와 같은 외국인들의 어이없는 궁금증들과 함께 그의 가슴을 찔렀던 질문이었다.

아시아문화의 높아진 위상과 함께 미국에서도 음력설에 대한 관심이 많은데, 외국인들에게 음력설은 'Chinese New Year'로 널리 알려져 있기에, 한복을 입고, 떡국을 먹으며, 윷놀이를 하는 우리나라의 설날이 그들에게는 'Chinese New Year'의 아류로서 보이는 현실이었다.

1-1 〈007어나더데이(*007 Die Another Day*)〉(2002) 영화장면

1-2 영화 〈매쉬(*Mash*)〉(1970). 한국을 베트남처럼 그린 고증 오류

1-3 〈아웃브레이크(*Outbreak*)〉(1995) 사진의 원숭 이는 바이러스의 숙주로, 한국 국적 태극호 에서 바이러스를 옮긴 것으로 묘사됨

1-4 〈폴링다운(*Falling Down*)〉(1997)에서 폭행당하는 한국인의 모습

1-5 REMO (등장인물 중 전사부의 민속의상이
한복과 동떨어짐)

1-6 코리아 알림이 강우성

1-7 월드컵티셔츠 단체사진 (좌측 4번째 강우성)

1-8 뉴욕거리를 행진한 한국 귀신들

1-10 설날축제

-9 무사복을 입은 강우성

1-11 올림픽 불러바드선상 웨스턴애비뉴가 만나는 곳에 위치한 인도와 벤치에 새로 설치된 LA올림픽(1932, 1984)과 서울올림픽(1988)을 기념하는 상징물. '음양(陰陽)'이 조합된 한 국 전통의 태극문양을 기본개념으로 올림픽 의 역사, 한국의 전통 등의 테마를 살렸다

1-12 경주 한옥호텔 라궁의 모습

1-13 북촌 한옥마을 북촌문화센터의 모습

"말하자면 비즈니스의 '시장 선점 효과'에 비유할 수 있겠지요. 우리가 상처가 나면 입버릇처럼 '대일밴드'를 찾고, 미국인들은 펩시콜라를 마실 때도 'Coke'라고 부르고, 셀로판테이프가 아닌 '스카치테이프'라는 특정 상표로 부르듯, 이미 벌써부터 자국의 문화를 홍보하고 알려온 중국인들의 노력 덕분에 '음력 설 - Lunar New Year는 곧 중국 설'이라는 등식이 성립 되어 버릴 수 밖에 없었던 거죠."

강우성 씨는 이미 중국 설 명절에 대한 많은 기존 이미지가 존재하는 상황에 한국 설이 중국의 아류가 아닌 고유의 것으로 느껴지게 하려면 새로운 우리만의 인상적인 이미지가 필요하다고 강조한다.

이를 위해 뉴욕 대학교의 한인 학생들이 힘을 모아 기획한 것이 바로 이 '설날 페스티벌'이었다. 그들은 뉴욕 한복판에서 조선 양반을 보여주는 재미있는 프리 이벤트를 기획하는 등, 행사 이틀 전에 거리에서 행사 홍보 활동을 펼치고 단 한 명이라도 더 행사에 참여할 수 있도록 노력을 기울였다.

행사 당일, 플래카드에는 'Chinese New Year'가 아닌 'Seollal'이 표기되었고, 한국 문화를 상징할 수 있는 색을 만들기 위해 청사초롱을 밝혔다. 총 8개의 청사초롱을 든 참가자들이 행사장을 밝혔다.

행사장 입구에서 행사 안내 자료, 복주머니, 한국 포스터 카드 등을 나누어 주며 설명을 하고, 음력 설, 즉 'Lunar New Year'가 단지 중국만의 문화가 아닌, 범 아시아권에서 기념하는 공통적인 문화라는 것을 알리는 교육을 실시했다. 한국 설날에 대한 설명을 통해 한국의 문화가 어떻게 중국의 것과 차별이 되는지를 알리려는 목적도 있었다. 한국 전통문화 공연도 이어졌다. 맨해튼 국악협회에서 공연을 위해 방문해주었고, 해금, 가야금 병창, 살풀이춤의 한 마당이 이어져 관람객들의 박수갈채를 받았다.

그 이후에는 태권도 팀의 격파, 품새 시범도 뒤를 이었다. 그러나 문화전파는 일방향의 것보다 그들이 직접 느끼고 체험할 수 있도록 해 주어야 그 효과가 크다는 생각으로 기획한 '제기차기 토너먼트'도 외국인들의 많은 호응을 얻었다.

식사시간엔 잡채, 궁중 떡볶이, 김밥, 김치, 백김치, 불고기 등의 푸짐한 한식을 제공하여 외국인들에게 한식의 홍보에도 일조했다. 엄청난 인파가 몰려들어 순식간에 음식이 바닥났다. 행사장 한 편에는 전통 혼례복을 마련해놓고 사진 촬영 서비스도 제공했다. 전통 혼례복을 직접 입어본 외국인들에겐 한복의 아름다움이 깊은 인상으로 남았을 것이다.

하나의 축제의 장으로서 제공된 문화 경험은 하나의 '이야기'가 된다. 21세기는 소비자의 감성이 지배하는 감성마케팅의 시대이기 때문에 이러한 '축제 스토리텔링'은 효과적인 홍보의 도구가 될 수 있다.

명절은 사실 하나의 축제나 다름없다. 수많은 축제 문화에 익숙한 외국인들에게 어필할 수 있는 방법이기도 하다. 특히 축제는 직접 온몸으로 즐기는 것이기 때문에, 방문자들의 체험을 유도하는 등의 '소통'은 결코 소홀히 할 수 없다

지금까지 살펴 본 강우성 씨와 NYU 학생회의 여러 프로젝트는 이런 스토리텔링을 적극적으로 활용해서 한국 문화를 하나의 축제,

이야기 속에 담아내려고 한 시도들이 엿보인다. 특히 한국을 대표하는 캐릭터를 구축하고자 한 시도는 매우 중요한 의미를 가진다.

"제 활동의 일관된 목표가 있다면, 한국인에 대한 잘못된 인식의 악순환의 고리를 끊기 위한 것입니다. 지금까지 우리 할아버지 세대에서 지금의 경제 강국 대한민국을 만들어 놓으셨다면, 이제는 문화 강국 대한민국을 만드는 것은 우리 세대의 몫이라고 생각하기 때문입니다. 문화 속국이 아닌, 당당한 문화 자주국인 대한민국으로 바로 서게 되는 날, 그날을 꿈꿔왔던 것입니다. 그리고 이러한 꿈은 저 혼자 꾸는 꿈이 아닌, 우리 모두가 함께 꾸고 있는 꿈이라는 것을 매 순간 순간 느낄 수 있었지요."

▶사진 1-10 (p. 60 다음 페이지)

코리아타운에는 한옥이 없다?

강우성 씨는 자신의 블로그에서 한국의 저평가된 국가 브랜드 이미지에는 이유가 있다는 점을 여러 가지 다양한 관점에서 지적한 바 있다.

아무리 우리가 "음력설은 중국만의 문화가 아니며, 한국 설날은 그 아류가 아니다"라고 수없이 설명해도 이미 중국 설 명절에 대한 이미지가 깊이 새겨진 이들에게 그 말이 그리 와 닿지 않을 것은 당연한 이치다.

외국인들에게 문화를 체험할 수 있게 하며 이미 하나의 관광상품이 되었을 정도로 국가 홍보의 역할을 톡톡히 하는 '차이나타운'은 '코리아타운'과 겉모습에서부터 많은 차이를 보인다. 100만 명이 넘는 한인들이 거주하는 LA 코리아타운에는 그동안 한국을 상징할 수 있는 전통 양식의 구조물이 하나도 눈에 띄지 않고 그저 'Korea town'이라고 쓰여 있는 도로 표지판 하나와 사방을 뒤덮고 있는 한글 간판들만 보였었다.

하지만 중국인들이 밀집하여 거주하는 차이나타운은 전혀 다른 모습을 보여준다. 중국의 성 같이 지어진 'Main Gate(주출입구)'를 통해 'Central Plaza(중앙광장)'로 들어가면 마치 중국의 한 마을을 옮겨 놓은 듯 중국적인 색채를 물씬 느낄 수 있도록 구성되어 있고, 중국을 대표하는 색깔인 붉은색으로 칠해진 기와 건물들과 황금색의 용들 사이에 둘러싸여 중국 문화를 한껏 즐길 수 있게 되어 있다. 그렇기에 이곳에는 중국인 뿐 아니라 많은 외국 관광객들이 찾아 구경을 하고 기념촬영을 한다. 매년 2월에는 중국의 새해를 기념하기 위해 폭죽 쇼와 함께 용춤, 사자춤으로 성대한 퍼레이드를 펼치기도 한다. 이러한 경험을 통해 현지인들에게 '음력 설 = 중국 설' 공식이 새겨진다고 해도 억울해 할 수는 없는 상황이다.

재팬타운도 코리아타운보다는 사정이 낫다. 1884년 독일인 마을에 일본인 요리사가 살기 시작하면서 그 시초가 된 일본인들의 거주 지역 'Little Tokyo'에서도 일본의 문화를 느낄 수 있게 되어있다. 일본인들이 노력하여 만든 일본식 정원만도 14개에 이르고, 일본 전통의 망루나 전원 마을도 있어 방문자는 자연스럽게 일본의 문화에 둘러싸이게 된다.

그 나라에 가지 않고도 마치 그 나라 한가운데에 서 있는 듯한,

공간이동의 가상체험을 선사할 수 있다는 점에서 차이나타운이나 재팬타운이 주는 매력과 홍보효과는 상당하다.

우리나라 고유의 건축양식을 보여주는 것은 한국 문화를 전달하는 또 하나의 중요한 방법이다. 한 나라의 특성과 전통을 담고 있는 건축물과 내부인테리어는 사람들에게 다른 나라와 차별화되는 그 나라만의 이미지를 심어줄 수 있는 효과적인 방법이다.

를레 샤토(세계적 이색 고급호텔 연합. Relais & Chateaux) 아시아 태평양 담당 이사인 스테판 융까(Junca) 는 조선일보와의 인터뷰에서 한국 관광업의 발전을 위해서는 숙박업체의 취약점을 해결해야 한다고 지적한 바 있다.[5] 그는 한국 숙박업체들이 "정체성과 고유문화를 반영하지 못한다"고 말했다.

"유럽인들이 먼 한국까지 여행 와서 굳이 매일 먹는 크루아상과 커피로 아침 식사를 하고 싶어 할까요? 드문 기회인만큼 한국만의 독특한 문화를 접하고 싶지 않겠어요?" 그는 한옥게스트하우스 방문 후 아쉬움을 표하면서 "일본 고급 료칸들은 '디테일의 달인'이에요. 한국은 그런 디테일과 작은 배려가 다소 부족한 것 같아요"라고 평하기도 했다. 그는 작은 배려에 한국식 색채를 가미하는 것이 좋다고 충고했다. 작은 하회탈을 수건에 곱게 싸서 방 안에 놓아두거나, 종업원이 외국인들에게 전통 한복 옷고름 매는 법을 설명해 주거나, 한국적 재료로 만든 비누를 한지에 싸서 비단실 같은 걸로 감아 욕실에 두거나 하는 등 한국 전통 문화를 접할 수 있는 사소한 요소들을 많이 갖추어야 한다고 강조했다.

외국인의 시선으로 보는 이러한 조언은 매우 많은 생각할 여지를 남긴다. 외국인을 대상으로 하는 한국 홍보는 이렇게 섬세한 디테일이 무척 중요하다.

누구도 모방할 수 없는 독창성을 갖춘 전통 양식의 건축물과 인테리어는 외국인들의 흥미를 끌 뿐 아니라 '한국적인 미'를 보여주는 데 아주 좋은 도구가 된다.

한국의 독특한 문화의 흔적이 보이지 않는 코리아타운의 모습은 안타깝지만, 비단 코리아타운만의 문제가 아니다. 우리나라로 관광을 오는 많은 외국인들이 '한국적인 모습'으로 기억할만한 건축물은 특정지역이나 관광지에나 존재할 뿐, 고유의 정체성을 상실한 모습의 건축물들이 대부분이다.

우리나라는 급격한 경제성장을 거치며 사회전반에서 효율성과 편리성이 중시되고 속도가 가치를 창출한다는 가치관 속에 전국에 무수한 아파트가 세워졌다. 현재 아파트 연립·다세대·다가구 등 공동주택에서 사는 국민이 65%에 달하며 '아파트공화국'이라는 별명도 생겼다. 비슷비슷한 아파트와 빌라들, 간판들로 가득한 상가들은 생활적 편의성을 제공하지만, 디자인이 부재하고 고유의 정체성이 보이지 않는 건축물들인 것이 사실이다.

물론 서울의 북촌이나 인사동 등의 특수한 지역이 존재하기는 한다. 북촌은 서울의 대표적인 한옥밀집지역이다. 종로구 삼청동, 팔판동, 사간동, 가회동, 계동, 재동, 안국동, 송현동, 소격동, 원서동 일대를 지칭하는 북촌에는 현재 1,200여 동의 한옥이 남아있다.

북촌 마을과 인사동 거리가 한국 관광의 필수 코스처럼 된 것을 보아도 외국인들이 보고 싶어 하는 것은 한국적 멋을 즐길 수 있는 공간이라는 것을 알 수 있다.

한옥은 담벼락이 낮아 자연의 변화를 느낄 수 있고 재료도 자연의 것을 사용하며 기후의 특성에 맞게 각 지방마다 집의 형태를 다르게 짓는 등[6] 자연과의 조화와 지혜를 담고 있다. 비를 피하거나 시원한 그늘을 만들어주고, 장마 때는 빗물이 집안으로 들어오는 것을 막아주는 한옥의 처마는 조상들의 슬기로움과 더불어 자연과 하나 되려는 미의식이 반영된 곡선의 미학을 보여준다. 목조와 흙, 돌, 종이 등의 소재를 사용하기에 친환경적이고 매우 아름답기도 하다. 빛을 많이 받는 외부는 붉은색을 사용하고 안쪽은 파란색을 쓰는 한옥의 단청과 팔작지붕의 합각 문양 등은 세계적으로도 통할 수 있는 멋스러움을 보여준다. 또 요즘의 한옥은 외풍을 개선하기 위해 시스템창호를 달고 황토로 틈을 메우는 등 현대적인 시공법을 도입하며 생활상의 편리성도 높이고 있다.

최근 한국 드라마 〈개인의 취향〉(2010), 〈신데렐라언니〉(2010), 〈넌 내게 반했어〉(2011) 등에서 한옥이 드라마의 주요 배경으로 등장하기도 했다. 〈개인의 취향〉에서 남녀주인공이 사랑을 키우게 되는 '상고재'는 퓨전 한옥이고, 〈신데렐라 언니〉에도 '대성도가'라는 한옥이 등장하며, 〈넌 내게 반했어〉에서 남녀주인공의 집도 한옥으로 설정되어 있다. 이 한옥 건축물들은 한국 드라마 팬들의 관광코스가 되기도 하는 등 한류를 통해 한국문화를 알리는 역할도 수행하고 있다.

코리아타운처럼 외국인들이 한국에 오지 않고서도 한국을 체험할 수 있는 장소는 가능한 한국만의 고유한 이미지, 한국에 대한 좋은 이미지를 전달하는 것이 좋을 것이다. 외국인들에게 한국에 대한 정보를 줄 수 있고, 한국에 대한 기억을 남기는 손쉽고 좋은 기회이기 때문이다.

　다행스럽게도 이런 문제의식을 바탕으로 코리아타운도 서서히 변화하고 있다.

　2006년, LA 한인상공회의소와 한국교민들의 6년여의 노력 끝에 세운 '다울정'은 LA 한인타운을 상징하게 될 타운 상징조형물로, 비록 작은 정자이지만 한국 전통문화를 상징하고자 하는 마음을 담았다. 다울정에서는 한국의 정체성을 지키기 위한 각종 행사가 열리기도 하는데, 캘리포니아 주 하원 세출위원회가 2014~2015학년도부터 사용되는 개정된 교과서에 한국 문화와 역사를 대폭 포함시키자는 내용의 개정안 투표를 실시[7]하는 가운데 한인들의 많은 관심과 참여를 독려하는 캠페인을 벌이기도 했다.

　LA한인타운 중심가인 올림픽 불러바드 재단장 프로젝트도 추진되고 있다.

　2012년 하반기에 버몬트와 웨스턴 사이 올림픽 구간에서 기와지붕에 봉황이 앉아있는 문(게이트웨이)과 한국 전통 양식인 문틀 문양의 횡단보도 태극무늬 돌과 무궁화가 심어져 있는 중앙 분리대 등 한국 전통 조형물이 들어서고, 다울정이 세워져 있는 올림픽과 노먼디에는 올림픽 역사를 알리는 도로로 꾸며져서 앞으로 수년 안에 윌셔센터/코리아타운 지역의 주요 거리의 모습이 새롭게 태어날 것이다. 한인타운의 중심 거리는 이제 상징성을 갖춘 도로로 변모하기 위해 노력중이다.

　이처럼 한국의 이미지를 심기 위한 노력들이 실행되어야만 국가 브랜드에 대한 평가를 높일 수 있는 방안도 마련될 수 있을 것이다. ▶사진 1-11부터 1-13까지 (p. 60 다음 페이지)

코리아브랜드, 세계를 매혹시키다

뿌까 캐릭터, 너 정체가 뭐니?

강우성 씨는 자신의 블로그
에서 '뿌까' 캐릭터를 언급한 바 있다. '뿌까'는 세계적으로 성공
한 캐릭터로 대한민국 캐릭터 대상을 몇 번이나 연속으로 수상한
잘 만든 국산 캐릭터이다. 그러나 안타깝게도 뿌까의 외관은 중
국 캐릭터로 오인할 만큼 한국적인 특성이 전혀 보이지 않는다.

캐릭터 애니메이션 줄거리에서 볼 수 있듯, 중국의 전통 의상
을 연상시키는 의상을 입고 있는 중화요리 집 소녀 뿌까는, 표창
을 던지며 일본도를 들고 다니는 일본 닌자 소년인 '가루'를 좋아
하고, 쌍절권을 돌리며 이소룡처럼 되고 싶어 하는 쿵푸 소년인
'아보'와 역시 중국 전통의상을 입고 있는 소녀인 '칭', 소림사 출
신의 '소소', 가루의 라이벌이자 역시 닌자인 '또베' 등과 함께 이
야기를 이끌어 나간다.

2008년 기준으로 유럽 전역 50개국과 남미와 북중미, 아시아
여러 국가에서 방영이 되었고, 수많은 캐릭터 관련 상품을 판매
해 110여 개국에서 인기몰이를 하며 막대한 수입을 올린 '짜장 소
녀 뿌까'의 성공은 한국 캐릭터 산업의 저력을 보여주었다는 점에
서 고무적이지만, 한국을 대표할만한 한국'적' 캐릭터나 고유문화
가 녹아있는 콘텐츠 제작에는 실패했다고 할 수 있다.

기존에 해외에서 널리 퍼져있는 동양의 이미지가 '일본', '중국'
에 관한 것인 경우가 압도적으로 많기 때문에 그것을 재생산하여
이미 일정 소비층이 형성되어 있는 안전한 시장을 공략한 것으로
보이고, 비록 그 전략이 성공적이기는 했지만, 순 국산 캐릭터인

'뿌까'가 이처럼 중국, 일본적 요소들을 버무려놓은 형태라는 것은 그만큼 한국을 대표하는 이미지가 빈약함을 보여주는 반증인 것 같아 씁쓸한 느낌을 지울 수 없다.

'창피하게 웬 한복'을 중얼거렸던 한국 유학생처럼 우리가 우리 문화에 스스로 자긍심을 가지지 않고, 세계도 인정할 자랑스러운 이미지로 구축해나가려는 노력을 하지 않으면 다른 누구도 그 일을 대신해줄 수 없다. 이미 뒤처진 스타트 라인에서 시작해야 하는 불리한 입장에서는 더욱 그렇다.

다가오는 새 시대는 꿈과 감성의 시대, 이미지의 시대라고 하였다. 꿈과 감성을 만족시킬 수 있는 이미지를 구축하기 위해서는 우리 자신이 그 이미지와 정서적으로 교감하는 것이 필요하다. 우리가 스스로에 대한 긍정적인 이미지를 그리며 미래에 대한 꿈을 투사하고 감정적으로 몰입한다면 그것은 자연스럽게 체화되어 우리의 것이 될 수도 있다.

우리나라의 문화적 정체성을 세우고, 외국인의 눈에 비치는 우리의 이미지를 새로운 렌즈로 갈아 끼워 보다 선명하고, 정확하고, 더 나은 모습으로 보여주기 위해서는 그 누구도 아닌 우리가 애정을 갖고 한국만의 '이야기'를 만들어나가는 노력을 해야 할 것이다.

강우성 씨는 다양한 활동을 하는 동안 부정적인 시각과 선입견을 갖고 있는 사람들의 인식에 맞서서 싸우는 게 가장 힘들었다고 말한다. 국가 이미지를 상승시키는 일은 매우 시급하고 중요한 일이지만, 가장 큰 장애물인 무관심 때문에 벽에 부딪치는 경우가 많았다. 심지어 냉담한 시선을 보내는 사람들도 적지 않았다. "'그런 걸 뭣 때문에 해요? 돈도 안 되는데 하지 마세요!' 등과 같은 말을 들을 때 힘이 쭉 빠지죠. 우리가 지금 겪고 있는 문제들, 한국의 턱없이 낮은 인지도 및 저평가된 국가 이미지는 사실 우리가 함께 힘을 모아 개선해 나가야 할 문제인데 불구한데 노력하려는 마음조차 귀하게 여기지 않는다면 문제가 쉽게 풀리겠어요? 소위 돈이 되는 일들, 나 자신만을 풍족하게 하려는 일들만 찾아 하게 된다면 이러한 악순환은 계속 될 겁니다."

하지만 그래도 그가 포기하지 않고 힘을 낼 수 있었던 것은 응원해주고 격려해 주는 많은 사람들도 있었기 때문이었다.

"아무도 걷지 않은 길을 처음으로 걷는다는 것은 두렵고, 힘들고, 또 외로울 겁니다. 하지만 내가 지금 걷는 이 길이, 뒤를 따라올 수많은 사람들을 위한 길을 터주는 의미 있는 일이라는 것을 생각한다면 얼마든지 감내할 수 있을 겁니다."

그는 앞으로도 기회가 날 때마다 한국을 알릴 수 있는 이벤트들을 계속해서 만들어 갈 생각이다. 그러나 그가 이런 활동을 하면서 가장 중요하게 생각하면서 또한 조심스럽게 생각하는 부분이 바로 '애국심'과 '국수주의'는 엄밀히 구분해야 하는 개념이라는 것이다. 그는 이런 생각을 자신의 경험담과 함께 들려주었다.

그가 한글 티셔츠를 제작하고 배포한 후, 이러한 내용이 국내의 모 석간신문을 통해 보도가 되었고, 이는 인터넷의 대형 포털 사이트를 통해 크게 소개가 되었다. 젊은이들이 많이 보는 사이트에서 댓글을 통해 이런 저런 얘기를 나누었는데, 마침 어떤 한 청년이 링크를 타고 그의 미니 홈피에 찾아왔다. 당시 그의 미니홈피 배경음악에는 미국의 팝스타인 셀레나 고메즈(Selena Gomez)의 "Naturally"라는 음악이 흐르고 있었는데, 그 청년이 이를 트집 잡았다.

"'아니, 한국 문화 알린다는 분이 왜 미국 팝송은 들으시나요?'
라고 따지시더군요. 그래서 그 분께 이렇게 설명을 드렸어요. 애
국심과 국수주의는 엄연히 다른 개념이며, 남의 문화를 배척하고
존중하지 않으면서 어찌 남에게 우리의 문화를 존중해 달라고 할
수 있겠습니까? 하구요. 정말 이율배반적인 생각이 아닌가요?"

강우성 씨는 이런 이유에서 '열도를 정복한 한류 열풍', '대륙
을 휩쓰는 한류'등의 자극적인 기사에 많은 아쉬움을 느낀다. 진
정한 문화의 교류와 전파는 일방향의 것이 아닌 쌍방향의 것이 되
어야만 하고, 존중과 배려, 그리고 감사의 마음이 그 주춧돌이 되
어야 하기 때문이라고 그는 믿고 있다.

"존중을 받고 싶으면 남을 존중하는 법을 배우고, 사랑받고 싶
다면 남을 사랑하는 마음부터 먼저 길러야합니다. 그래야 열린
마음으로 그들도 우리의 문화를 포용할 수 있지 않을까요." 한국
의 캐릭터가, 한국의 이미지가 다정하고 친근하게 외국인들에게
다가가고 스며들기 위해서는 한국인 스스로가 자신의 문화에 긍
지와 자신감을 가지고 독특한 고유의 이야기를 만들어나가는 것
도 반드시 필요하고, 거기에 더해 타인의 문화를 인정하고 존중
하면서 나의 문화를 알리는 우호적인 태도도 중요하다는 것이다.
그런 마음가짐을 가지고 꾸준한 노력이 병행된다면, Korea 브랜
드가 세상을 향해 높이 도약하는 계기를 만들어 낼 수 있을 것이
라고 그는 말한다.

사실 한국 상품 브랜드들은 해마다 약진을 거듭하여 한국의 이
미지 상승에 고무적인 소식들을 전해주고 있기도 하다. 인터브랜

드사와 비즈니스위크가 공동 발표한 글로벌 100대 브랜드에서 2011년 기준으로 삼성전자는 200억 달러를 달성하며 17위에 랭크되었다. 부동의 1위인 코카콜라에 비하면 아직 낮은 수준이지만 해마다 순위가 상승하는 점이 돋보인다. 현대차도 자동차 부문 '2년 연속, 가장 빠르게 성장하는 브랜드'로 평가되고 브랜드 가치 60억 달러로 지난해 대비 4계단 상승한 61위를 기록했다.

그러나 '삼성', 'LG'가 한국 브랜드임을 알지 못하는 소비자가 대부분이라면 한국 브랜드의 이런 약진도 국가 이미지 동반 상승의 효과로 이어지지 못하는 안타까운 상황이 벌어질 수 있다. 더욱이 한국의 국가 이미지 자체가 달라지지 않는 한 한국 상품들도 '싸구려'라는 오명을 쓰게 될 위험이 있다.

세계 최고의 백화점 중 하나로 손꼽히는 영국 해러즈(Harrods) 백화점에 LG전자가 평면 TV를 입점시켰던 일화는 화려한 성공사례로 보이지만, 그 뒤에 숨은 일화는 이렇다. 해러즈는 한때는 출입 시 복장 규제가 있을 정도로 자부심이 대단하고 왕실과 귀족들이 이용하여 이미지가 고급화된 백화점인데, LG TV가 비록 품질을 인정받아 입점이 되기는 했지만 정작 고객들이 제품에는 흥미를 보이면서도 'Made in Korea'가 새겨진 것을 보고 제품 구매를 꺼려했다. 이에 백화점 측에서 이 'Made in Korea'를 빼 줄 것을 요청했다고 한다. 이것이 현실이다. 국가 브랜드 이미지는 그 나라가 생산해 내는 모든 것들에 대한 평판과 직결된다는 것을 여실히 보여준 사례가 아닐 수 없다.

유럽과 미국 전역에서 삼성, LG TV의 인기는 뜨겁다. 고급 호텔에서도, 공항에서도 삼성과 LG 로고가 붙은 텔레비전을 만날 수 있다. 심지어 미국 라스베이거스의 유명 관광코스 중 하나인 프리몬트 스트리이트 익스피어리언스(Fremont Street Experience: 다운타운 쇼핑가 천정 전체에 LED화면을 설치해 음악과 함께 화려한 영상 쇼를 선사하는 주요 관광코스)를 관람하다보면 LED화면 한 구석의 LG 로고를 볼 수 있다.

그러나 실제로 이런 사실은 외국인들에게 그다지 많이 알려져 있지 않다. 아직도 삼성과 LG를 일본 회사로 알고 있는 구매자도 꽤 있다. 한국의 이미지가 긍정적으로 형성되어 있지 않아서 한국 제품임을 알리는 것이 판매 수익에 도움이 되지 않기 때문에 기업들 자체가 'Made in Korea'를 PR하는 데 소극적이다.

한국의 이미지가 상승된다면, 수출 기업들도 한국 제품이라는 것을 적극적으로 홍보할 수 있을 것이며 이것이 전반적인 무역 수지 상승에도 긍정적인 영향을 줄 수 있을 것이다.

그리고 한국적인 것을 상품화시키는 노력 또한 지속적으로 해야 하며 한국을 떠올리게 하는 이미지를 생산해내려는 고민이 계속되어야 한다. 자신의 이미지를 부단히 관리해야 살아남을 수 있는 시대에 국가 역시 꾸준히 자신의 이미지를 만들어나가야 한다. "긍정적이고 올바른 한국의 이미지를 구축하는 것은 우리 자신의 할 일일 뿐, 다른 누구도 대신해줄 수 없는 것"이라는 강우성 씨의 말처럼.

우리는
사이버
외교사절단

제 2 장

우리는 사이버 외교사절단

반크, 7만 명의 민간 외교관이 간다!

마치 공상과학 소설 같은 이야기

지금으로부터 50년 전에 어떤 사람이 다음과 같은 글을 읽었다고 치자. 그는 분명 이렇게 말했을 것이다. "공상과학 소설도 정도껏 해야지. 이런 터무니없는 얘길 하면 어떻게 해?"

2011년의 서울. 이른 아침부터 잠에서 깨어난 남자는 눈을 떠서 제일 먼저 손바닥보다 작은 개인 휴대전화기를 집어와 아침부터 도착해 있는 많은 메시지들을 확인한다. 메시지를 보고 답장을 한 후 습관적으로 휴대폰 위의 그림 하나를 손가락으로 꾹 누른다. 그림 아래에는 '슈퍼사절단k'라는 이름이 쓰여 있다. 미주

리대학교 세인트루이스캠퍼스, 텍사스 대학, 아메리카 대학의 웹 페이지의 지도들이 나타난다. 그 지도들에 나와 있는 독도 표기 오류를 시정해달라는 "독도 오류를 바꿔주세요!"에 들어가서 손가락을 몇 번 두드린다. 그것만으로도 그는 외국 지도를 바꿀 수도 있는 큰 사회적 행동에 참여한 셈이다. 그는 또한 지난번에 인터넷에서 발견한 다른 독도 관련 오류 사례도 알고 있기에, 얼른 그 사실을 제보하기로 한다. 역시 휴대전화기 버튼을 몇 개 누르고 글자만 입력하면 된다. 그리고 나서 마지막으로 자신이 후원하는 NGO에 소정의 후원금을 보내기 위해 역시 같은 핸드폰으로 버튼만 몇 개 눌러서 은행 계좌이체를 한다. 그는 이 모든 과정을 마칠 때까지 침대에서 뒹굴면서, 일어나지도 않은 채다. 그는 창문 너머로 아직 새벽빛이 가시지 않은 하늘을 힐끗 보고는, 조금만 더 잠을 청하기로 한다.

같은 시각 그 윗집에서는 한 여자가 컴퓨터를 켜고 전 세계에 여러 곳에서 온 메일을 확인하고 있다. 그녀는 메일에 답장을 보내고, 자주 가는 인터넷 주소에 접속한다. 인터넷 주소가 나타나자 독도 관련 설문조사 창이 뜨고, 연필 한 번 갖다 댈 필요도 없이 조사지를 작성할 수 있어 시간과 공간에 상관없이 여러 명이 편리하게 설문에 참여할 수 있다. 그리고 나서 각국의 오늘자 신문기사들을 동시에 컴퓨터 화면에 띄워놓고 한국에 대한 가장 최신의 외신 보도를 샅샅이 찾는다. Korea로 뉴스 주제어 검색을 해서 최근 기사 순으로 한눈에 정리해 볼 수도 있다. 혹시 모르는 단어가 있으면 온라인 사전이나 번역기도 준비되어 있고, 도움을 청하면 그녀가 가입해 있는 민간친목 단체의 회원들이 같이 참여해서 쉽게 번역이 되기도 한다. 한 외신기사에서 그녀는 한국에 대한 큰 오류를 발견한다. 그녀는 얼른 외국 신문사에 제보 메일을 보낸다. 단 몇 초 만에 "이메일이 전송 완료 되었습니다"란 안내가 떠오른다. 해당 신문사 기자가 메일을 확인했을 경우, 수신 확인도 실시간으로 가능하다.

오후가 되어 그녀의 동생 민수가 우체국에 간다. 민수는 오랫동안 공을 들여 외국 교과서들을 찾아보았는데, 사이버 도서관과 웹 정보를 살펴보니 집 밖에서 한 걸음도 나갈 필요도 없이 해외 도서관까지 다 뒤질 수 있었다. 생각했던 것보다 좋은 정보가 많이 나왔고, 한국에 대해 잘못 알려진 부분이 너무 많다는 데 안타까움을 느꼈다. 그런데 그는 마침 어제, 몇 년 전 해외로 이민 간 친구와 채팅으로 온라인 대화를 하던 중에 외국 교과서에 실린 한국에 대한 내용이라고 하는 부분을 듣고 깜짝 놀랐다.

너무 큰 오류가 버젓이 역사로 기록되어 있었기 때문이었다. 재차 확인을 위해 해외의 외국인 친구들에게 그 사실을 다시 한 번 물어보았고, 사실이라는 것을 알게 되자 적잖은 충격을 받았다. 잘못된 역사를 너무나 당연히 팩트로 알고 있는 외국인들이 너무 많다는 것이 속상했다. 그래서 그는 오늘 우체국에 가서 외국 교과서 출판사에 친선서한을 보내려는 것이다.

동시에 다른 친구들은 외국 기관에 협력서한을 보내기로 하였다. 해외의 친구는 자기 나라 학교에 직접 교류서한을 보내겠다고 했다. 그는 이런 활동들로 인해 해외의 한민족도 하나가 되는 것 같다며, 뿌듯한 심정을 표시했다.

지난번에도 꾸준히 항의서한을 보낸 덕분에 출판사 사장이 직접 미안하다며 시정하겠단 답을 보내오기도 했다. 그는 기분이 좋아서 이러한 내용을 자신의 트위터에 적었다. 그 글을 본 민수의 외국인 친구는 민수가 보내준 자료들을 이미 자신의 블로그, 트위터, 페이스북 게시글로 올려놓았고, 몇몇 외국인들이 그것을 보고 댓글도 달고 자기 계정으로 퍼가며 관심을 보였다. 이제 만 하루도 되지 않았는데 민수에게 더 많은 것을 알고 싶다며 문의 메일을 보낸 사람도 있을 정도다. 민수는 마치 옆 동네에 있는 사람에게 수다를 떨듯, 답장을 써서 이름 모를 외국인에게 전송한다. 단 한 사람이라도 더 한국에 대해 바르게 알기를 소망하며.

위의 글들을 읽고 나면 어떤 생각이 드는가? 물론 여러분도 짐작하는 바와 같이 이 모든 일은 실현가능할 뿐 아니라 오늘의 대한민국에서 일어나고 있는 현실이다. 50년 전은 말할 것도 없고, 한 20년 전만 해도 이런 일들은 거의 대부분 예상할 수 없던 것이 사실이다.

위의 글에서 언급된 이들에 대해 블라인드 퀴즈를 한다고 치자. "애국활동 관련 특정 법인, 기관 등에 속한 사람일 것이다. 국제관계 전문 활동가나 한국문화 홍보 전문가일 것이다"와 같은 추측이 가능할 것이다. 하지만 사실을 밝히자면 그들은 그저 평범한 회사원, 대학생, 심지어 초등학생이다.

그들에게 단 하나 공통점이 있다면, 그들은 '반크(VANK: Voluntary Agency Network of Korea)'의 회원이라는 것이다. 반크는 어떤 단체인가?

평범한 사람들이 만든 아주 특별한 모임

가입조건 없음,
평범한 대한민국 국민이라면 남녀노소 누구나, 100% 자발적으로
한국을 바르게 알리는 일에 동참할 수 있는 '반크'는 1999년 한국
에 대해 국제사회에 잘못 알려진 사실들을 바로잡기 위해 출범한
사이버 민간 외교단체다. 홈페이지 www.prkorea.com에 가입하
고 가입비 3만 원을 딱 한 번만 내면 평생 반크의 회원이 될 수 있
다. 정말 쉽고 간단하며 누구에게나 문이 열려 있는 셈이다.

어떤 강제나 의무, 자격조건도 없고 흔한 규약조차 없으며 정
기적인 회비조차 전혀 없이 누구든 평생토록 회원으로 인정해주
니, 그 문턱이 매우 낮다고 볼 수 있다. 그러나 어떤 특별한 이익
을 약속해주지도 않고, 단체의 회원이 되었다고 이름을 언거나
혜택을 받는 것도 아니며 오히려 자신의 시간과 노력, 소정의 가
입비까지 내야 하는데도 반크의 회원은 2011년 초 기준으로 자그
마치 7만 명이 넘으며 계속 그 숫자가 늘어나는 중이다.

처음에는 외국인에 대한 민간 관광안내단체 역할을 주로 담당
했지만, 동해나 독도 영유권 문제가 사회적 관심사로 떠오르면서
사이버민간외교관으로서 반크의 역할이 더욱 주목받게 되었다.
최근 주로 활동하는 분야는 외국 교과서 등에 한국역사에 대해 잘
못 기재된 부분을 바로 잡거나, 고구려 역사왜곡이나 일본 독도
망언 등에 대처하고, 지도 등에 잘못 표기된 영토 정정하기 등 국
제사회에 잘못 알려진 한국에 대한 여러 가지 문제를 지적하고 바
로잡는 일에 주력하고 있다.

반크가 누구에게나 진입로를 활짝 열어놓듯, 회원들이 하는 일도 그리 어려운 일은 아니다. 아주 작은 일이라도 한 사람 한 사람이 당장 시작하기를 독려할 뿐이다. 회원들은 한국 홍보자료를 모으고, 영어로 한국을 소개하며 e-펜팔을 통해 한국을 홍보한다. 채팅방을 통해 한국을 홍보하거나, 누구나 국제 전문가가 되어 외신을 번역하거나 한국 오류를 발견하여 시정하는 일에 동참할 수 있다. 외국 교과서 출판사에 친선서한 보내기, 외국 기관에 협력서한 보내기, 해외 학교에 교류서한 보내기 등으로 구체적이고 그다지 어렵지 않으면서 효과적이고 우호적인 방법이라고 할 수 있다.

박 기 태
- 사회기관단체인. 반크 단장.
- 햇불트리니티신학대학원 신학 석사
- 월드컵 조직 위원회 대통령 표창, 국정 홍보처 대통령 표창
- 한국관광공사 아름다운 관광 한국을 만드는 사람들 10인
- 2011.03~ 한국국제협력단 지구촌체험관 자문위원
- 2010.09 민선 5기 서울시 홍보대사

반크 회원들이 뜻을 합친 결과, 세계지도와 해외 서적 곳곳에 왜곡된 한국의 역사에 대한 오류를 시정했으며 '일본해' 표기가 '동해'와 병기되었다.

특히 반크는 미국 CIA의 오류를 수정한 것으로 더욱 유명세를 얻기도 했다. 수정 전에 CIA에는 이렇게 되어 있었다. "한국은 1,000년간만 독립국이었다." 이 말의 의미는 그 이전에는 독립국이 아니었고 중국의 식민지였다는 뜻으로 읽힌다. 그러나 지금은 "한국은 수 천 년 동안 독립국이다"로 수정되었다. 그리고 내셔널 지오그래픽, 야후 등 유명 역사 포털 사이트에서 "한국사는 668년부터 시작이다"라고 적혀 있었으나 지금은 "한국은 668년 문화

적 통합을 이루었다"고 바뀌었다. 캐나다 외교부 사이트, 세계보건기구(WHO)의 웹사이트도 수정되었다. 반크는 이처럼 지난 10여 년 동안 400곳에 달하는 교과서, 공공기관 웹사이트, 해외 유명 웹사이트 등의 시정을 이끌어냈으며 최근에는 마이크로소프트사의 실버라이트(silverlight) 제품의 홍보 웹사이트에서 일본 영토로 표시 되어있는 독도를 시정 조치했다.

"크디큰 목적의식을 가지고, 그리고 이것에 특별한 것이 있다는 생각으로 시작한 것은 아니었습니다. 그저 조금씩, 조금씩 생각들을 모으다 보니 여기까지 오게 된 거지요"라고 반크의 단장 박기태 씨는 말한다.

박 단장은 자신을 큰 대의명분에 묶는 것을 겸연쩍어하며 옆으로 슬쩍 비켜선다. 거대한 목적의식이나 명분 또는 이익을 위해 활동을 시작한 것이 아니며, 자연스럽고 느리게 진행된 과정일 뿐으로 처음부터 모든 것을 계획하고, 의식화해서 시작한 것은 아니었다는 말이다.

그저 작은 펜팔사이트가 이룬 기적

과연 그렇다면 반크의 시작은, 그 전신이 되었던 것은 무엇일까? 시민단체? 연구소? 해외교류기관? 학교? 언론사? 분분한 추측이 가능할 수 있다. 그러나 반크의 시작은 방금 언급한 그 무엇도 아니다. 어떤 잘 기획된 프로젝트도, 어떤 정책이나 시민운동도 아니다. 놀랍게도, 반크의 전신은 그냥 '펜팔 사이트'다.

그 초기 목적도 실은 대외적인 한국홍보활동과 전혀 무관한, 학과 과제와 영어공부를 위한 것이었다.

1999년 당시 대학생이었던 박기태 단장은 임현숙 씨와 함께 영어실력을 늘리기 위해 펜팔 사이트를 만들었다. 지금은 없어졌지만 당시에는 누구나 개인 홈페이지를 만들 수 있는 네띠앙이라는 시스템이 있어서 그것을 이용했다.

그는 필자와의 인터뷰에서 자신이 반크를 만들었던 최초 시작 지점에 대한 이야기를 자세히 들려주었다. 전혀 포장하지 않고, 있는 그대로를 꾸밈없이 보여주는 그의 회상은 그 진실함과 담백함으로 인해 더욱 빛난다.

"저는 학창시절에 성적순으로 대학교와 전공을 권유하여 야간대학과 일어일문학을 전공했습니다. 지금 반크에서 제가 추진하고 있는 일, 한국을 세계에 알리기 위해 필요한 전공인 국제관계, 역사, 외교, 문화는 관심도 없었고, 제 미래의 일과는 상관이 없는 줄 알았어요. 또 국가 홍보는 당연히 정부나, 세계를 상대로 무역을 하는 기업들, 혹은 학계나 전문가들이 해야 할 일이지 제가 해야 할 일이 아니라고 생각했습니다. 그러던 제가 '국가홍보는 나와 직접적으로 연관이 있는 일이다'라고 인식을 바꾸게 된 시점이 바로 제가 외국친구와 펜팔 채팅을 하게 된 순간이었습니다."

그렇다면 박 단장은 어떤 뜻을 품고 펜팔을 시작했던 것일까? 그 질문에 그는 정말 솔직하게 다음과 같이 대답해준다. "펜팔을 하게 된 이유요? 어학연수 갈 돈이 없었기 때문이죠."

94학번이었던 그의 대학시절엔 '해외 연수학번'이란 별명이 붙을 만큼 연수가 붐을 이루던 시기였다. 많은 친구들이 해외로 너도나도 연수를 떠날 즈음, 낮에는 일을 하며 학비를 보태던 그에게는 해외 연수란 너무나 먼 꿈같은 것이었다.

사실 박 단장이 펜팔 사이트를 만든 것은 인터넷 활용 교양강의 과제를 위해 활용하려는 목적도 있었다. 우연찮게 다른 교양과목이었던 영어 강의에서도 중간고사 과제로 '가상으로 회사나 단체를 설립하고 그 회사나 단체에서 팔고자 하는 제품 혹은 캠페인을 전 세계에 알리는 영문서식을 만들어보라'는 특명이 떨어졌다. 마침 외국 친구들과 펜팔을 통해 영어공부도 하고 국제 감각도 키워 보고 싶다는 생각을 하던 참이었다.

그는 외국 학생들과 이메일을 주고받으며 우정을 나누길 원하는 한국의 대학생들과 한국에 관심이 있거나 한국어, 혹은 한국문화를 배우기를 원하는 외국 대학생, 한인 동포, 입양아들이 인터넷으로 교류할 수 있도록 홈페이지를 만들고 영문 소개서를 작성한다면 외국 대학생들의 가입과 참여도 이끌어낼 수 있겠다는 아이디어를 고안했다. 그리고 대학생 국제교류 홈페이지를 홍보하기 위한 협력서한, 교류서한들을 작성했다. 교양과목 중간고사 대체 과제로 작성했던 이 서한들 덕분에 반크는 전 세계 수많은 기관과 협력을 체결할 수 있었으며 1만 명의 외국인 회원들의 가입을 이끌어 낼 수 있었다.

'VANK'라는 이름은 박 단장이 직접 지은 것으로, 수업시간에 혼자 낙서처럼 'Voluntary Agency Network Of Korea'를 줄여서 V.A.N.K, '반크'라고 써 본 것이 이름이 되었다. 거창하게 들리지만, 펜팔을 통해 외국인들에게 한국을 홍보하자는 단순한 뜻을 담고 있었다. "훗날 알게 되었지만, 영어로 그 뜻이 맞지 않는다고 하던데요"라며 그는 가볍게 웃는다.

반크의 처음 시작은 그렇게 매우 소박했다. 뒤이어 그는 미국, 유럽 등 각 대학의 아시아 관련 학과 게시판에 무작정 자기소개서를 띄웠다. "한국과 아시아에 관심이 많은 전 세계 친구들과 사귀고 싶다. 관심이 있으면 우리에게 메일을 보내 달라. 우리가 당신만의 사이버 관광가이드가 되어 주겠다"는 소개 글이었다.

해외연수를 갈 돈도 없었고, 외국인을 사귈 환경도 되지 않았지만 외국인을 사귀고 그들과 대화하고 싶은 마음이 절실했던 그는 야후에서 University, Korean Language, Korean Study, Culture를 다 검색해서 미친 듯이 'Ctrl+C', 'Ctrl+V'를 계속 눌러서 서신 1,000통을 만들어 세계 각지에 보냈다. 그런데 오토메일 제외하고 100통의 답신이 왔다. 어느 국립대학 한국어학과 교수는 자신이 가르치는 학생이 100명인데 이들이 한국인 친구를 갖고 싶어 한다면서, 100명의 프로필을 줄 테니 한국 학생 100명과 1:1로 자매 결연을 맺기를 원한다고 제안했다. 그에게는 참으로 놀랍고 기쁜 성과였다. 당시만 해도 외국 친구들과 교류한다는 것이 신기하고 특별한 일이고, 그다지 흔치 않던 시기였다.

그러다 2002 한일 월드컵 때 몇몇 영어교사들이 "해외펜팔을 통해 자기고장과 한국을 알려라"는 수행평가 숙제를 내주면서 수많은 청소년이 몰려오는 일이 벌어졌다. 그래서 나라별로 펜팔사이트에서 프로필을 가져와 연결시켜 주다보니 영어가 서투른 아이들을 위해 주변대학생들과 번역서비스도 해 주게 되었다.

"게시판에 한국어로 말을 올리면 도와달라고 하는 거예요. 저한테 영어로 작문까지 요구하는 참담한 상황이 발생했어요. 몇 명은 제가 도와줬지만, 다 해 줄 수는 없는 일이었죠. 그때 이런 생각이 들었어요. '내가 조금만 실력을 보태면 이들에게 전 세계에 있는 학생과 교류할 수 있는 꿈을 꾸게 해줄 수 있다. 달마다 토익 점수 10점 올리기 위해 미친 듯이 공부하는 것보다 이들을 위해 그 시간을 쓰는 것이 더 낫지 않겠는가.' 그래서 아이들을 위해 기쁜 마음으로 한국말 편지를 번역해주기로 했어요. 동시에 대학생 친구들에게 반크 내 영어 통역 서비스를 만들어서 아이들을 도와주자고 제안했어요. 다행히도 기꺼이 참여하는 친구들이 있었지요. 이렇게 청소년은 펜팔을 신청하고, 대학생은 번역해주는 소박한 사이트가 반크였어요."

그렇게 반크의 도움으로 외국 친구들과 연결된 아이들이 수많은 해외 학생과 교류한 사연을 반크 홈페이지에 올리기 시작했다. 마치 전 세계에 나가 있는 한국 외교관이 본국에 브리핑하는 것처럼 외국 친구와의 경험을 홈페이지에 올리는 아이들을 보며 박 단장은 깊은 인상을 받았다. "이때부터 저도 변화하기 시작했습니다"라고 박 단장은 회상한다.

펜팔을 하는 아이들을 보면서 그는 또 다른 아이디어가 생겼다. 게시판을 신설하고 게시판 카테고리 항목으로 문화·역사·관광 등을 만들었다. "각자 자신이 홍보했던 내용을 분야별 항목에 올려서 데이터베이스를 구축해보자"라고 제의했다. 그런데 활동을 하다 보니 한국에 대한 오류를 지적하는 제보들이 쏟아지기 시작했다.

"한국 학생과 펜팔을 하는 타이완 친구가 '한국은 과거 중국의 식민지였다. 한국은 한문을 쓰니까'라고 보내온 경우도 있었어요. 자기네 교육청 사이트에서 그렇게 배운다는 거죠. 한 호주 친구는 자국의 교과서에서 그렇게 배운다며 '한국은 한글-중국어 쓰고 동해는 일본해다'라고 보냈다고 해요. 외국 교과서, 홈페이지에 독도와 동해 표시가 다케시마와 일본해로 되어있다는 제보도 많았고요.”

시험문제에서 동해라고 썼더니 오답으로 처리되었다는 사연도 올라왔다. 오스트레일리아에 유학 간 여학생이 이에 항의했더니 교사가 이렇게 말했다고 했다. “네가 맞겠니, 교과서가 맞겠니?” 이에 그 여학생은 교과서를 바꾸어달라고 그에게 호소했다.

박 단장은 그 학생을 실망시키지 않으려고 토익 관련 지문을 참고해가며 정말 열심히 편지를 썼고, 답변이 왔다.

“친애하는 박기태 씨, 당신이 보낸 편지를 바탕으로 우리 교과서를 찾아보니 우리가 관용적으로 일본의 표기를 써왔더군요. 관용적으로 한국은 '중국의 역사'인 것처럼 써왔더군요. 당신이 주신 건의사항을 바탕으로 학자의 양심에 따라 회의를 했습니다. 그 결과 우리가 정말 잘못했다는 사실을 알게 되었습니다. 우리는 우리가 발행한 모든 출판물을 시정하겠습니다.”라는 문구의 편지였다.

박기태 단장은 아직도 그 답변이 자기 심장에 박혀있는 것 같다고 말했다. 그것이 시작이었다. 각국의 세계사 교과서를 바꾸고, 회사들과 대학을 설득하는 일의 첫걸음을 내딛은 것이다.

“외국인들이 교과서에서 한국을 찾아보면 한 페이지가 고작이거나, 그나마도 잘못된 내용인 경우가 많지요. 일본이나 중국에 대해서는 수십 페이지에 걸쳐 각 왕조와 역사적 사건, 위인들을 상세히 설명하고 있는 반면, 한국에 대한 내용이 담긴 교과서의 지면 자체가 너무 협소하거든요." 반크는 이제 교과서 왜곡 시정에서 더 나아가, 교과서를 집필할 때 한국에 대한 지면을 높일 수 있는 다양한 콘텐츠의 개발까지도 고민하고 있다.

"유럽의 최신 옥스퍼드 교과서에는 '3세기 때 한국은 다 중국 땅', '한나라 때 한국은 다 중국 땅'이라 적혀 있어요. 고대 한국을 중국 영토로 규정하고 있는 거지요. 내셔널 지오그래픽에는 '한강 이북은 모두 중국 땅'으로 돼 있어요. 이외에도 이런 오류는 셀 수 없이 많지요." 그는 해외 웹사이트에서 '일본해'라고 검색했더니 교과서 부분에서만 100만여 개가 나왔다고 했다.

박 단장은 또한 펜팔사이트 시절, 메일을 주고받은 외국 대학생들이 한국에 대해 알고 있는 정보가 거의 백지 상태인 것에 놀랐다. '한국에선 모두 장티푸스 말라리아 환자 투성이인데 무섭지 않느냐', '너는 한국에서 인터넷을 사용하는 것을 보니 특권층이구나' 등 한국 실정을 몰라도 너무 심하게 몰랐다. 이에 그는 반크를 본격적으로 조직하고 사이버 공간에서 한국을 알려야겠다는 문제의식을 가지게 되었다.

"저뿐만 아니라 반크 회원들이 홈페이지에 올린 8,000여건의 경험담들을 살펴보면, 우선 한국이 그리 매력적인 나라가 아니라는데 가장 먼저 상처를 받아요. 펜팔을 하고 싶어서 관련 사이트에 소개글을 올리면 미국이나 영국처럼 이른바 선진국에서는 거의 연락이 없어요. 동양이라고 하면 자연스레 일본이나 중국을 떠올리지 한국은 거의 모르거든요. 그나마 한국을 아는 친구들을 만나도 남한과 북한을 구분하지 못하는 경우가 대부분이에요."

그러나 이런 안타까움이 변화에 대한 열망을 불러오고, 실제로 바뀔 수 있는 기회까지 이어진다고 그는 확신하고 있다. 이런 믿음으로 박 단장이 뜻을 함께하는 이들과 2000년 서울 남대문시장에 3평 쪽방을 얻어 사무실을 낸 것이 반크의 정식 출범이다.

▶ 사진 2-1부터 2-6까지 (p. 96 다음 페이지)

골리앗을 쓰러뜨린 다윗, 박기태 단장

겉모습은 이렇게 작고 초라했지만 그들의 꿈은 크고 진실했기에 사람들에게 옮겨져 영향을 준 것이었을까. 다행스럽게도 따르는 회원들이 줄을 이었다.

그러나 정작 현실적인 문제로 어려움을 겪기 시작했다. 아무리 좋은 의도로 시작한 일이라고 해도 누구 하나 선뜻 도와주겠다는 사람이 없었고, 돈을 빌리기도 여의치 않았다. 그때 그는 "어떻게든 우리 힘으로 일어서보자. 남의 도움을 바라고 기다리는 것보다 우리 스스로 사는 법을 찾아보자."는 다짐을 했다고 한다. 그리고 회원들에게 평생회비 2만 원을 받고 알찬 내용의 콘텐츠를 제공하고 적은 돈으로도 운영할 수 있도록 내실 있는 시스템도 구축하려고 노력했다. 회원들은 반크의 운영이 어렵다는 사실을 안 후 자발적으로 회비를 모았고, 자신의 주머니를 털기도 했다.

이후 그들의 변함없는 열의와 꾸준한 활동을 통해 반크는 서서히 주목받게 되었고, 방송사가 그 활동을 공익광고로 만들어 내보낼 정도에 이르렀다.

코리아브랜드 세계를 매혹시키다

90

반크가 만들어낸 괄목할 만한 성과는 앞에서 보았던 바와 같이 일개 민간단체, 그것도 펜팔사이트를 모체로 한 작은 홈페이지 한 개가 이룬 것이라기에는 놀라울 정도다.

미국의 한 교과서 출판사 홈페이지엔 이런 내용이 실리기도 했다. "한국의 '반크'란 단체에 있는 청소년들이 전 세계에 한국을 홍보하고 있다. 그 활동 중 하나가 펜팔 친구가 보는 교과서 지도에 표기된 일본해를 동해로 바꾸는 것인데, 그들의 주장은 일본보다 타당하고 합리적이어서 서서히 효과를 거두고 있으며, 세계의 주요 교과서와 출판사, 잡지사에서 일본해라는 표기 관행을 깨고 동해라고 함께 쓰고 있다. 결국 한국과 일본 사이에 벌어진 전쟁의 최후 승자는 한국 젊은이의 애국심이다."

그리고 나서 2003년, 처음으로 반크가 신문 전면에 나갔다. 신문 사설에는 '정부가 수백억 들여서도 하지 못했던 일을 일개 펜팔 사이트의 청소년들이 해냈다. 청소년들이 해외 학자들을 설득했다. 다윗이 거대한 골리앗을 쓰러트렸다.'는 내용이 실렸다.

사람들이 그 비결을 물어보면 박 단장은 싱긋 웃으며 이렇게 말한다고 했다. "글쎄요, 평상시 배웠던 토익 실력 덕분이었어요."

2001년부터는 교육부에서 지원이 들어왔고, 2002년에는 문화관광부의 사업 지원도 받았지만, 그것은 단지 일부일 뿐이며 그 지원 금액도 현저히 적다. 심지어 2007년 10월 말 정부가 반크에 대한 예산지원 전액 삭감을 결정하기도 했다.

전체 활동비의 일부일 뿐인 적은 지원이라고는 해도, 기관 소속도 법인도 아닌 비영리민간단체로서 어렵게 꾸려나가는 입장에서 한 푼이라도 아쉬울 텐데, 반크는 시종일관 의연했다. 그들이

초연한 모습을 잃지 않는 반면, 오히려 외부에서 더 난리가 났다.

야당에선 "그동안 정부의 손이 미치지 못했던 외국의 역사 왜곡을 바로잡기 위해 반크가 해온 노력을 생각할 때 예산 삭감은 있을 수 없는 일"이라며 목소리를 높였고, 네티즌들은 "우리라도 반크를 지원해주자"며 모금 운동을 벌였다. 그러나 정작 박기태 단장은 차분했다. 그 당시 인터뷰 기록들을 보면 그는 한결같이 "정부 지원금요? 있으면 좋겠지만 없어도 상관없어요."라는 태도를 유지하고 있다.

많은 민간단체들이 매년 정부로부터 지원금을 더 받아내려고 안달이고, 경제는 점점 더 어려워져 기업 후원금도 급격히 감소하는 상황에서 개인 후원금도 씨가 마르고 있는 시점에 그들은 어떻게 이렇게 담담할 수 있는 것일까. 어쩌면 이는 스스로의 힘으로 자비를 털어, 아무 보상도 없이 시작한 '처음'이 있었기 때문에 가능한 것이었을지도 모른다. 월급 한 푼 바라지 않고 인생을 걸었던 첫 시작, 빈손으로 시작해서 열정만으로 이끌어낸 수많은 성취들이 그들을 버티게 하는 근간이 되었기 때문이 아닐까.

이러한 생각을 뒷받침이라도 해주듯, 박 단장은 필자의 관련 질문에 다음과 같이 대답했다.

"반크에서 활동하는 7만 명의 회원들이 저처럼 국가 홍보를 정부의 일, 기업의 일이라고 미루지 않고 스스로 나서게 된 가장 근본적인 이유가 바로 반크에서 앞서 활동한 회원들이 자신과 같은 평범한 학생, 민간인이기 때문입니다."

그는 반크가 지속적으로 회원들을 모으고 그 회원들과 큰일을 할 수 있는 이유는 바로 단장인 자신이 지극히 평범한 사람이고,

반크 회원들 역시 지극히 평범한 청소년, 청년들이기 때문이라고 강조한다.

"만약 정부가 시켜서, 기업이 시켜서 활동하게 되었다면 지금처럼 수많은 국민들이 동참하기 힘들었을 거예요. 또 정부와 기업의 마케팅이 동원되어 참여를 이끈다 하더라도, 일시적인 호응은 얻을지 몰라도 지금처럼 장기적으로 꾸준히 이어지는 활동은 불가능하다고 생각합니다."

즉 반크의 시작과 과정이 자발적이기 때문에 수많은 사람들이 지속적으로 몰리고 있으며, 평범한 사람들이 모여 이루어낸 일이기에 더 많은 사람들이 공감할 수 있었다는 것이다. 이런 성장기반이 있었기에 비록 반크가 때로 정부기관이나 기업과 함께하며 그들의 공신력 있는 정보, 자료, 인력의 도움을 받는 경우가 있더라도 그 순수성과 자발성이 훼손되지 않고 늘 초심을 지킬 수 있었던 것이 아닐까.

역시 사람이 가장 큰 힘이다

회원들이 회비까지 내가며 시간과 노력을 들여 반크 활동에 적극 참여하고, 지지하는 이유는 바로 반크의 정체성에 공감하기 때문이다. 이 '사람들'은 반크의 가장 큰 자산이다. 반크에 대한 예산 삭감안이 알려졌을 때도 자진 모금 운동을 벌인 것도 회원들이었다.

반크에게 큰 위기가 되었던 2005년 일본 네티즌들에 의한 해킹사건을 극복한 것도 역시 사람들 덕분이었다. 온라인으로 활동하는 단체인 반크에게 해킹사건의 여파는 심각할 수 있었다. 그 동안 쌓아온 모든 노하우들이 한순간에 날아가는 게 아닌지 두려움도 생겼다. 그런데 해킹 소식이 전해지자 여기저기서 도와주겠다는 이들이 줄을 이었다.

많은 이들이 직접 찾아와서 반크의 작고 조촐한 사무실을 보고 적잖게 놀라기도 했다. 그리고는 모든 시스템을 복구해주는 것뿐 아니라 서버도 지원해주는 등 많은 도움을 아끼지 않았다. 게다가 새로 가입하는 회원들도 엄청나게 늘었으니 오히려 전화위복이 된 셈이다.

"반크가 영문으로 독도나 동해를 표기한 세계지도를 보내주면 해외에 있는 대학교에 붙이겠다고 하는 연락이 옵니다. 하지만 지도를 만들어 배포까지 하는 데 거의 1,000만 원이 들어요. 사실 외국에 보낼 지도 제작은 외교부나 국립지리원이 해야 하지만 우리 회원들이 아는 디자이너에게 요청해서 자력으로 만들었습니다. 외국인은 한국이 어디에 있는지 모르므로 왼쪽에는 지도를 그려서 넣고 아랫부분에는 각 나라 수도를 넣었어요. 지도 오른쪽에는 한국을 지역별로 소개했고, 그 아랫부분에는 5,000년 역사의 영웅과 문화유산을 시기별로 적었습니다. 이 지도만으로 거의 30분간 외국 대학의 교수와 학생 앞에서 프레젠테이션을 할수 있고, 우리나라 위치와 역사와 문화와 관광 자산을 발표할 수 있고, 독도도 지킬 수 있어요." 반크가 만든 지도에 대한 박 단장의 자랑에는 순수한 기쁨이 넘쳐난다.

"5세기 고구려 때 우리의 영토가 가장 넓었습니다. 그때의 수렵도를 아시죠? 거기는 영토를 화살로 표시했잖아요? 그런데 반크의 지도에는 하트가 있어요."

그는 종종 유학생들에게 이 하트를 가리키며 이렇게 말한다고 했다. "21세기는 사랑의 제국을 세울 때다. 세계로 나아가서 감동을 주고, 너희가 문화를 잘 홍보하면 외국인 친구의 가슴 속에 있는 영토가 확장될 것이다. 21세기에 작은 나라를 크게 만들 사람은 바로 유학 나가 있는 당신이다. 당신이 잘 봉사하고 섬기고 홍보하면 당신을 통해서 한국에 대한 세계인의 총체적 이미지가 바뀔 것이다. 당신이 한국을 대표하는 홍보대사이고, 히스토리 메이커이고, 나라를 바꾸는 사람이다"라고.

많은 학생들이 벅찬 마음으로 달려가 교실 벽에 직접 붙였을 그 지도들 10만 장이 지금도 해외 초, 중, 고 교실에 붙어 있다. 지도의 가슴마다 하트를 단 모습으로.

많은 이들에게 감동을 준 반크 동영상도 여러 사람들이 만들어준 것이다. 반크의 활동을 알리는 텔레비전 광고도 여러 번 방송을 탔는데, 보통 수십억이 드는 TV 광고조차 반크는 사람들의 도움으로 돈 한 푼 쓰지 않고 무료로 할 수 있었다.

"많은 분들이 '우리가 광고비를 부담하더라도 반크의 활동을 꼭 알리고 싶다', '나는 프로그램을 짜는 디자이너인데, 반크의 훌륭한 활동을 널리 알리고 싶다'며 기꺼이 도와주신 거예요. 제 강의를 듣고 사이트를 보고 영상을 만들어서 유튜브 및 국내 유명 동영상 공유 사이트에 올린 분들도 계셨고요. 그런데 그 동영상을 일주일 만에 5만 명이 봤어요. 수많은 댓글이 달렸지요. '일상생활에 치여서 일만 하는 나한테, 왜 공부하는지도 모르는 나한테, 대학에 갈 목적이 섰다', '내가 의대에 갈 생각인데, 남한테 잘 보이고 돈을 잘 벌기 위해 의대를 가려는 것이 아니다. 의사가 없는 아시아·아프리카 지역에 가서 그곳 주민의 희망이 되고 싶다. 내 지식과 지혜를 힘든 사람을 위해 쓰고 싶다', '당장 해외로 나가겠다', '한국에서 나는 내세울 게 없지만 어려운 나라에 가서 뭔가 기여하고 싶다' 등의 수많은 댓글을 보면서 많이 놀랐어요. 엄밀히 말씀드리면 개인이 만든 보잘것없는 조그만 웹사이트로 출발했는데, 그 안에 지금 몇 만 명이 가입해 있어요. 학생에게 가입비 3만 원은 적은 돈이 아닌데도 많은 학생들이 기꺼이 투자해요. 분명히 말씀드리지만 목적성이 있는 단체가 결코 아니었어요. 그런데 사람들이 저희가 활동하는 것 안에서 어떤 목적을 발견해요."

반크는 순수하게 자발적인 열정으로 뭉친 이들이 사비를 털어 시작된 '사람 냄새 나는' 모임이고, 그들을 지속시키는 가장 큰 동력은 처음부터 지금까지 오직 '사람'이며 그들의 꿈이다. 그리고 이는 뭇 바람에 흔들리지 않게 지켜주는 튼튼하고 깊은 뿌리다.

▶ 사진 2-6부터 2-8까지 (p. 96 다음 페이지)

길이 없던 곳에 길을 만든다

박기태 단장은 예전에 외국에서 파티를 갔을 때를 잊지 못한다. 앞에 나서지도 못하고 아무도 말을 시켜주지 않는 상황에서 혼자 앉아 있었는데 옆에 계신 50대 여인분이 말을 걸어왔다고 했다. 홀로 말없이 있는 그를 배려한 따뜻한 관심이었다. 수수하지만 연륜과 품위를 지닌 고상한

-1 반크 박기태 단장

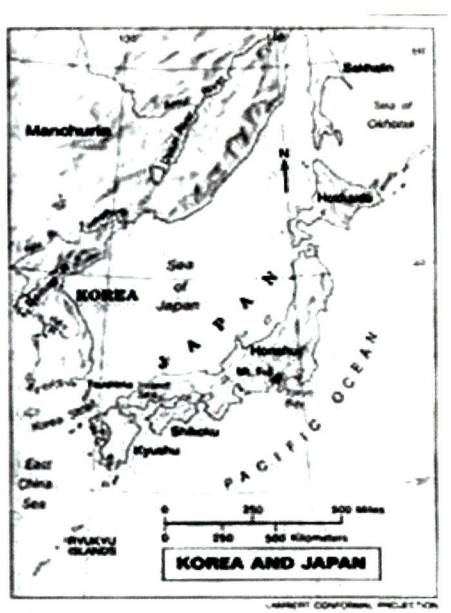

2　3 Sea ot Japan 이라고 나와있는 지도 ①

-2 반크 홈페이지

2-4 Sea of Japan이라고 나와있는 지도 ②

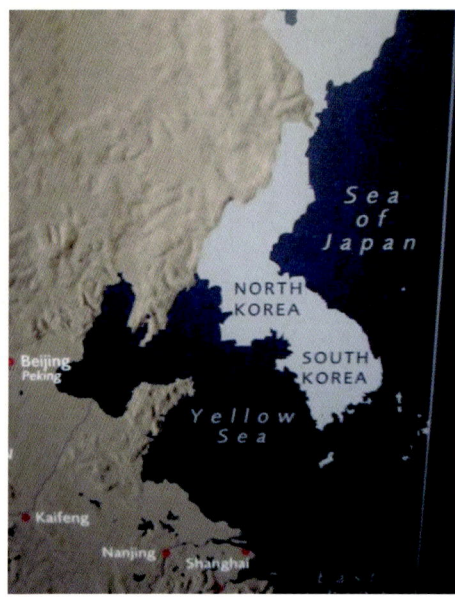

2-5 Sea of Japan이라고 나와있는 지도 ③

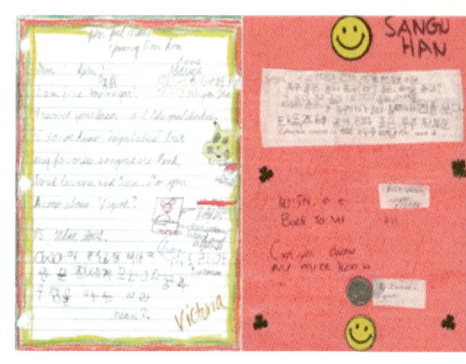

2-6 반크 어린이회원 펜팔 편지

2-8 반크 박기태 단장

2-7 반크 발대식에서의 하트 달린 지도의 모습

2-9 반크 UCC 공모

2-10 슈퍼사절단K 화면

2-11 반크회원들

2-12 폭우 속에서 강의를 듣는 반크회원들

2-13 반크회원이 그린 현수막

옷차림에 미소를 머금은 얼굴을 보고 그는 긴장을 풀고 함께 미소 어린 인사를 나누었다.

그녀는 조심스럽게 어느 나라에서 왔느냐고 물었다. "한국이라는 나라에서 왔다"는 말에 그녀는 잠시 고개를 갸웃했다. "한국은 어떤 나라지? 나는 한국이라고 하면 북한이 떠올라"라는 그녀의 대답에 그는 적잖이 충격을 받았다. 그는 가방에 가지고 있던 한국에 대한 자료들을 꺼내 보여주면서 50분 정도 온 열성을 다해 한국을 소개했다. 그리고 한국에 돌아와서 문득 그때 무심코 받았던 명함을 꺼내 보니까 그녀는 놀랍게도 그 지역의 시장님이었다.

그리고 그녀에게서 메일 한통이 날아왔다. "너로 하여금 나라를 사랑하고, 나라를 자랑스러워하는 내가 꿈꾸는 청년의 모습을 보게 되었다. 그 모습이 너무 감동이었다"는 내용이었다. 이 메일은 그에게도 감동이었다.

"우연한 기회에 내가 생각하는, 내가 좋아하는 우리나라를 설명했을 뿐인데 이런 경험을 하게 되었던 것이죠." 그는 '반크의 10만 명 회원 달성'은 외형적인 목표일뿐이며 자신처럼 아이들이 스스로 나라에 대한 생각과 자부심을 가지고 어디서든 자신감 있게 행동할 수 있게 하고 싶다고 말한다.

처음부터 거창한 것이 목적이었다면 지금까지 오지 못하고 중간에 지쳤을 것이라고 박 단장은 말한다. 그는 큰 것을 이루는 시작은 아주 작은 씨앗으로도 충분하다고 말한다. 일단 조그만 시작을 하는 것이 중요할 뿐, 미리 큰 결과를 생각할 필요가 없다는 믿음이다.

"한 명을 도와줄 수 있는 용기가 나중에는 만 명을 도와줄 수 있지요. 하지만 사람들은 처음부터 만 명을 도와주려고 합니다. 다윗이 골리앗을 이길 수 있었던 이유는 갑자기 초인적인 힘이 생겨나서가 아니라 어릴 때부터 돌팔매질을 꾸준히 해 온 경험들이 있었기 때문입니다. 또한 조급해 하지 마세요. 시작하자마자 막 뭔가를 이루려고 노력하지 마세요. 조급해서 문제고, 비교해서 문제가 일어나는 거예요. 하루하루 조금씩 노력하고 있으면 분명히 때가 오고, 만일 그 '때'가 오지 않더라도 최소한 죽을 때 후회하지 않습니다. 이렇게 자신을 다지면 사회에 휩쓸리지 않고 본인의 주도로 확신을 가지고 나아갈 수 있게 됩니다."

그가 젊은이들에게 당부하는 이야기를 잘 들어보면, 그 안에도 꿋꿋이 서 있는 개인이 보인다. 스스로의 내면에서 솟아오르는 작은 동기 하나가 있다면 '사회에 휩쓸리지 않고' '본인의 주도로 확신을 가지고 나아갈 수 있게' 된다는 것이다. 이 역시 애국심에 대한 새로운 패러다임을 엿보게 한다. 큰 뜻을 이루기 위해, 대의를 위해 자신을 버리고 나라에 충성하는 개념과는 분명 현격한 거리가 있다. 자신이 그 주체가 되어서 사회적 강요나 누구의 부추김 없이 계획하고 시작하고 진행하는 일이기에 확신을 가질 수 있는 것이다.

억지로 뛰는 사람은 운동장 몇 바퀴만 돌아도 숨이 턱까지 차올라 괴로울 것이다. 뛰지 않으면 죄책감이 들거나 벌을 받는다면 압박감만 높아져 자꾸 걸음만 느려질 것이 분명하다. 그러나 스스로 뛰는 사람은 마라톤도 뛸 수 있고, 소위 '러닝하이(Running High)' 혹은 '러너즈 하이(Runner's High)'라는 상태에 이르곤 한다. 이것은 달리기 애호가들만이 맛보는 독특한 도취감으로,

어디까지든 달릴 수 있을 것 같은 행복감을 느낀다.

지금도 반크의 수많은 회원들은 시간과 노력을 들여가며 반크의 활동에 적극적으로 참여하고 있고, 새로운 활동을 개시할 때마다 자원자는 놀라울 정도로 많은 숫자가 모이고 있다.

반크가 이렇게 발전한 것에 대해 박기태 단장은 그 원동력이 '의미'에 있다고 생각한다. 그가 젊은이들을 모아 세워놓고 싶은 곳은 거창한 애국의 깃발 아래도 아니오, 대의명분 하에 분연히 떨치고 일어난 지사의 자리도 아니다. 그저 '의미'다. 그것은 보다 개인적인 뜻을 담고 있다. 청년들이 자신의 생각을 바꿀 수 있는, 스스로의 사고의 성숙과 자아의 성장을 도울 수 있는 '의미'인 것이다. 어쩌면 그 때문에 반크의 회원들 중 압도적으로 청소년이나 청년들이 많은지도 모른다. 청소년기, 청년기엔 자아를 발견하고 개인의 정체성을 확립하는 일이 가장 중요한 일이 되고, 이는 한 개인에게 있어 인생 전반을 결정짓는 큰 관건이 되기도 한다.

자신의 정체성을 찾는 일은 사실상 자기 자신에 대한 존재적 의미를 부여하는 일에 다름 아니다. 그런데 사람은 사회적 동물이기에, 그것은 '자신이 살고 있는 세계'에 대한 의미부여로 확장되기도 한다. 그 과정에서 나라와 이웃을 돌아보고 내 근본을 생각하는 일은 자연스러운 일이며 자신을 찾고 이해하는 데 많은 도움을 준다.

의미 부여란 사실 무척 개인적이고 주관적인 행위다. 반크의 원동력이 되는 것은 대의명분처럼 '전체'가 강요하는 하나의 프로파간다가 아니라, 이처럼 개개인의 마음속에서 일어나는 조용한 의미 부여다. 각자의 생각 속에 스며든 그 의미가 곧 '가치'를 만들고 그 가치는 더 많은 사람들을 그쪽을 향해 걸어오게 해서 결국 '길이 없던 곳에도 길을 만들게' 될 것이라는 믿음인 것이다.

이렇듯 그들이 나아가는 길의 의미를 사람들이 잘 알아주었기에 반크가 지금 이 자리까지 온 것이라고 박기태 단장은 말하고 있다.

스펙을 지운 자리, 나만의 열정으로 채워라

"반크는 한국을 세계에 알리려는 목적으로 시작한 단체가 아닙니다. 제가 생각한 반크의 진정한 평가는 다른 관점에 있습니다. 남들과 비교조차 할 수 없는 자신만의 남다른 탁월함이 있음에도 불구하고 사회적 기대와 요구에 종속적이었던 한국의 청소년들과 청년들의 평범한 삶이 반크 활동을 통해 새로운 삶의 전환점을 만나게 된다는 것에 있습니다. 제가 바로 산 증인입니다. 우연한 계기로 시작한 반크 활동을 통해 저는 저만의 어떤 특별한 가치를 발견하게 되었고 그 가치에 인생 전부를 걸었습니다. 그리고 지금은 저 스스로의 삶뿐 아니라 다른 누군가의 행동의 변화까지 연결되는 삶, 살아 숨쉬는 생명력 있는 삶을 살며 누군가를 위한 길을 만드는 일을 한다고 자부하고 있습니다. 저는 또한 반크 활동을 통해 한국 청년들이 자신들이 갖고 있는 가치를 발견하면 자신의 인생을 넘어 대한민국을 변화시키는 또 다른 기회로 확장이 되어 대한민국의 미래까지 바꿀 수도 있다는 것을 알게 되었습니다."

코리아 브랜드, 세계를 매혹시키다

100

박기태 단장의 말처럼, 우리나라를 세계에 알린다는 큰 뜻도 중요하지만 보다 중요한 것은 활동하는 주체 자신에 관한 의미이다. 자기 내면의 동기로 인해 스스로의 결정으로 의미부여를 하고, 시작하여 활동하다보면 그것은 자기만의 어떤 특별한 가치를 발견하는 자아성취로 이어진다.

박기태 단장은 자신 역시 토익 점수 10점에 목숨 걸던 때에는 아무런 희망과 변화가 없었다고 말한다. 그의 대학 졸업반 시절 외환위기가 왔고, 선배들이 취업시장에서 참패하는 것을 목전에서 지켜보았다.

"92학번 100명 중 99명이 취업이 안 돼 공황 상태였어요. 저는 야간대학생이어서 아침 9시부터 오후 4시 30분까지 빌딩 관리실에서 일했어요. 화장실 치우고, 임대 미수금 받으러 뛰어다녔어요. 당시 한 달 동안 열심히 아르바이트해서 받은 돈이 35만 원이었어요. 35만 원 중에서 20만 원씩 저금했어요. 그 돈으로 학비와 차비, 식비를 해결했어요. 최저의 삶을 산 것입니다. 명문대생도 아니라 전망이 밝지도 않았어요."

당시 그는 토익 점수를 잘 받는 것이 유일한 살 길인 것처럼 매달렸다고 했다. 죽어라고 토익을 공부해서 900점 맞으면 취업이 될 것 같은 환상에 빠져서 아르바이트 하면서도 단어 공부하고, 시간이 날 때마다 토익 문장을 외우고 또 외웠다. 매달 토익 점수가 10점 오르면 삶의 행복지수도 그만큼 비례해서 올라가는 것같이 일희일비하면서.

그 역시 반크를 시작한지 10년 동안 출판사, 방송사 등 직장을 다섯 번 옮겼고 소위 말하는 '좋은 직장'을 잡으려는 물결에 휩쓸리기도 했었다. 2001년에는 원하던 직장인 방송사에 취직하고 기뻐하기도 했다.

그런데 박 단장이 방송사에서 일하던 시절, 반크를 운영 중이어서 직장 상사가 없을 때 눈치를 보며 반크 업무를 보는 일이 잦았다. 그런데 어느 날 여자 후배가 그에게 차갑게 말했다. "박 선배는 왜 업무시간에 딴 짓해요? 업무시간에 다른 사이트에서 다른 일을 하는데 왜 상사들은 선배를 좋아하는지 모르겠네요"라는 날카로운 질책이었다.

"어린 후배가 눈을 부릅뜨고 말하니까 멍해지더라고요. 그동안 먹고 살기 위해 일하면서 마음속으로는 나만의 시간에 다른 일을 하는 걸 합리화시켜왔거든요. 그런데 후배에게 한 방을 맞은 뒤부터 일주일간 머리가 멍했습니다."

그는 생계를 위해 일을 하고, 일을 하면서도 딴전부리는 것을 합리화하고 있었던 자기 자신을 되돌아보게 되었다. 좋아서 하는 '다른 일'이라면 아예 전업으로 해야겠다는 결심이 들었다.

그러나 개인적으로는 쉽지 않은 결심이었다. 멀쩡히 남들 부러워하는 방송사에 취직해서 잘 다니던 아들이, 게다가 결혼까지 앞둔 상황에 직장을 그만두고 어떤 보상도 없는 자발적인 활동에 뛰어든다는 판이니, 당연히 집에서는 극구 반대했다.

그의 부모님은 "결혼할 때까지 만이라도 직장에서 버티고 있어라"고 간곡히 아들을 붙들었다. 하지만 "왜 선배는 상사가 없을 때는 다른 일을 하느냐"라는 말을 잊을 수가 없었던 그는 '반크'에만 전념하기로 마음을 굳혔고, 결국 가족을 설득해서 직장을 그만두고 반크 일에 매진했다.

"최근에 그만둔 직장에서 사업을 같이 해보자고 전화가 왔어요. 반크 공익 광고도 함께 진행한바 있습니다. 저는 남다른 사람이 아닙니다. 보통 사람들처럼 똑같이 고민하고 치이며 살다가, 질질 끌려 다니다가 마지막에 가서 겨우 수습해가고 성장하는 그런 수많은 사람 중에 하나일 뿐입니다."

그는 자신을 특별하게 보는 시선을 피하려고 한다. 거듭 거듭하여 자신은 그저 평범한 사람일 뿐이고, 그것이 오히려 반크의 힘이 되었다고 말한다.

그는 대기업 취업, 화려하고 유명한 스펙을 쌓는 일, 유명인과의 인맥을 만들려고 안달하는 일들보다는 매일 만나는 평범한 만남과 눈앞에 주어진 작은 기회를 의미 있게 다시 보라고 권유한다. 그 자신을 성장시킨 큰 계기가 아주 작은 열쇠지만 큰 문을 열어 줄 기회로 여러분에게 다가갈 수도 있지 않겠냐면서.

슈퍼사절단K, 최신식 스마트외교를 부탁해!

반크는 앞서 본 바와 같은 최신식 '스마트외교'를 표방하며 시대적 경쟁력을 키우고 있다. 반크 스마트폰 어플리케이션 '슈퍼사절단K'는 T스토어 혹은 안드로이드마켓에서 무료로 다운받을 수 있는 프리 어플리케이션으로 공개되고 있다.

반크는 온라인 사이트를 모체로 하고 있는 만큼 그 파급 전달력이 크고 젊은이들에게 높은 호응과 활용을 이끌어낼 수 있는 다양한 시도를 하고 있다.

이러한 시도들은 '스마트 시대'를 하나의 놀이로써 즐기는 젊은 세대의 감성을 적절히 파고들고 있기도 하다. 홈페이지, 스마트폰 어플리케이션, 트위터, 페이스북 등 인터넷과 소셜 네트워크, 스마트기기를 폭넓게 이용할 수 있도록 하고 시대의 빠른 흐름에 맞추어 끝없이 진화하고 있다.

이러한 노력은 실제로 젊은이들, 어린 학생들에게 큰 지지와 호응을 받고 있다. 각종 미디어와 인터넷에 익숙해진 새로운 세대들은 글자와 문서 보다는 영상과 그림에 익숙하고, 편하게 받아들이기 때문에 반크와 같은 동영상, 이미지를 적극 활용한 사이버 기반의 단체는 자연히 그들에게 재미를 주고 효과적이며 친근하게 다가온다.

2010년에는 반크-동북아 역사재단 공동의 '글로벌 역사외교대사'가 첫 발대식을 가진 바 있는데, 반크 홈페이지 내 계열 사이트 peace.prkorea.com에서는 매우 진지하고 치열한 온라인 강의가 제공되고 있다.

'글로벌 역사외교아카데미' 수업에서 제공하는 동영상 수업은 참여의 열기도 매우 뜨겁다. 한국문화의 우수성을 홍보하는 동영상 자료들로, 21세기 문화 창조자가 될 젊은이들에게 선각자적 인식을 일깨우는 강의들이다.

동북아의 현안에 대한 다양한 전문가들의 강의를 제공하고, 기후변화, 빈곤, 질병과 같은 지구공동의 문제에 대한 동영상 교육을 실시한다. 해외 현지의 언론, 교과서, 출판물 등에 나타난 한국관련 정보를 수집하는 '글로벌 e-영사'를 양성하며 아시아 평화를 구축하고 지구촌의 변화를 이끌어나가는 글로벌 역사외교관의 기본기를 쌓는다는 목표다.

박 단장은 이처럼 젊은 세대들이 한국을 잘 알고, 세계에 바르게 홍보하며 인식과 사고가 성숙되어 한국인으로서의 정체성과 자긍심을 찾을 수 있도록 돕는 많은 교육과 토론의 장을 제공하려고 한다.

같은 해 발족된 '서울 스마트 글로벌 대사'는 http://www. rkorea.com/seoul 사이트를 통해 활동하는데, 다국어에 능통한 한국 대학생들을 대상으로 한다는 것이 흥미롭다. 이처럼 반크는 다국어에 능한 학생들을 대상으로 한국을 적극적으로 홍보하는 일에 많은 관심을 기울이고 있다. 각국의 언어를 사용하는 것은 상대 외국인에게 다가가는 매우 중요한 열쇠가 된다. 말이 오고 가면 마음도 전해질 수 있기 때문이다.

동해, 독도에 대한 오류가 영어권뿐 아니라 프랑스어, 스페인어, 독어, 아랍어로 확산되고 있다는 위기감에 반크는 여러 나라 언어에 능통한 한국 대학생들을 선발하고 있다. 그들은 국제사회에 다국어로 확산되고 있는 한국 역사 전반에 걸친 오류를 조기에 발견하고 국내에 방문한 외국 관광객, 유학생, 원어민 교수를 대상으로 한국의 역사, 영토를 바로 알리는 활동을 전개하고 있다.

2009년에 개설된 '사이버 독도사관학교'는 독도(동해)와 대한민국의 역사·문화를 세계에 알리는 홍보대사 양성을 목적으로 세워졌다. 겨우 3년여 만인 현재 5만 명이 훨씬 넘는 학생들이 가입해 온라인 독도교육에 참여하고 있다. 이곳에서도 온라인 교육과 사이버 참여는 활발히 이루어지고 있으며, 온라인 교육의 한계를 극복하기 위해 개교 이후, 매년 독도현지 교육을 실시하고 있다.

최근 2012년 4월 26일 국제수로기구(IHO)에서 회의를 열어 동해 병행 표기 문제를 논의했으나 결론을 내리지 못하고 종료된 바 있었다. 정부는 이번 회의에서 동해 병기를 성사시키지는 못했지만 일본해로 단독 표기를 연장하려던 일본의 제안을 무산시키고 현행 방식이 고착화되는 것은 막아낸 소기의 성과를 거두었다. 이처럼 일본정부의 국제적 로비활동을 저지하고 독도를 알리는 일은 끊임없이 계속되어야 할 우리의 숙제다.

▶사진 2-9부터 2-13까지 (p. 96 다음 페이지)

작은 겨자씨가 숲에서 제일 큰 나무가 되듯

네이버 독도사이버 카페에 올라오는 회원들의 '독도사관생도 활동이야기'를 보면 많은 어린 학생들이 외국인들과 즐겁게 교류하면서 한국을 자연스럽게 알리는 이야기가 자주 등장한다.

K-POP을 좋아하는 프랑스 친구와 한국 대중음악을 통해 마음의 문을 열고 한국을 알린 이야기, 학교 수업현장에서 인터넷을 통한 국제교류 활동의 중요성을 역설하는 글 등을 읽다보면 새로운 세대의 열린 사고가 긍정적인 효과를 내는 현장을 엿볼 수 있다.

학생들이 이루어낸 성과는 결코 작은 것이 아니다. 한 예로, 지식 출판 부문의 세계적 권위를 가진 더링 킨더슬리(Dorling Kindersley) 출판사는 최근 반크 회원인 고등학교 3학년생 김유리 양에게 다

코리아 브랜드, 세계를 매혹시키다

음과 같은 편지를 보냈다.

"친애하는 유리 학생, 당신이 보낸 편지 잘 받아 보았습니다. 확인해보니 우리 교과서에 문제가 있더군요. 일본해(sea of Japan)는 잘못된 표기이고, 역사 부분에도 오류가 있었습니다. 당신 말을 듣고 자체 회의를 한 결과 당신 말이 옳다고 판단했습니다. 모든 교과서를 수정하겠습니다. 당신의 열정이 우리가 진실을 찾는 데에 큰 도움이 되었습니다. 더욱 열심히 활동해주세요."

출판사 홈페이지 상에 나와 있는 자료를 보면, Dorling Kindersley에서 발행하는 교과서 숫자는 자그마치 4천만 권이나 된다. 그리고 현재 이들이 발행하는 모든 교과서에 동해가 들어가게 되었다. 고3 학생 한 명이 이루어낸 쾌거다.

이처럼 빠른 속도로 달리고 있는 반크는 10년이 넘는 기간 동안 쉼 없이 나아갔고 그들의 활동은 늘 활발히 진행 중이다. 이런 활력은 수많은 사람들을 모으는 힘이 있기 마련이다. 일단 즐겁기 때문에, 스스로 느끼는 보람 때문에 그들은 누가 오라고 하지 않아도 모인다.

반크는 '겨자씨'라는 표현을 자주 사용한다. 세상에서 가장 작은 이 씨앗이 싹을 틔우고 키가 자라면 숲에서 가장 큰 나무가 되어 새들이 가지에 깃든다는 것이다. 세계인구의 1%, 세계면적의 0.07%인 우리나라는 사실 세계의 입장에서 보면 지도상에 조그맣게 표시된 겨자씨처럼 작은 나라다. 그러나 겨자씨가 자라면 숲에서 가장 키 큰 나무도 될 수 있다는 표현은 의미심장하다.

박기태 단장은 그의 저서[8])에서 이렇게 말하고 있다. "반크라는 한 알의 겨자씨는 이제 겨우 나무로 성장했다. 언젠가는 한 그루의 나무에서 벗어나 울창한 숲을 이루고 수많은 새들이 깃들게 하는 혼자만의 큰 나무가 되는 데 그치겠지만, 주변의 수많은 씨앗의 가치까지 응원하면서 함께 성장해간다면 울창한 숲을 이룰 수 있다. 그 씨앗들이 함께 만든 울창한 숲에는 수많은 새들이 깃들어 노래할 것이다. 대한민국의 미래는 바로 여기에 있다."

그가 말하는 '대한민국의 미래'는 바로 "미래 대한민국의 주인공들인 청소년들과 청년들이 세상을 변화시킬 수 있는 개개인의 가치를 발견하고 각자 자신의 삶을 통해 세상이 변화하는 위대한 꿈을 향해 도전하는 것, 이를 통해 대한민국이 60억 세계인이 찾아와 둥지를 틀고 노래하는 울창한 희망의 숲이 되는 것"이다.

박 단장의 말처럼 중요한 것은 일단 작은 시작이다. 씨앗이 자라려면 잘 심어져야 하는 것이 첫 번째이기 때문이다. 반크는 활짝 열린 문으로 모두를 기꺼이 받아들이고, 또 그 문으로 세계를 향해 걸음을 내딛는다. 아주 작은 한 걸음에 또 한 걸음이 얹어지며 한국에 대해 전하는 사람들의 소리가 전 세계를 달려가도록. 그리고 그 달리기가 모두에게 선사할 '러너즈 하이'를 기대하면서.

한식의
도전

100BIBIMBAP
TABLES

한식의 도전

한식, 정성과 과학으로 세계의 입맛을 사로잡다

100회의 비빔밥 테이블

한 청년이 있었다. 어렸을 때부터 모범생이었던 그는 학교에서, 주위에서 바라는 바대로 한 눈 팔지 않고 착실히 공부했고 모두가 선망하는 명문대학교에 좋은 성적으로 입학했다. 대학생활도 변함없이 건실하게 보냈기에 학점 관리도 잘 했고 그의 근면함과 유능함을 인정받아 졸업한 뒤 남들이 모두 부러워할만한 대기업에 취직했다. 이전까지의 모든 사고 방식대로라면 그는 성공적인 인생으로 가는 모든 준비를 성실히 마쳤으며, 앞으로 그 삶에 충실하기만 하면 그의 앞길은 어느 정도 보장될 것이 틀림없었다. 많은 사람들이 그가 가정과 사회의 기대에 맞게 정석대로 살아갈 것을 의심하지 않았을 것이다.

학창시절부터 꾸준히 앞만 보고 달려온 끝에 원하던 지점에 다다를 수 있었지만, 숨고르기도 끝나기 전에 또 다른 레이스가 시작되었다. 그의 앞에는 또 다른 의무와 책임들이 숨 가쁘게 쌓여만 갔다. 하나의 일을 다 해치우기도 전에 다음 일이 놓여있었다. 어느 날 그는 문득 생각했다. 이전까지는 떠오르지 않았던 그 생각은 점점 더 몸집을 키워가며 그의 머릿속을 가득 채웠다.

그것은 짧지만 강렬한 질문이었다. **과연 이보다 더 의미 있는 일은 없을 것인가?**

그는 언젠가부터 가슴 뛰는 경험을 한 적이 없다는 것을 깨달았다. 학교와 직장에 다니면서 당장 하루하루 일어나는 일에만 일희일비하고 신경 쓰다 보니 생각의 틀이 점점 더 좁아지고 평범해지는 것 같다는 회의가 들었다. 그리고 그의 마음 깊은 곳에서 그가 진정으로 원하는 어떤 일이 점점 고개를 들었다.

그리고 그는 친구를 만났다. 같은 생각을 하고 있던 친구는 역시 명문대 출신인 동갑내기 회사 동료였다. 그들이 나누던 생각은 외국계 은행에 근무하던 대학시절부터 알던 여동생, 대학 휴학생이던 사촌동생, 육군 장교 출신인 친구후배에까지 이어졌다.

그들 모두는 원래 좋은 학교, 좋은 직장을 위해 스펙 쌓기에 연연하던 보통 사람들이었다. 하지만 그들이 다른 점이 있었다면 어느 순간 '똑같이 살기'를 거부했다는 점이다. 결국 그와 친구들은 삶의 중요한 결정을 내린다. 남들의 시선으로는 '큰 사고를 친' 것이지만 그들에게는 태어나 살면서 가장 중대하고 의미 있는 선택이 되었다. 다닐 대학을 결정한 것이나, 회사를 지원할 때에도 자신의 목소리에 귀기울기보다는 남들의 시선과 사회적 통념을 생각했었다. 일정한 범위의 지식을 습득하고, 주어진 과제를 수행하고, 시키는 일을 해냈다. 그러나 이번만큼은, 이 결정에 있어서만은 오로지 자기 안의 목소리만을 들었고, 이 선택은 오로지 자기 자신의 것이었다. 그리고 그와 친구들은 다니던 직장과 학교를 떠나기로 했다. 잘 다니던 대기업을 그만두고 퇴직금을 털어 그들이 하기로 한 것은 다름 아닌 '비빔밥 유랑단'이었다.

이 이야기의 주인공인 열혈청년의 이름은 강상균이다. 그는 비빔밥 유랑단의 팀장으로, 초기 기획부터 행사완료시까지 활동을 주도하였다.

강상균(32)

- 연세대 체육교육과 졸업.
- 대학재학중 독도홍보를 위해 독도라이더(오토바이로 세계횡단) 활동
- LG텔레콤(現 LG U+)에 2년간 근무하다 그만두고 김명식(32), 정겨운(29), 김수찬(27), 박현진(23)과 함께 2011년 12월 29일까지 8개월간 비빔밥을 해외에 알리기 위해 세계를 유랑하였음

그렇게 비빔밥 유랑단의 모험은 시작되었다. 그들은 세계 40개국 주요 도시에서 외국인 1만 명에게 총 100번의 비빔밥 시식회를 열면서 한식을 세계에 널리 알리고자 하는 목표를 세우고 유랑을 계속했다. 만리장성 위에서 비빔밥 시식회를 여는 등, 생각하기 어려운 행사도 해냈다.

그동안 비빔밥 유랑단 팀원들은 중국·태국·인도 등 아시아 지역, 스페인·스웨덴·프랑스·영국·독일·체코 등 유럽, 그외에도 미국·캐나다·남미 등지에서 외국인들을 대상으로 시식회를 열었다. 8개월간 그들은 수많은 이들에게 한식을 알리고 정확히 100번의 시식회를 마치고 돌아왔다. 2011년 12월 29일 마지

막 피날레 행사를 끝으로 성공적으로 목표를 완수하며 처음의 약속을 지켜낸 것이다. ▶ 사진 3-1, 3-2 (p. 140 다음 페이지)

비빔밥 유랑단, 그들이 여정을 떠나기까지

비빔밥 유랑단의 구성원은 강상균(32), 김명식(32), 정겨운(29), 김수찬(27), 박현진(23) 이렇게 5명의 젊은이다. 대부분의 사람들의 짐작으로는, 혹은 기존의 선입견으로는 그들은 분명 한식 관련 업종 혹은 요리와 어떤 관련이 있는 사람들이어야 할 것이다.

자신들에게는 아무 물질적 보상이나 이익도 돌아오지 않을 것을 알면서, 음식 방면 전문가도 아닌 사람들이 그저 알음알음 친분으로 모여서, 관련 식품 업체나 특정인의 이익을 대변하는 것도 아닌 채로 단순히 한국 음식을 세계에 홍보하기 위해 자신의 커리어와 그동안 쌓아온 모든 기반을 버리고 뛰어든다는 것은 그다지 상식적이거나 논리적이지 않게 느껴지기 때문이다.

하지만 그들은 한식업이나 요리와 전혀 일말의 관련조차 없다. 전공도 전부 다르다. 체육교육, 전기전자, 국제학, 무역학 등으로 다양하며 멤버 중에 요리를 전문적으로 공부했거나 식품이나 외식 등을 공부한 사람은 아무도 없다. 심지어는 아예 요리라는 걸 태어나서 한 번 제대로 해본 적 없는 멤버도 여럿이었다. 그들이 한식을 홍보하기 위해 직장까지 버리고 세계 일주를 떠난다고 할 때 선뜻 이해해 주는 사람은 거의 없었을 것이다.

이 책을 위한 인터뷰에서 강상균 씨는 그 출발점에 대해 이렇게 회고했다.

"솔직히 말하자면 저희도 이번 프로젝트를 진행하기 전에는 한식이 다른 아시아 음식에 비해 해외인지도가 낮은 점에 대하여 개인적인 아쉬움은 갖고 있었지만 직장까지 관두며 이런 활동을 할 수 있을 만큼 이 문제에 대한 열정이나 사명감은 갖고 있지 않았습니다. 저희도 다른 한국의 젊은이들처럼 스펙 쌓기, 연봉, 재테크와 같은 문제들에 대해 관심도 많았고 직장에서 성공을 해 보고 싶은 욕심도 많았습니다. 직장을 다니면서도 토익성적을 올려보겠다며 학원에 다녀보기도 하고 부동산이나 주식 투자에도 관심을 가져봤고요."

"월급을 받으며 사는 안정적인 생활에 젖어 새로운 것에 대한 도전정신을 잃어가는 스스로의 모습에 실망하기도 했어요. 물론 회사생활과 사회생활을 잘 해내는 것도 너무 중요하지만 인생을 살면서 잊지 말아야 할 더 근본적이고 궁극적인 가치들에 대하여 고민할 필요가 있다고 느꼈습니다. 이런 가치들은 당장 해결해야 할 급한 일 때문에 점점 더 생각의 뒷전으로 밀려나다가 결국은 어떠한 큰 자극이 없다면 다시 꺼내 볼 수 없는 깊숙한 곳에 묻혀 버리고 말죠. 다행히 저희에게는 그런 문제들에 대해 고민하기를 원하고 좀 더 궁극적인 가치들을 추구하며 살기를 원하는 친구들이 있었습니다. 그러다 보니 모이면 이런 주제의 이야기를 자주 하게 되었고 결국 뜻이 맞아 큰일을 치게 되었죠."

이런 그의 회고에서도 엿볼 수 있듯, 사람들의 짐작과는 달리 그들에겐 '여행'이나 '한식'이라는 특정 주제에 대해 아무런 구체적인 계획이나 생각이 없었다.

"처음부터 '한식이 해외에서 잘 알려지지 못하고 있는 것에 대해 분노를 느낀다! 우리가 직접 알리자!'라는 생각을 한 것도 아니니까요"라고 그는 담백하게 말했다. 그들은 한식이나 우리 문화 홍보와 관련하여 어떤 활동을 하고 있었던 것도 아니었다. 그저 직장인들이거나 대학생이거나 했던 평범한 젊은이들이었다. 처음 시작도 어떤 거창한 대의가 있었던 것이 아니라 '인생에서 더 가치 있는 무엇'을 찾고 싶었던 소박한 마음에서 출발했다.

"저희는 단지 인생을 살면서 물질적인 풍요로움이나 사회적인 성공 이외에도 우리가 추구해야 할 궁극적인 가치들에 대하여 생각해보고 싶었고 어떻게 하면 남에 의해 흔들리지 않고 내가 원하는 가치를 추구하며 살 수 있을지에 대하여 고민을 해보고 싶었어요. 그래서 먼저 떠오른 것이 지금 갖고 있는 것들을 잠시 내려두고 일 년 정도 여행을 하면서 젊은이로서 고민해 봐야 할 가치들에 대해 담론도 나누고 다른 나라의 사람들은 어떤 방식으로 어떤 생각을 하면서 살고 있는지 배워보자는 것이었죠."

그렇게 여행에 대한 계획이 시작되었던 것이었다. 막연히 세상을 둘러보는 것이 아니라 하나의 테마를 정해 보자는 의견이 나왔다. 그래서 여러 주제들에 대해 토론도 하고 머리도 굴려보며 함께 고민을 하던 중 '세계화'라는 주제에 대하여 이야기하게 되었다. 그들은 이제는 한국인으로서만 살아갈 수 있는 시대가 아니라 세계 시민으로서의 역할을 찾고 그 속에서 나의 영향력을 키우는 방법에 대하여 고민해야 한다고 생각했다.

"교통통신의 발달과 국가 간 교류의 증대로 인해 이제는 국적이나 국경이 개인의 활동범위를 제한하는 정도가 많이 약해졌고, 이제는 가정이나 회사에서의 나의 역할을 넘어 세계화 시대를 살아가는 한국인으로의 역할을 고민해야 할 시기라고 느꼈습니다."

그들은 '진정한 세계화란 국경이라는 경계가 허물어지고 여러 민족의 문화가 서로 비슷해지는 것이 아니라 여러 민족과 문화가 각자 고유의 특색을 유지하면서도 서로 소통과 교류를 통해 새로운 것을 받아들여 기존의 것과 잘 통합시키며 발전해 나가는 과정'이라는 결론에 도달했다.

"'과연 우리나라의 젊은이들이 세계화 시대를 살아가는 한국인으로서 자신의 역할을 찾고 그것을 잘 실천하고 있는가'에 대해 자문해보았습니다. 우리나라는 다른 나라의 것, 특히 서양 문화를 받아들여 우리 것에 통합시키는 것은 정말 잘해왔지만 반대로 우리의 것을 알리는 일에는 많이 부족하지 않았는가라는 생각이 들었습니다. 우리나라의 여러 우수한 문화와 전통에도 불구하고 외국인들은 한국을 그저 하나의 '전쟁 위험국' 정도로 인식하고 있는 경향이 크지요. 이번 여행을 통해 한국이란 나라가 생소한 외국인들에게 우리나라에 대하여 알려 보고 싶다는 생각을 하게 되었고, 여러 논의 끝에 '비빔밥 세계일주'란 프로젝트를 계획하게 되었죠."

그런데 왜 하필 한식, 그것도 비빔밥일까? 그들은 음식문화, 그 중에서도 외국인들에게 친숙하게 다가갈 수 있는 비빔밥을 통해 대한민국을 알려보자는 계획을 세웠다.

"한식의 세계화는 음식을 통한 우리 문화 알리기, 국가 브랜드 가치의 상승, 한식 산업 발달로 인한 경제적 效과 창출 등 여러 가

제3장 한식의 도전

117

지 긍정적인 효과를 불러올 수 있습니다. 이러한 점에서 저희는 음식문화 홍보를 통해 대한민국 알리기에 이바지하겠다는 명분으로 이 프로젝트를 기획하게 되었죠.”

계획이 구체화되자 같은 회사를 다니던 강상균 씨와 김명식 씨는 과감히 사표를 던졌고, 고려대를 나온 정겨운 씨도 모임에서 알고 지내던 두 사람의 계획을 전해 듣고 외국계 은행을 뛰쳐나왔다.

이후 김수찬 씨는 학사장교 복무를 마친 뒤 친구의 소개로 합세했고, 막내인 박현진 씨는 외국어대를 휴학하고 2011년 6월 중순 영국 런던에서 합류했다.

음식을 제대로 하기 위해 각자의 어머니에게 기초교육을 받은 뒤 전주의 ‘비빔밥 명인’ 김녀임 씨를 찾아가 전통 비빔밥에 대해 사사했다. 흔쾌히 비빔밥 만드는 법을 사사한 김녀임 명인은 “하는 건 좋지만 제대로 해야 한다”며 거듭 당부했다고.

비빔밥 유랑단 단원들은 많은 노력 끝에 부족하나마 직접 맛있는 비빔밥을 만들 수 있게 되었고, 17인분 대형 전기밥솥도 준비했다. 그리고 바야흐로 그들의 야심찬 프로젝트는 그 첫발을 내딛게 되었다. ▶ 사진 3-3 (p. 140 다음 페이지)

우리는 비빔밥 퍼 주는 젊은이들

일단 시작은 좋았지만, 목표의식만으로 헤쳐 나가기엔 많은 어려움이 있었다. 일단 경제적으로 쪼들린다는 것이 컸다. 아직 젊은 그들이라 하고 싶은 것, 먹고 싶은 것을 참아가면서 극기의 생활을 한다는 것은 많은 인내가 필요했다. 행사를 기획하고 실행에 옮기는 데는 생각보다 많은 비용이 들었고 적은 비용에서 최대한의 효과를 내야했다. 그들은 스스로 요리했고 비용을 절감하기 위해 갖은 노력을 했다.

그러나 경제적으로 여유가 없다는 것 이외에도 어떤 단체나 기관에 속해있지 않기 때문에 겪은 어려움이 있었다. 우선 음식이나 행사 내용에 대하여 신뢰를 받기가 힘들었다. 음식을 다루는 팀이기 때문에 그 문제는 더 민감하게 작용했다. 비빔밥은 물론 한식에 대한 인지도가 낮은 것도 하나의 이유였지만, 그들 자신이 그저 의욕과 열정만 있는 무명의 젊은이들이었기 때문에 넘어야 할 많은 벽과 장애가 있었다.

"음식 장사를 하는 것도 아니고 한국 음식을 처음 맛보는 외국인분들에게 한국 음식에 대한 좋은 첫인상을 심어주기 위해 활동하고 있기 때문에 음식의 신선도와 조리 과정에 대하여 굉장히 많은 신경을 썼어요. 여행경비를 줄이기 위해서 몇 번씩 경유하는 비행기를 타고 팀원들이 먹고 사용하는 건 가장 싼 것들로만 고르더라도, 행사를 위한 비빔밥 재료를 선택할 때만큼은 가격보다는 신선도와 품질을 가장 우선시 했죠."

자신들이 먹고 쓰는 것은 제일 저렴한 것으로 정하고 이리저리 돌아서 가는 값싼 비행기 표에 몸을 싣지만, 생전 처음 보는 낯선 외국인들에게는 최대한 신선하고 질 좋은 음식을 먹이기 위해 가격을 따지지 않는다는 것이다. 하지만 이런 얘기를 하면서도 그는 전혀 희생이라는 생각도 없이 당연하다는 듯 대수롭지 않은 목소리다. 아마 누군가 그렇게 할 것을 강요했다면 비행기 좌석도, 음식도 불편하고 입에 맞지 않았을 것이지만 즐겁기 때문에 그 모든 것은 그저 모험의 자연스러운 일부분일 뿐이다.

오히려 그는 '먹어보신 분들은 식당에서 먹는 것보다 낫다는 칭찬을 해주셨다'며 진심으로 자랑스러워한다. 맛있게 만들어서 칭찬을 듣는다 해도 식당의 매상이 올라가거나 요리사로서 유명세를 얻는 것도 아닌데 말이다. 그들은 최선을 다해 비빔밥을 만들고, 맛이나 신선도에 자부심을 가진다. 이름 모를 외국인들이 그들의 무료 비빔밥을 맛보고 엄지손가락을 들어 보인다면 보상은 그것으로 충분하다고 말하며.

무료로 나누어주는 시식회의 음식이라 해서 그들은 결코 소홀히 만들지 않았다. 오히려 어떤 식당의 규정보다 더 깐깐하게 따졌다. 비빔밥 재료의 상태가 좋지 않아 힘들게 요리를 끝낸 후에 행사를 취소하기로 결정한 적도 있을 정도다.

'요즘은 인터넷으로 자신의 경험과 생각을 공유하는 소셜 네트워크가 발달해서 무조건 많은 사람들에게 비빔밥을 먹이는 것보다는 소수의 사람들이라도 제대로 된 경험을 제공하고 그들이 인터넷을 통하여 자신의 경험을 확산시키는 방식의 홍보가 더 효과적일 것'이라고 판단한 그들은 적은 인원에게라도, 진심으로 감탄할 만큼 좋은 음식을 차려주고 싶었다.

그들은 실제로 소셜 네트워크도 십분 이용했다. 인터넷에 외국인을 위해 영문을 혼용한 공식 블로그를 운영하고, 트위터와 온라인 책도 활용하고 있다. (비빔밥 유랑단 공식 블로그 http://plusminers. blog.me, 페이스북 plus miners, 트위터 @2011_bibimbap, 리

드빌드 온라인 책『100번의 비빔밥테이블』http://www.readbuild. com/books/408)

한국 음식에 대한 인지도가 떨어지기에 한국음식을 모르는 외국 인들에게 친근하게 다가가려면 더욱 세심하게 진행되어야 했다.

비빔밥 행사과정은 재료준비에서부터 시식회 행사진행까지 모 두 그들이 직접 맡아서 했다. 고추장, 참기름, 건나물 등의 재료 는 한국에서 공수해왔고 신선야채의 경우 현지에서 조달하여 사 용했다. 해당 국가의 식문화에 따라 약간의 현지화는 하되 최대 한 한국에서 맛보는 비빔밥 그대로의 맛을 전달하는 것을 목표로 했다.

최근 한식세계화 열풍으로 외국에서 비빔밥 시식회가 다수 열 리고 있다고 하지만 기존의 비빔밥 시식회는 많은 양의 비빔밥을 한꺼번에 비벼 나누어 먹는 형식이 주를 이루고 있다. 이처럼 대 형 그릇에 준비된 비빔밥을 한꺼번에 비벼 조금씩 나누어 먹는 것 은 우리나라처럼 한 가족이 둘러앉아 한 숟갈씩 찌개를 함께 번갈 아 떠먹는 식문화에 익숙지 않은 외국인들에게 매력적으로 보이 지도 않을뿐더러, 각기 먹는 식성이 다르고 자기의 기호에 맞게 개별 주문하여 개인적인 식사를 하는 외국인들에게 어필할 수 없 다고 그들은 판단했다. 생각보다 외국인들은 매운 맛에 대한 거 부반응은 거의 없는 편이었으나 채식주의자나 특정 재료를 원하 지 않는 참가자들도 있었기 때문에 개인적 기호를 최대한 맞춰주 려고 노력했다.

그리고 그 판단은 정확히 들어맞았다. 그들이 한 그릇, 한 그릇 모두 별도로 재료를 얹어주자 외국인들은 처음 보는 음식에 호의를 보였다. 그들은 시식회에 참여하는 외국인들이 자신만을 위해 정성스레 준비된 한 그릇의 비빔밥을 직접 눈으로 보고 비벼 먹을 수 있도록 했다.

기존 방식의 비빔밥 시식회에 참여하는 사람들은 이미 다 비벼져 식어버린 비빔밥을 받아서 먹어보게 되는 것이라 미각적으로도 좋은 인상을 받기 어렵다고 생각했기 때문이다. 비빔밥은 여러 가지 색상의 재료가 예쁘게 장식 되어있는 아름다운 음식이지만 이미 비벼져 있는 비빔밥을 받아 보는 외국인들은 비빔밥 본래의 모습, 그리고 직접 비벼먹는 재미를 경험하지 못한다는 점을 고려했다. 그래서 그들은 소규모로 시식회를 진행하더라도 외국인들이 예쁘게 장식된 따뜻한 비빔밥을 직접 비벼 먹으며 제대로 된 비빔밥 체험을 제공하고자 노력했다. 그리고 약간의 현지화도 감행했다. 원래 비빔밥에는 각종 나물이 들어가지만, 나물 재료를 해외에서 구하기도 어렵거니와 그 맛이 익숙하지 않을 외국인들을 고려했다. 그들은 낯선 재료를 보면 거부감을 가질 수 있기 때문에 그들의 나라에서도 쉽게 구할 수 있고 흔히 볼 수 있는 야채들 위주로 비빔밥 재료를 구성했다.

하지만 그들이 음식 관련 경력도 없고 어떤 기관에 속해 있는 것이 아니기 때문에 그 음식에 대하여 의심을 품는 사람들도 많았다. 실무자는 함께 행사를 하고 싶어도 결정권자가 그들에 대하여 의구심을 가져서 결국 승인을 받지 못한 경우가 정말 허다했다. 그럴 때면 이름 있는 기관에 속해 있는 것 하나가 얼마나 일 진행을 수월하게 하는 지 느끼면서 속상하기도 하고 아쉽기도 했다.

그러나 시간이 지나고 비빔밥 시식행사 횟수가 쌓여 가자 그들에게도 차차 '경력'이라는 것이 생겨났다.

처음 시작했을 땐 자신들이 하려는 행사의 개념도 모호하고 어떠한 예시로 보여줄 수 있는 행사경험도 없어서 비빔밥 행사를 섭외하는 것이 많이 힘들었다. 하지만 어느 정도 시간이 흐르고 50회 이상의 행사 경험이 쌓인 후부터는 아시아와 유럽 각지에서 열었던 여러 가지 유형과 규모의 행사를 샘플자료로 보여 주면서 행사 제안을 넣을 수가 있게 됐다. 실로 그들에게는 발로 뛰고 땀으로 빚은 성과가 아닐 수 없었다.

야구를 좋아한다는 강상균 팀장은 이런 과정을 야구에 빗대어 표현했다.

"처음 출발하고 한동안은 2사 만루의 상황에서 공을 던져야 하는 마무리투수와 같은 심정이었어요. 절박하고, 여러 가지 볼을 던질 수 있는 여유가 전혀 없었죠. 그 때는 자기가 던질 공을 선택할 수 있는 여지가 거의 없었다면, 전체 일정의 절반 이상 지나고 나자 드디어 선발투수가 된 심정이랄까요. 그제야 여유롭게 이런저런 변화구를 구사할 수 있게 된 셈이죠."

초반에 그들이 가졌던 또 하나의 어려움은 개인적으로 시작한 일이다 보니 모든 것이 처음 해 보는 일이라는 것이었다. 그들은 한 나라에 머물면서 자리를 잡고 활동하는 것이 아니라 계속해서 이동하면서 새로운 곳에 가서 행사를 만들어 내야 하기 때문에 처음에 생각했던 것 보다 훨씬 어려운 상황에 놓이기도 했다. 작게는 숙소를 저렴하게 예약하는 일에서 크게는 행사를 섭외하는 일까지 모든 것이 처음이다 보니 스스로 알아봐야 할 것들이 너무 많았다. 5명 모두 해외 경험이 별로 없기 때문에 모든 것이 낯설고 새로운 상황이었다. 이동방법이나 숙소를 정하는 일뿐만 아니라 비빔밥 재료를 구할 수 있는 곳, 요리를 할 수 있는 주방, 행사지 등 모든 것을 스스로 알아보고 정해야 했다. 하지만 이것 역시 시간이 해결해 주었다. 여러 나라에서 비빔밥 행사를 준비하다 보니 경험이 쌓여 이제는 어떤 도시에 도착하기 전에 해야 할 일, 도착하고 나서 바로 해야 하는 일 등에 대하여 나름의 '매뉴얼'이 생겼다. 어떤 식으로 관련 기관에 협조를 요청해야 하는지에 대한 노하우도 생겨났다.

"저희가 이런 경험들을 잘 정리해 둔다면 훗날 유랑단 2기 후배들은 훨씬 더 쉽게 프로젝트를 풀어나갈 수 있겠죠." 그는 그간의 시행착오와 고생에 대한 어떤 보상심리도 없이, 자신들처럼 즐겁게 이 일을 할 수 있을 후배들이 '더 쉽게 풀어나가게' 하려고 산 경험들을 아무 대가 없이 기꺼이 물려줄 생각인 듯했다.

100번의 비빔밥 시식회를 위한 8개월간의 여정. 다섯 명이나 되는 혈기왕성한 젊은이들이 이렇게 긴 세월동안 유랑을 다니며 많은 행사를 치르려면 분명 갈등과 고충도 있었을 것이다. 프로젝트가 끝나기 몇 달 전 가졌던 첫 번째 인터뷰에서 그동안 봉착했던 어려움을 어떻게 풀어나갔느냐는 질문에 그는 이렇게 답했다.

"그저 천천히 목표를 향해 나아가다 보니 저절로 노하우와 경험이 생겨 해결된 부분이 많죠. 여전히 풀어나가야 할 숙제가 많습니다. 하지만 지금의 어려움들도 하나씩 천천히 풀어나가면 될 것 같습니다."

'천천히'라는 단어는 이렇게 정신없이 흘러가는 빠른 세상에서 참 귀한 단어다. 그들은 서두르지 않는다. 속도지향성을 버리고 뒤돌아 옆길로 걸어가기로 마음먹은 순간부터 그들에겐 쌓여있는 문제들도 '천천히 풀어나가면 될' 것들이 되었다. 그리고 실제로 많은 문제들이 '서서히' 해결되어갔다. 조바심내지 않는 그들에게 각종 난관들도 맥이 빠져서 그들을 괴롭힐 흥이 사라지기라도 한 것처럼.

오히려 그는 확신을 가지고 이렇게 말했다. "개인적으로 시작했기 때문에 겪어야 했던 어려움들도 많았지만, 반대로 기관에 속해서 활동하는 것보다 유리한 점도 많았습니다."

꽉 짜인 어떤 틀이 있는 것이 아니기 때문에 더 많은 것을 시도해 볼 수 있었고, 더 다양한 그룹의 사람들과 함께 일할 수 있었으며, 모든 것을 스스로 결정해야 하는 상황 속에서 개인적으로도 판단력과 결단력 등의 자질을 키울 수 있었다는 것이다.

"흔히들 후원을 받아서 하는 프로젝트는 후원사의 요구에 따라 그 목적이나 내용이 변질되는 경우도 있는데 저희는 이런 점으로부터도 자유로울 수 있었습니다."

단체나 기관에 속해 있는 것도 아니고, 순전히 개인적으로 친한 사람들끼리 직접 팀을 꾸려서 자비를 투자해 시작한 프로젝트이기 때문에 이 일에 임하는 태도 자체가 달랐다고, 그는 긍정적으로 평가했다.

"만약 저희가 어떤 기관에 소속되어 있다거나 전액 후원을 받아 파견을 왔더라면 이 정도로 열심히 매달렸을까? 라는 생각이 듭니다. 기획에서부터 실행단계까지 모든 것을 저희 팀원들이 직접 논의해서 결정하고 주도해 나가기 때문에 힘든 점도 많지만 그만큼 이 프로젝트에 대한 애착도 큰 것 같습니다."

그들의 동기가 그들 자신만의 내적인 것이었고, 실행의 주체도 그들 자신이었기 때문에, 오히려 더 열성적이고 애정을 가질 수 있었다는 말이다.

"어느 지역에 가서 언제까지 몇 번의 행사를 할 것인지, 또는 행사의 수준이나 규모에 대한 최소치나 최대치에 대해서도 남이 정해준 기준은 없습니다. 모든 일정과 목표, 해야 할 일의 종류와 규모, 성과에 대한 판단 기준까지도 저희가 스스로 의논하여 정하는 것이죠."

그리고 거기에 덧붙여 그는 매우 아이러니하게 들리는 말을 들려주었다.

"사실 감독하는 사람도, 규제를 하는 사람도 없기 때문에 충분히 흐트러질 수도 있는 상황이지만, 오히려 회사에서 시키는 일을 할 때 보다 스스로에게 엄격해지고 잘해내고 싶다는 욕심이 커지는 것 같습니다."

결국 그렇기에 지금의 성과도 있을 수 있다는 것이다. 성취감과 만족감뿐 아니라 실제적 성과에 있어서까지 자율성이 한 몫을 하고 있는 셈이다.

사실 8개월이라는 긴 시간 동안 팀원들의 사기와 목표의식을 일정 수준 이상으로 유지하는 것은 가장 어렵고 중요한 일이었다. 그러나 그들은 결국 고비들을 잘 넘겨냈다.

"사실 저희가 하고 있는 많은 일들 중에 꼭 하지 않아도 될 일들도 많습니다. 누가 시킨 것도 아니고 하지 않는다고 뭐라고 할 사람도 없지만 더 잘해내고 싶은 마음에 자꾸 할 일을 추가하는 거죠." ▶사진 3-4 (p. 140 다음 페이지)

태국 빈민가로, 파리 에펠탑으로
비빔밥의 거침없는 질주

사실 세계를 돌며 100번의 행사를 치른다는 일은 평범한 젊은이들인 그들에게 쉽지 않은 일이었을 것이다. 100회의 시식회를 열겠다는 목표를 이루기 위해 단지 횟수 채우기 식으로 장소만 옮겨 비슷한 행사를 거듭 열게 되면 횟수는 쉽게 채울 수 있었을지 모른다. 하지만 '스스로 시작한 일이기 때문에' 그들은 단지 횟수 채우기가 아닌 더 효과적이고 의미 있는 행사를 만들어 보려는 마음이 더 절박하게 들었다고 말했다.

비용관리의 문제에 있어서도 전액 후원 받아 시작했더라면 경비를 절감하기 위한 고민이나 노력을 훨씬 덜 했을 것이라고 그는 생각한다. 처음에는 완전히 자비를 털어 자신들의 주머니에서 나온 돈만으로 시작했고, 나중엔 뜻을 함께해주는 분들의 일부 후원을 받게 되었지만 역시 빠듯한 상황이었다. 경비 절감을 위해 정말 많은 고민과 노력을 해야 하는 힘든 상황이었는데도 그는 그것이 오히려 득이 된 부분이 있다고 했다.

"아마 전액 후원을 받아 넉넉했다면 지금처럼 어떻게 하면 더 적은 비용으로 더 효과적으로 일을 풀어낼 수 있을까에 대하여 고민하지 않아도 되었겠죠. 하지만 넉넉하게 지냈더라면 절대 배우지 못했을 노하우, 문제해결력, 그리고 사고방식 등 앞으로 너무나도 값지게 쓰일 자질을 키워나갈 수 있었습니다."

문제를 해결해나가는 과정에서 그들은 값진 교훈들을 얻으며 배워나갔다. 이처럼 자발적으로 부딪친 일에서 생기는 문제들을 혼자 힘으로 해결해나가는 것은 자립적 주체에게 자아의 성숙을 가져다준다.

팀 차원에서 그들의 목표는 외국인들에게 한식을 제대로 소개하고 한식에 대한 관심을 끌어내는 것이지만, 팀원들 개인적으로는 인생을 적극적으로 살아갈 수 있는 자질과 안목을 키우는 등 개인적인 성장을 이루고자 하는 목표도 있다.

그들이라고 늘 의지가 굳고 흔들림이 없는 것은 아니다. 팀 차원의 목표든 개인적인 목표든 여행을 하다 보면 원래 이 일을 처음 시작했던 이유가 흐려지고 반복적인 노동으로 느껴질 때도 있다. 특히 계속되는 이동과 빡빡한 일정에 몸이 지쳐 가면 서로 예민해져 팀원들 사이의 갈등이 생기기도 하고 의견 충돌도 흔히 생긴다. 그러나 이러한 위기들을 극복할만한 큰 보람과 성취감이 있어 어려움을 이겨내는 힘이 된다.

『LA타임즈』에서 주최하는 음식 박람회에 참여했을 때의 일이었다. 그전에도, 그 이후에도 늘 무료 시식회만을 열어왔던 그들에게 그날은 예외적인 날이었다. 물론 시식회는 여느 때처럼 무료였고 그들은 늘 그렇듯이 그저 한식을 알리기 위한 순수한 목적으로 참여한 것이었지만, 그날 행사를 연 박람회 자체가 유료 입장권을 사서 들어와야 하는 곳이어서 혹시 사람들이 더 까다롭게 음식을 판단하지 않을까 염려가 되었다.

또한 늘 그들만 단독으로 비빔밥 시식회를 열었던 기존 행사와는 달리 그날은 다른 참가자들과 함께 하는 것이었기 때문에 혹시나 "비빔밥 유랑단의 부스에 아무도 찾아주지 않으면 어쩌지"하고 이런저런 걱정이 많았다. 자그마치 500인분의 재료를 준비해야 하는 큰 행사이기도 했고, LA 최고의 언론사에서 주최하는 행사인데다 미국에서 최고로 부유하다는 베벌리힐즈 지역에서 열린 행사였다.

하지만 박람회가 열렸던 4시간 내내 비빔밥 유랑단의 부스에는 너무나 많은 사람들이 몰려 와 4시간 동안 1분도 쉬지 못하고 나누어 준 끝에 준비해간 양을 모두 소진할 수 있었다. 무척이나 고무적인 성과였다.

태국에서는 한국을 알리는 동시에 나눔을 실천하기도 했다. 방콕 에카마이의 반행쾀락의 어린이들을 방문하여, 100여명의 어린이들에게 비빔밥을 제공하며 나눔을 실천하는 행사를 벌인 것이다. 특히 태국은 한국에 대한 관심과 호감도가 높아서인지 비빔밥에 대한 관심이나 호응도가 높았다.

특히 멤버 중에 긴수찬 씨는 태국 빈민가 맹짜이에서 있었던 시식회를 가장 기억에 남는 순간으로 꼽기도 했다. 대표적인 관광도시에 걸맞게 화려하게 꾸며진 방콕 시내와는 달리, 조용하고 소박한 분위기의 작은 마을이었다. 10살 내외의 어린 아이들이 매워하기도 하고 맛있어하기도 하면서 즐겁게 먹는 순수한 모습은 오랫동안 그의 뇌리에 남아 있을 것이다. 덥고 습한 태국의 날씨가 무색할 정도로 너무나 밝게 웃고 지내는 해맑은 아이들에게 한국음식, 한국에 대한 기억을 심어 줄 수 있었고 10년, 20년이 지난 후 어른이 되어서도 한국에 대한 좋은 인상과 기억을 가질 수 있게 했다는 생각에 뭉클한 경험이었다고 그는 회상했다.

그 외에도 성공적으로 끝난 행사는 손꼽을 수 없을 만큼 많다. 대략 1회 행사에 100인분 정도의 비빔밥을 나누어 주는데, 런던의 경우 런던 아이와 밀레니엄 브릿지 앞에서 벌인 시식회에서 불과 20분 정도면 준비해 간 음식을 모두 나눠줄 수 있을 만큼 반응이 좋았다. 뒤늦게 5번째 멤버로 합류한 박현진 씨는 자신이 비빔밥 유랑단에 들어온 후 처음 가졌던 이 행사를 생생히 기억한다. 시차적응도 채 되지 않은 상태에서 가졌던, 팀에게는 26번째이지만 그에게는 첫 행사였다. 긴장을 한 것은 물론이고 혹시 런던 사람들이 무심하게 비빔밥을 지나치진 않을까 하는 걱정도 많이 들었지만 기우에 불과했다. 너무 맛있다고 말해주는 사람, 이 고추장을 어디서 구할 수 있냐고 물어보는 사람, 비빔밥을 어디 가면 또 먹을 수 있냐고 물어보는 사람들에게 성의를 다해 설명하면서 그는 큰 힘을 얻었다.

유럽을 떠들썩하게 했던 K-POP 공연이 끝난 후 프랑스 파리 에펠탑 광장에서 가진 행사에서 그들은 뜻이 맞는 다른 동료 '독도 레이서'와 함께 하기도 했다. 그들은 아시아와 미주, 남아메리카 각지를 돌다 만나 유럽에서 함께하게 됐다. 파리 시민 약 200여 명이 함께 한 이 행사에서 '비빔밥 유랑단' 회원들은 비빔밥을 직접 만들어 시민에게 나눠주는 시식회를 열면서 한식을 홍보하는 내용의 전단을 배포해 한국을 알렸다. 이와 함께 '독도 레이서' 소속 대학생 6명은 독도의 풍경과 천연기념물이 담긴 엽서, 독도 티셔츠를 시민에게 무료로 나눠 주고 사물놀이 공연을 펼쳐 우리 가락을 선보였다.

그들이 별 탈 없이 목표한 대로 행사의 내용과 횟수를 채워갈 수 있었던 것은 목표를 장기적인 목표와 단기적인 목표로 잘 구분하여 따라갔기 때문이기도 했다. 8개월 동안 4개 대륙에서 100회의 행사라고 목표를 정하면 그 목표가 구체적으로 와 닿지 않기 때문에, 목표 횟수를 대륙 별로 나누고, 다시 나라 별로 나누었다. 그리고 행사의 내용에 대해서는 유명 관광지나 랜드마크에 가서 하는 게릴라 행사, 특정 단체를 상대로 하는 섭외식 행사 등으로 나누어 최대한 다양한 포트폴리오의 행사가 나올 수 있도록 했다.

행사를 잘 치를 수 있었던 데는 현지 한인 분들의 도움도 정말 컸다.

"사실 현지에서 아무런 대가도 바라지 않고 물심양면으로 저희를 지원해 주시는 많은 한인 분들이 더 대단하다고 할 수 있죠. 단지 같은 한국인이라는 이유로 도움을 주시니까요. 현지에서 크게 성공하시거나 경제적 여유가 많은 분들이 저희를 도와주신 것은 결코 아니었습니다. 함부르크에서는 일주일 동안 거의 통째로 스케줄을 비우고 직접 행사 장소까지 섭외하시며 저희를 도와주신 분도 있으시고요, 밴쿠버에서도 친구 분들과 가족 분들까지 동원하여 3일 내내 저희 매니저 역할을 해주신 분도 계십니다. 프라하에서는 저희가 숙박비를 아낄 수 있도록 며칠 동안 불편을 감수하며 저희에게 거실을 내주신 분도 있습니다."

이렇게 비빔밥 행사를 하면서 여러 가지로 힘을 얻을 때가 많았다. 물론 때로는 "이렇게 소규모로 행사를 여는 것이 무슨 의미가 있겠나?" 라는 식으로 이야기를 듣기도 하고, "우리의 활동이 정말 돈과 시간을 허비하는 일인가?"라고 쓰디쓰게 자문하기도 했다.

그러나 한 번 행사를 열게 될 때 마다 만나게 되는 100명 남짓의 사람들 중에는 90% 이상이 한식 자체를 처음 먹어본다고 말했다.

한인 교포가 가장 많이 살고 있다는 로스앤젤레스에서도 한인 타운이 위치한 시내에서 30~40분만 떨어진 곳으로 나가면 비빔밥 유랑단의 시식회에서 먹어 본 비빔밥으로 처음 한식을 접해본다는 분들이 대부분이었다.

"비빔밥을 먹어봤느냐는 질문에 '아니다, 처음이다'라고 대답하면 서운하기도 하지만 '우리로 인해 이 분들이 비빔밥을 일단 접해보는 경험을 갖게 되었구나' 하는 생각에 정말 큰 보람을 느끼곤 했지요. 비빔밥이 정말 맛있다며 다시 줄을 서서 2~3그릇씩 드시는 분들도 있고 행사장에 다시 돌아와서 정말 맛있었다며 감사의 말을 전하고 가기도 하셨어요."

그들은 한식의 가능성을 직접 몸소 체험했다. 한 그릇을 먹고 난 외국인에게 더 먹으라고 권했을 때 너무나 기쁜 얼굴로 '정말 더 먹어도 되느냐?'고 묻는 그들을 보고, 한식이 외국에서 통할 수 있다는 것을 몇 번 재확인할 수 있었다.

한류바람의 영향도 있겠지만, 생각보다 많은 사람들이 한식에 관심을 가졌고, 비빔밥이 건강에 좋은 웰빙 음식이라며 칭찬하는 사람도 많았다. 프랑스 파리와 아르헨티나 부에노스아이레스 등지에서는 비빔밥을 맛보려는 사람들로 길게는 100m 이상 장사진이 펼쳐졌으며, 준비한 비빔밥이 동이 나는 바람에 단원들이 끼니를 거르는 날도 허다했다.

"똑같은 행사에서 똑같은 성과를 거두었더라도 저희가 만약 어느 기관에 소속되어 있었더라면 이런 뿌듯함과 희열은 느끼지 못했을 것 같습니다. 행사가 잘 이루어지는 날이면 정말 저희가 해

코리아 브랜드, 세계를 매혹시키다

냈다는 느낌에 가슴 벅차게 뿌듯함을 느낍니다. 물론 도움을 주신 많은 분들 덕분에 잘 해 낼 수 있었던 부분이 크지만 누군가 정해 놓은 틀을 따라 가는 것이 아니라 우리가 스스로 정한 계획대로 움직이고 그것이 성과를 보였을 땐 정말 몇 배의 희열과 보람을 느낄 수 있는 것 같습니다." 강상균 팀장의 말이다.

행사에 참가했던 외국인이 자신의 블로그에 비빔밥 유랑단에 대한 내용과 함께 비빔밥을 소개하는 글을 올린 적도 있었다. 페이스북으로 친구로 추가해 계속 관심을 가져주시는 분들도 있다.

"이렇게 우리의 활동에 대해 피드백을 해 주시는 분들을 보면서 저희 활동에 대한 의미도 되새기게 되고 끝까지 잘해내야겠다는 힘을 얻게 되었죠." ▶사진 3-5 (p. 140 다음 페이지)

비빔밥의 도전은 계속된다

이렇게 많은 외국인들에게 어필할 수 있는 비빔밥은 사실 객관적으로도 우수한 음식이다. 미국 뉴트리라이프 건강연구소의 연구소장인 샘 렌보그 박사는 비빔밥을 영양학적으로 완벽한 음식이라며 칭송한 바 있다. 비빔밥은 최고의 기내식으로 꼽혀 머큐리 상을 수상할 정도로 인정받았다. 비빔밥 유랑단은 이런 비빔밥의 우수성에 대해 자부심을 가지고 있고, 보다 많은 사람들에게 이를 알리려고 노력했다. 비빔밥에 사용되는 재료는 미리 알리고, 알레르기가 있거나 취향에 맞지 않다고 일러주면 재료를 적당히 조절해서 제공할 정도로 정성을 들였다.

수많은 행사들을 성공적으로 해냈으면서도, 그는 자신들을 특별한 사람들로 대우하는 것에 대해 무척 난처함을 표시했다.

"많은 사람들이 저희의 용기를 칭찬하고 저희가 마치 대단한 사람들인 것처럼 대우를 해 주십니다. 하지만 저희는 정말 평범한 한국의 젊은이들일 뿐입니다."

비빔밥 유랑단의 멤버들 역시 이런 여행을 하면서도 때때로 '우리가 왜 이런 일을 하고 있는가?'에 대하여 목적의식을 잃기도 하고, 큰 뜻을 품고 일을 하면서도 정말 사소한 문제로 서로 다투거나 그만두고 싶다는 생각을 할 때도 있었다고 했다. 한국에서 직장을 다니며 성장해 나가는 친구들을 보며 부러움과 동시에 불안함마저 느끼기도 했다.

"한식을 알리려고 직장까지 관두고 이런 홍보활동을 하는 저희를 기특해 하시며 아무런 대가도 바라지 않고 아낌없는 도움을 주시는 해외의 동포 여러분들보다 어쩌면 저희의 애국심이나 사명감이 부족할 수도 있습니다."

그러나 그런 겸손한 말보다 더 중요한 것은 그 뒤에 이어진 다음과 같은 말이다. "하지만 저희가 말씀드리고 싶은 것은 애국심이라는 것이 꼭 불타는 열정이나 분노, 또는 희생정신과 같은 무거운 감정일 필요는 없다는 것입니다."

사실 애국심이라는 단어는 통상적으로 '매우 무거운' 단어로 느껴지기도 한다. 정색을 할 정도로 진지하고 무거운 주제들과 이미지들이 파노라마처럼 뇌리를 스쳐갈 수도 있다. 일찍이 애국심을 협박이라고 표현한 사람도 있었고, 폭력이라고 말한 이도 있었다. 하지만 비빔밥 유랑단의 강상균 씨는 애국심에 관한 소망을 다음과 같이 말한다.

"저희의 소망은 저희처럼 조금 더 즐겁고 재미있는 방식으로 나라와 사회에 도움이 되는 긍정적인 가치를 추구하는 활동들이, 젊은이들 사이에 트렌드로 자리를 잡는 것입니다. 꼭 저희처럼 직장을 관두고 본업으로 이런 일을 할 필요는 없습니다. 예를 들어 어차피 방학이나 휴가를 이용해 짧게나마 여행을 갈 생각이라면 그냥 관광을 가는 게 아니라 저희처럼 주제를 정하여 특별한 활동을 계획해 보는 것도 괜찮겠지요. 시간과 마음이 맞는 친구들이 5~6명 정도 있다면 함께 코리안 단기 청소년봉사단과 같은 임시그룹을 만들어 인도의 마더 테레사 하우스에 봉사여행을 가거나, 자신의 전공을 살릴 수 있는 경우 해외의 학교나 관련 기관들을 섭외해 특별한 활동을 기획해 볼 수도 있는 것이고요."

그리고 그는 잠시 생각한 후 더욱 가볍게, 그 무게를 덜어준다.

"꼭 여행일 필요도 없습니다. 환경문제에 대해 관심이 있는 사람들은 SNS를 통해 작게나마 환경운동을 할 수도 있고요, 친구들과 함께 '일회용품 쓰지 않는 날' 또는 '환경보호를 위해 일 주일에 한 번은 육류 섭취하지 않는 날' 등을 정해 실천해 볼 수도 있겠죠. 작은 활동이든 큰 활동이든 중요한 것은 인생을 살면서 추구해야 할 가치들에 대하여 끊임없이 스스로에게 인식시키고 경각심을 잃지 말아야 한다는 것이죠. 그 방법은 신세대답게 좀 더 참신하고 스스로도 즐길 수 있는 활동이면 좋겠죠."

그는 자신도 한창 때의 젊은이로서, 동시대의 젊은이들에 대한 이해심 많은 눈빛을 하고 진지하지만 즐겁게 이야기한다. 자신의 꿈과 열정이 누군가에게 전해져서 한 사람이라도 더 그것을 공유하기를 진심으로 바라는 사람의 목소리다.

"이런 일을 하기 위해서 대단한 희생정신, 또는 불타는 애국심이나 사명감이 필요하다고 생각하는 분위기라면 작게나마 이런 활동을 해보려고 하는 사람들의 수가 줄어들겠죠. 이런 일을 재미있고 참신하게 '즐길' 수 있는 분위기가 젊은이들 사이에 자리를 잡아서 작은 활동이든 좀 더 규모 있는 활동이든 각자의 사정과 취향에 따라 할 수 있다면 더 많은 사람들이 동참할 수 있겠죠. 환경보호활동, 문화홍보활동과 같은 발전적인 활동들이 결코 특별한 사람만 할 수 있는 일이 아니라 평범한 일반인들도 즐길 수 있는 '취미'가 된다면 결국 개인과 사회의 발전에 긍정적인 요소가 될 수 있으니까요."

애국활동을 '취미'로 즐긴다는 생각은 혁신적인 점이 있다. 분명 더 옛날에는 말할 것도 없고, 종전까지도 찾아보기 어려웠을 생각이다. 애국심은 '대의'라는 거창한 말이 함께 따라다니며 '나라에 충성하고 부모에 효도하고'라는 덕목이 마치 종교의 계율인 양 느껴지던 시대가 연상되는, 꽤나 고전적인 단어로 들리기 쉽기 때문이다.

더구나 '자기희생'이나 '노력'이라면 몰라도 '취미'라든지 '즐기다'는 단어와는 꽤 거리가 있다고 여겨지지 않았던가? 하지만 강상균 씨는 애국활동에 반드시 사명감과 희생정신이 필요하지는 않으며, '취미'나 '트렌드'가 되었으면 좋겠다고 말했다.

"처음부터 애국심과 사명감을 갖고 태어나는 사람은 없잖아요"라고 그는 말한다. 활동을 하다보면 자연스럽게 문제의식도 생기

코리아 브랜드, 세계를 매혹시키다

고 애국심도, 사명감도 자라날 수 있는 것이니 일단 발을 먼저 들여놓는 것이 중요하다는 것이 그의 생각이다.

마지막으로 그가 강조하는 것은 '세계화 시대를 살아가는 사람들이 가져야 할 애국심에 대한 문제'다.

"이제는 민족주의적 사고방식에서 벗어나 다른 민족과 문화를 배려하며 우리의 것을 지키고 또 발전시켜야 하는 시대입니다. 영토문제, 역사문제 등에 있어서 우리의 주장을 명확히 하고 우리의 것을 지키는 것은 물론 매우 중요합니다. 하지만 그 과정에서 지나친 애국심이 민족주의적 이기심으로 변질되는 것을 항상 경계해야 합니다. 무조건 양보하고 내주라는 이야기가 아닙니다. 이제는 마음을 열고 서로 소통하며 생각의 차이를 줄여가려는 마인드가 해답입니다. 서로 다른 문화의 사람들끼리 서로를 존중하고 배려하는 것이 우리가 지켜야 힐 '글로벌 에티켓'이고 세계화 시대를 살아가는 사람으로서 당연히 지켜야 하는 매너인 것 같습니다."

그들이 말하고 있는 애국심은 내 문화만을 고집하거나 강요하는 것이 아니라 서로 다른 차이를 포용하고, 인정하고, 존중하는 것이다.

비빔밥에는 다양한 재료들이 각각 고유의 맛을 유지하면서도 서로 잘 섞여 새로운 맛을 만들어 내기 때문에 조화와 평화를 상징한다. 비빔밥 유랑단은 'Melting pot(인종 문화 등 여러 요소가 융합되어 하나로 녹아든 통합의 상태)'이론을 대체하는 'Salad bowl(조화를 이루되 각자의 고유함을 잃지 않고 유지한 상태)' 이론이 보완, 개선된 상태가 'bibimbap'이라고 홍보했다.

각자의 개성이 그대로 살아서 공존하기만 하는 샐러드와 달리 비빔밥은 그들이 어우러져 각자의 개성과 함께 하나의 맛을 내는 시너지가 존재한다고.

물론 이 이야기만 하면 고개를 끄덕이는 정도지만 스페인에서 열렸던 한국어 웅변대회에서는 비빔밥을 함께 먹는 것과 같이, 우리 두 나라가 비빔밥처럼 어울려보자는 말에 큰 박수가 터져 나왔다.

막 개강을 한 UCLA의 어떤 클래스에서 "새해 첫날 한 해를 잘 해보자는 의미로 노사 혹은 여러 단체에서 비빔밥을 먹는다"고 설명하면서 "첫 수업에 비빔밥을 함께 먹었으니 이번학기는 좋은 분위기로 지낼 수 있을 것이다"라는 이야기로 학생들이 크게 호응하기도 했다.

비빔밥 유랑단은 이처럼 한국의 식문화를 비빔밥에 담아 보여주려고 노력하기도 했다. 큰 그릇에 비빔밥을 함께 비비는 것은 서로 간의 조화, 평화, 우정, 공존 그리고 협력을 기리는 행위라고 이야기했다.

사실 비빔밥은 참 아름다운 음식이다. 적색, 황색, 청색, 흰색, 흑색을 고루 담아 세상만물의 이치를 담은 오행의 다섯 가지 색깔이 어우러진 비빔밥에는 색깔이 다양한 야채들이 곱고 다채롭게 배열되어 있다. 비빔밥은 균형 잡힌 영양을 섭취하게 하며, 그 안에는 모든 만물의 조화를 담은 음식철학이 있다.

오행설에 의하면 만물은 불, 흙, 금속, 물, 그리고 나무의 5가지 원소로 구성된다. 이 5개의 원소는 각 원소가 지니는 에너지를 상징하는 색을 갖고 있는데, 우리 조상들은 이러한 오행설을 음식에 반영하여 오색이 균형을 이루도록 식재료의 조합을 만들어

코리아 브랜드, 세계를 매혹시키다

왔다. 이처럼 음식의 뜻을 알게 되는 문화경험은 한국이라는 나라에 대한 직접적 이미지와도 관련된다.

최근 2011년 12월 29일 비빔밥 유랑단의 마지막 100회 피날레 행사가 서울 홍대 앞에서 열렸다.

그동안의 여정을 총정리하며, 그 뜻을 계속 이어간다는 뜻에서 한국에서 마지막 행사를 가진 것이다. 필자도 그 자리에 참석하여 그들이 비빔밥을 준비하고, 나누어주는 정성스러운 과정과 그 맛도 직접 체험할 수 있었다. "정말 맛있어요"라는 말에 해맑게 웃는 팀원들. 한국 사람들 입맛에도 맛있는 비빔밥에는 그들의 8개월간 여정의 내공이 그대로 담겨져 있었다.

그들은 파리의 에펠탑 공원에서, 캘리포니아의 산타모니카 해변에서, 로마의 콜로세움 앞에서, 심지어 만리장성 위에서 가졌던 비빔밥 시식회에서 생전 처음 한국 음식을 맛보았던 사람들이 그 맛과 정성과 의미를 오래 기억해주길 소망하며, 오늘도 한식이 세계로 다가갈 수 있는 길을 고민하고 있다.

그들은 이미 주어진 미션을 완수했지만, 이후에도 비빔밥의 도전은 계속된다. 비빔밥 유랑단 제2기가 북미대륙으로 진출하게 된 것이다. 2012년 비빔밥 유랑단 제2기의 멤버는 강상균 팀장을 포함하여 총 5명으로, '비빔밥 유랑단 미국, 영국의 명문대학을 가다!'라는 슬로건으로 7월12일 미국 LA로 출발하여 12월 중순 뉴욕에 이르기까지 약 5개월간의 프로젝트를 진행한다.

그들은 이제 또다시 세계인에게 비빔밥을 맛보게 할 것이다. 한 명 한 명이 다 한국의 홍보대사가 될 수 있는 사람이라는 생각으로, 한 그릇 한 그릇에 성의를 담을 것이다. 그저 밥 한 그릇일

뿐이지만, 마치 우리나라를 담는 그릇인 것처럼. ▶사진 3-6부터
3-8까지 (p. 140 다음 페이지)

한식 대표주자는 값싼 고기 뷔페?

한식은 영양학적 우수성
과 독창성에도 불구하고 다른 아시아권 음식에 비해 외국인들에
게 인지도가 매우 낮은 편이다. 전 세계 외식산업에서 차지하는
비율이 일식 10.7%, 중식 9.7%인 반면 한식은 1.4%에 불과하다.
　비빔밥 유랑단은 한국 음식의 인지도가 낮고 한식을 알리려는
노력도 거의 이루어지지 않는 현상을 안타까워했다. 일본 스시나
태국 음식은 이미 오래전에 국가 차원에서 홍보가 적극적으로 이
뤄지고 있는데, 우리도 비빔밥 등 한국 음식에 대한 정부, 민간
차원의 홍보가 시급하며 세계적 관점에서 브랜드를 만들어 나가
야 할 것이라고 강조하기도 했다.
　"한국을 모르는 사람은 거의 없지만 그들의 머리에서 한국은
중국과 일본 다음에 떠오르는 나라이고, 한국 음식은 중식, 일식,
태국음식, 베트남 음식이 나오고 나서야 생각이 날 정도였어요.
인도음식이 더 먼저일지도 몰라요."
　비빔밥 유랑단이 세계를 돌며 시식회를 하는 동안 수시로 부딪
친 큰 난관 중의 하나는 바로 이러한 한식의 인지도 부족이었다.
　"저희가 행사를 한 LA의 윌셔 스트리트는 정말 한국이라고 할
수 있을 만큼 한인 상점, 특히 식당과 한국인이 참 많았어요. 그

3-1 비빔밥 유랑단 팀원들과 서경덕교수의 모습 (좌측에서 두번째
  강상균 팀장)

-3 비빔밥을 만드는 비빔밥 유랑단

3-2 행사장 현수막 앞에 서서 포즈를 취한 비빔밥
  유랑단의 모습

3-4 비빔밥 유랑단의 비빔밥

3-5 프랑스 파리 행사 중 비빔밥 유랑단과 독도
레이서가 함께 한 모습

3-7 캐나다 행사 중 비빔밥을 들어보이며 환히 웃는
리처드 스튜어트 시장

3-6 비빔밥을 시식하는 외국인

3-8 LA 푸드페스티벌에서 비빔밥 유랑단의 부스 앞에 늘어선 사람들

3-9 궁중요리

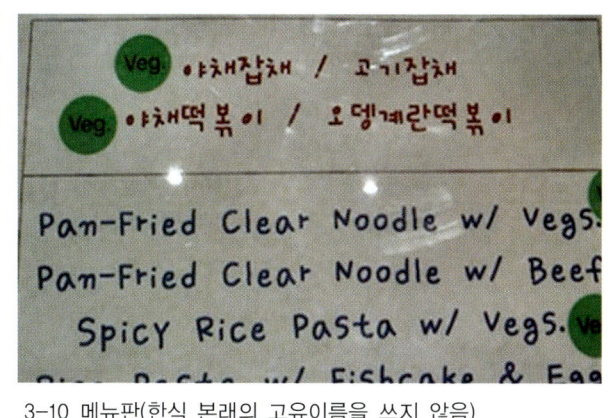

3-10 메뉴판(한식 본래의 고유이름을 쓰지 않음)

3-11 김치전도사 박종철교수

3-12 일본 슈퍼에 진열된 막걸리의 모습

런데 대부분의 한국 음식점은 KOREAN B.B.Q ('all you can eat')
이더라구요. 사실상 고기 뷔페인 셈이죠. LA에서는 비빔밥을 알
고 있는 사람이 좀 있지 않을까 싶었는데 미국사람들이 자주 모이
는 산타모니카 비치에서는 단 한명도 비빔밥을 알지 못했습니다.
그저 몇 명의 외국인들이 코리아 음식 중에 KOREAN B.B.Q가 유명
하다는 것을 알지만 이것도 우리가 생각하는 것과는 좀 다르지요.
그냥 싸게 많이 먹을 수 있는 것으로 더 유명하고, 우리 국민들이
원하고 있는 한식의 이미지와는 분명히 거리가 있는 것이지요."

2010년 농림수산식품부와 농수산물유통공사가 다국적 컨설팅
사 액센추어에 맡겨 미국·일본·중국·베트남 국민 500명 씩
총 2,000명을 대상으로 설문조사한 결과, 미국에서 한식의 선호
도는 조사대상 12개 국가 음식 중 8위에 그쳤다. 한식을 잘 먹지
않는 이유로는 '메뉴가 단순하다'는 응답이 18.5%로 가장 많았고,
2위가 '비위생적이다(15.3%)'라는 의견이었다.

강상균 씨는 한식이 미(美)적 요소, 독창성, 자연친화적 조리법
과 재료의 사용, 영양학적 우수성 등 여러 면에서 친환경 참살이
트렌드에도 부합하며, 그 성장가능성이 무궁무진하다고 강조했다.

"사실 전 한식 세계화라는 표현을 그리 좋아하지 않아요. 그저
친구에게 '이 음식 맛있어, 먹어봐'라고 정답게 권하듯이, 그런 태
도여야죠." 강상균 팀장의 말이다.

그는 외국인들이 중국, 일본, 태국 등의 나라를 방문해 본 적이
없음에도 불구하고 이 나라들을 매우 친숙하게 느끼는 것은 어릴
적부터 그 나라의 음식을 가까이 했던 영향이 크다고 강조했다.

무엇보다 일단 체험하는 것이 중요하다. 그 한 번의 '시도'가

제3장 한식의 도전

141

결실을 맺기 위해서는 진심을 담아 '맛있는 음식을 권하는' 자세가 필요하다는 것이다. 그래서 우리의 음식이 세계 시장에 진출하는 것을 '한식 전파'나 수익성과 같은 목적에만 매달려 이루어 내고자 하면 진정으로 마음을 끌기 어렵거니와 입맛을 만족시키기도 힘들다는 것이다.

우리가 누군가에게 맛있는 음식을 만들어 권할 때는 최대한 먹는 이의 식성을 맞추려 하고 신선한 좋은 재료로 정성껏 요리해서 음식을 제공하며 진심을 담아 따뜻하게 '맛있는 경험'을 나누려고 한다.

다른 문화 홍보와는 달리, 음식은 미각을 만족시키고 먹는 행위에 대한 즐거운 기억을 남긴다면, 문화적 거부감이나 편견 없이 자연스럽게 마음을 끌 수 있다.

이런 점을 십분 활용하여 '맛있는 경험'을 즐거움으로 남길 수 있다면 식문화는 어떤 다른 분야의 문화보다 성공적으로 세계인에게 스며들 수 있다.

하지만 값싼 식재료를 쓰는 등 음식을 팔아서 수익을 낼 생각만을 한다거나 나의 식성과 내가 먹는 방식만을 고집한다면 먹는 사람에게 좋은 기억을 남기기 어려울 것이다.

강상균 씨는 인터뷰에서 인도에서의 예를 들며 세계인의 마음에 한식이 어떻게 다가서야 하는지를 이야기 한 바 있다. 인도에서는 비빔밥 시식회가 크게 인기를 얻지는 못했는데, 야외에서 음식을 나눠주는 것에 대한 경계심과 함께 종교적인 이유로 비빔밥에 들어가는 계란과 고기에 거부감을 보이는 경우가 많았기 때문이었다.

비빔밥 유랑단 단원들은 이 경험을 통해 세계에 무조건적인 '전파'만이 능사가 아니라는 것을, 진정 세계인들에게 다가갈 수 있으려면 그들의 문화와 기호를 이해하고 배려해야 한다는 교훈을 얻었다고 했다. 그들은 이 사례에 덧붙여 세계인에게 친근하게 다가서기 위한 방법론을 제시하기도 했는데, 그 중 김수찬 씨는 "맛도 중요하지만 서빙이나 음식을 소개하는 방식을 바꿔야 할 필요가 있다"면서 "각국의 한국식당은 현지어를 잘 못하는 종업원이 손님을 맞고 있기 때문에 불친절하다는 오해를 사고 있었다"고 말했다.

또 그들은 비빔밥에 수반되는 콩나물국 대신 현지 음식문화에 맞춰 와인과 콜라 등을 곁들이는 등 우리 음식의 현지화 방안도 고려해볼만 하다고 귀띔했다. 특히 'bibimbop', 'bibimrice' 등 비빔밥의 영문 표기도 지역별로 제각각인데, 이처럼 우리 음식에 대한 영문 표기를 통일하는 것, 레시피의 표준화 등도 시급한 과제로 지목했다.

맛있고 친근하면서도 건강에 좋다면 금상첨화다. 심지어 맛이 없더라도 건강에 도움이 되면 참고 먹을 수 있는 것이 요즘의 '참살이(well-being)' 트렌드이다. 한식이 가지는 장점은 발효식품이나 신선한 곡물, 야채 등 건강에 좋고 자연에 가까운 식재료를 많이 사용한다는 것이다. 이런 장점을 살리고 최대한 건강하고 신선한 좋은 식재료로 승부해야 기존의 '값싼 고기 뷔페'의 이미지를 상쇄할 수 있을 것이다.

사실 우리나라 음식은 정성과 품격을 가진 고급 음식으로, 최고급의 궁중요리부터 정말로 다양하고 오랜 역사의 식문화를 가지고 있다. 우리나라의 대표적인 식품인 김치와 젓갈, 된장, 고추장은 세계인이 함께 즐기는 발효 식품으로 현대 과학의 기준으로도 높은 평가를 받고 있다. 그 중에서도 한국의 전통음식인 된장이 항암효과 및 각종 질병의 예방에 매우 효과적이라는 연구결과가 나오면서 된장에 대한 관심이 높아지고 있다. 우리나라의 전통 발효식품인 김치를 이용하여 아토피를 치료할 수 있다는 연구결과가 2011년 4월 미국알레르기 천식 면역학회지에 발표되기도 했다. 우리나라 대표 식품인 김치가 사스(SARS)나 조류독감(AI)에도 효능이 있다는 연구결과가 발표되면서 더욱 주목 받기도 했다.

한류 열풍의 주요한 견인차가 되었던 드라마 〈대장금(2003~2004)〉에서 선보였던 궁중요리는 많은 외국인들의 이목을 사로잡기도 했다.

드라마의 세계적인 히트에 힘입어 배경이 된 세트장은 '대장금 테마파크'로 조성되어 2005년 개장 후 한해 35만 명의 관광객이 찾는 등 큰 인기를 끌었다. 세트장 시설 노후화, 운영적자 등의 이유로 2011년 12월 아쉬움을 안고 폐쇄하기까지 누적 관람객 128만 명이 다녀가 드라마에 대한 추억도 되살리고 한식과 한국문화를 접하는 기회를 제공했다고 평가된다.

궁중음식 연구원장인 요리 연구가 한복려 씨는 한국음식의 강점을 '자연의 음식, 약식동원(藥食同源. 좋은 음식은 약과 같은 효능을 낸다는 말), 다양한 풍미와 기호, 음식 재료의 궁합, 기다림의 미학' 등으로 특징지은 바 있다.

궁중음식은 천천히 기다려야 제 맛이 나기 때문에 전 세계적으로 큰 호응을 받고 있는 '슬로푸드' 트렌드에도 걸맞다. 슬로푸드

(slow food) 운동은 음식을 통해 삶의 질을 개선하고, 각 나라 식문화의 전통을 이어가기 위한 운동이다. 자연에서 얻을 수 있는 재료로, 시간과 노력을 들여서 음식을 제대로 만들어서 즐기고자 하는 것이 슬로푸드 운동의 정신이다.

'한식 전도사'로 불리며 한식의 세계화를 위한 많은 활동을 하고 있는 조태권 광주요 그룹 대표는 한식의 고급화에 관한 생각을 다음과 같이 얘기했다.

"한 나라의 음식은 맛 이전에 문화입니다. 음식을 담는 프레임이라고 할 수 있는 식당의 분위기와 식기, 식사 예절 이런 것들에 따라 평가가 달라지죠. 19세기 말에 미국 부호들이 가장 기대했던 것은 크루즈여행을 하면서 프랑스를 방문해 식당 '르 그랑 베푸'에서 프랑스 음식을 맛보고, 프랑스 문화를 느끼는 것이었어요. 그것이 계기가 돼 프랑스 문화가 세계로 퍼지게 됐죠. 식당은 음식부터 인테리어, 미술, 음악, 서빙 등 그 나라 문화가 총체적으로 집약돼 있어요. 한식도 고급화를 통해 세계화할 필요가 있습니다."[9]

비빔밥에 있는 오색의 어울림과 버무림을 공존과 통합의 의미로 읽어내듯, 한식에 문화를 접목시키는 것은 한식의 고급화에 큰 힘이 된다. 과학과 인문사회 등 서로 다른 학문들의 통합으로 이루어진 융합과학이 많은 관심을 끌고 있듯, 오행이 조화를 이루는 비빔밥에는 과학이 있고 철학이 있다.

많은 세계인을 사로잡을 수 있는 한식의 가능성을 심화시키기 위해서 가장 필요한 것은 바로 이러한 한식의 과학과 철학, 매력과 품격을 발견해내고 한식에 대한 이미지를 높이는 일이다.

김치, 막걸리의 특허권이 외국 기업에?

한식의 세계화가 이루어지기 위해서는 한식을 해외에 홍보하는 것도 중요하지만, 우리가 우리 한식에 대하여 잘 알고 그 우수성에 대한 자부심을 가지는 것도 필요하다.

'김치 전도사'로 불리는 박종철 순천대 한약자원학과 교수는 해외에서 김치가 충분히 통할 수 있다고 강조한다. 틈만 나면 외국인을 대상으로 김치에 대해 강연을 하는 그는 외국인들이 김치에 대해 많은 흥미를 보였고 . 강연을 듣고서는 '김치효능을 얻으려면 하루에 얼마정도의 김치를 먹어야 하는지' 등 많은 질문도 쏟아냈다고 했다.

그는 외국인들이 관심을 갖는 것은 주로 효과, 효능이며, 김치의 기능성을 강조하고 더 품질 좋고 위생적으로 생산 개발한다면 경쟁력도 높아지고, 상품력의 상승은 수출로도 이어질 것이라고 말한다. 한류 스포츠, 연예인을 활용한 스타와 오피니언리더 마케팅도 확대해야 한다는 것이 그의 생각이다.

종주국이라는 것만을 믿고 개발과 홍보를 게을리 한다면 우리는 우리가 가진 소중한 전통 음식인 김치를 잃을지도 모른다.

한국문화홍보전문가인 서경덕 성신여대 교수는 "일본의 한 유명 덮밥체인점에서는 김치를 반찬으로 판매하기 시작해 해외인들이 일본 음식으로 오해하는 경우가 많아지고 있는데, 요즘 같은 세계화 시대에는 세계를 향한 전방위적 홍보만이 우리의 것을 지켜나갈 수 있는 길이다"라고 강조한 바 있기도 하다.

코리아브랜드, 세계를 매혹시키다

우리는 당연히 김치가 우리의 것이며 우리나라가 독보적 권한을 가지고 있다고 아무런 의심도 없이 생각하지만 우리의 이런 믿음은 사실 위태로운 것이다.

자, 여기 놀라운 사실이 하나 있다. 김치의 '조미법'에 대한 특허권을 가진 것이 누구인지 아는가? 바로 세계적인 다국적 식품 기업 '네슬레'다.

1983년 네슬레는 우리나라 김장법과 매우 흡사한 조리 방법에 대한 국제 특허를 미국, 일본 등 14군데나 등록해서 이미 세계 공인을 마친 상태다.[10]

특허출원이 이뤄진 후 뒤늦게 이 사실을 알게 된 우리나라가 나서려고 했지만, 네슬레의 특허를 막을 만한 근거 자료가 없었다. 업계와 대학의 이의신청으로 한국에서의 특허만 겨우 막았을 뿐이다.

UN 산하 세계지식재산권기구(WIPO)는 전통음식에 대해 역사적 고증을 통해 과거로부터 전래되어 왔음을 증빙할 수 있는 체계적 정보를 제공할 경우 종주권과 배타권 권리를 인정하고 있다. 그러나 우리 음식에 대해 체계적 자료가 존재하지 않은 상황이라 많은 전통 식품이 지적재산권 도난의 위기에 처해있다.

이러한 일의 재발을 막기 위한 노력도 일부에서 진행되고 있다. 2009년 지식경제부 산하 한국식품연구원은 3,500여 개의 한국 전통음식에 대한 광범위한 정보를 담은 한국전통식품 포털사이트(www.tradifood.net)를 개설했다.

2008년 11월 28일 한국 포천막걸리의 상표 등록을 일본 기업인 청풍(淸風 せいふう)이 일본 특허청에 마쳤다고 뒤늦게 밝혀졌

다는 소식이 들려오기도 했다. 포천 막걸리가 일본에 수출될 때 포천막걸리라는 상표를 그대로 사용할 수 없다는 뜻이다. 이 업체가 등록한 상표명은 포천막걸리, 포천일동막걸리, 일동막걸리 등이다.

그나마 다행스러운 일은 이 기업의 업주가 재일 한국인 사업가이며 일본에서 건강주로 인기를 끄는 막걸리의 상표를 일본이 미리 선점하는 것을 막기 위해 자신이 등록했다고 밝혔다는 점이다. 그러나 우리의 전통식품들에 대한 우리의 권리를 방어할 수 있는 국민적 관심과 제도 개선이 필요하다는 경종을 울린 사건이라 할 수 있다.

이 사건 이후 '지리적표시제(GI)' 등 상표권을 보호할 수 있는 제도를 보완하고 전통식품 명칭 보호 등에 대한 여론도 형성되고 있지만 아직은 많은 것이 부족하다. 세계화시대에 전통문화를 지켜나가는 것에 대한 확고한 인식과 기본적인 제도 마련이 사전에 이루어지지 못한 점은 역시 아쉬운 일이다.

최근 반가운 소식이 하나 들려왔다. 2012년 4월 23~28일 중국 상하이에서 열린 제44차 국제식품규격위원회(Codex) 농약잔류분과위원회에 대한민국 대표단으로 참석한 식품의약품안전청의 노력으로 국내 배추가 '중국배추(Chinese Cabbage)'라는 이름으로 외국에서 널리 사용되게 된 것이다. 그동안 국제식품분류상 국내 배추는 '김치배추(Kimchi Cabbage)'에 속해 있어 김치 종주국의 체면을 구긴다는 지적이 많이 있었다. 식약청 관계자는 무엇보다 큰 성과는 "김치의 종주국임을 재차 인정받았다는 것"이라고 말했다.

우리나라가 '김치배추' 이름을 찾은 것은 우리 김치의 정체성을 바로 세운 것이나 다름없다. 많은 이들이 대수롭지 않게 생각할지 모르지만, '중국배추'에서 '김치배추'로의 전환은 매우 큰 의미가 있고, 그 둘 간의 차이는 매우 크다. 우리가 노력하고 지켜야 하는 것은 바로 이러한 우리 전통음식의 고유한 가치다. ▶**사진 3-9부터 3-12까지 (p. 140 다음 페이지)**

미국 TV에서 한식을 요리하다

TV를 켜니 한 케이블 채널에서 한창 영어로 진행되는 요리 프로그램이 방영되는 중이다. 미국인 여성 '마르자'와 프랑스 남성 '장 조지'가 함께 진행하는 프로다. 조지가 미국에서 매우 유명한 스타 쉐프인 점을 두고 볼 때 요리사가 주인공인 〈제이미 올리버의 Food Therapy〉와 같이 요즘 각광받고 있는 유명 요리 리얼리티 쇼인가 싶다. 아무 생각 없이 채널을 고정시키고 있는데 뭔가 특이한 점들이 눈에 띈다.

미국 프로그램인 것은 분명한데, 나오는 식재료들이 전부 눈에 익은 것들이다. 간장, 고추장, 고춧가루, 소주, 심지어는 한글 상표가 버젓이 박혀 있는 참기름통도 등장한다. 그들이 심각하게 만들고 있는 요리도 전부 한국 이름을 가진 냉면, 갈비찜, 잡채, 막국수 등이다.

부부인 마르자와 장 조지는 한국 방방곡곡을 다니면서 안동 간고등어, 제주도 전복, 강원도 막국수 등 한국 향토 음식을 맛보고 자신들의 스타일로 직접 요리를 재연한다. 그들이 미국 요리 프로그램으로써 접근하는 한식은 분명 우리의 것이지만 세계적인 보편성을 가질 수 있는 가능성을 보여주고 있다.

프로가 진행되는 내내 요리하고, 맛보는 두 사람의 입에서는 연신 맛있다, 매일 먹을 수 있을 것 같다, 환상적이다와 같은 찬사가 이어진다.

이 프로그램은 최고의 음식 다큐멘터리를 제작해 온 찰스핀스키 감독이 연출하고, 미국의 공영방송 PBS에서 제작 방영한 13부작 음식 다큐 〈Kimchi Chronicles(김치연대기)〉(2011)이다.

이 다큐는 프랑스와 아시아 요리를 결합해 세계 최고 요리사 반열에 오른 장 조지와 미국인과 한국인 사이의 혼혈 입양아였던 아내 마르자가 딸 클로에를 데리고 한국 전역을 돌아다니며 사찰, 축제, 전통시장, 해변 등의 풍경 등 다양한 한국의 모습과 함께 각 지역의 특산품, 유명 음식들 위주로 음식 체험을 하고 스스로 그 음식을 만들어본 후 맛보는 모습을 보여주고 있다.

그들은 제주도 녹차밭을 체험하기도 하고, 항아리 만드는 장인도 보고, 안동의 전통 축제에서 탈춤을 추는 사람들과 춤판을 벌이기도 하고, 태권도를 배우고 궁중 음식을 먹거나 택시 기사 식당에서 돼지뼈 감자탕도 맛본다. 삼겹살, 떡, 냉면 등 한국인에게 너무나 익숙한 음식들이 서양인의 눈으로 재조명된다.

이 프로에는 영화 〈X맨〉에 나온 할리우드 인기 배우 휴 잭맨, 영화 〈로스트 인 스페이스〉 등으로 알려진 헤더 그레이엄 등이 출연하여 더욱 화제가 되기도 했다. 휴 잭맨이 소주를 마시는 장면은 한국인의 눈으로 신기하고 흥미롭게 보인다.

미국 전역에 방송되었던 이 작품은 우리나라에서는 물론이고 미국에서도 화제를 불러일으켰다. 주인공 장 조지는 작품을 끝낸 후에 "한식은 한국적일수록 더 매력적이다"라면서 〈김치 크리니클(*Kimchi Chronicles*)〉을 제작하기 위해 한국에 머물렀던 기간이 즐겁고 행복했었다고 말하기도 했다.

김영목 뉴욕 총영사는 이 작품 방영 축하 파티에 참여해서 "뉴욕에서 한국 음식이 빠른 속도로 인기를 얻고 있고 특히 젊은이들 사이에서는 김치를 먹을 줄 알아야 지식인 취급을 받는다는 얘기도 있다"고 뉴욕에서 한국 음식의 인기를 희망적으로 평가하기도 했다.

2008년 7월, 한국을 대표하는 술 소주가 미국의 유명 사전에 실렸다는 소식도 들려왔다. 미국의 대표적 영어사전 출판사인 메리엄 웹스터가 소주 등 100여 개의 새 단어를 『대학사전(*COLLEGIATE Dictionary*)』 최신판에 수록했다. 이 사전에 소주(soju)는 '쌀로 증류한 한국의 보드가'라고 실렸다.

'먹는다'는 행위는 생리적이지만 또한 문화적인 행위이다. 지역의 음식에는 문화가 담겨있다. 우리나라는 전통적으로 음식예절을 중요하게 생각하기도 했다. '밥상머리 교육'을 중시했고 결혼상대자를 고를 때도 음식예절을 보기도 했다.

음식은 사회와 문화를 담고 있고 그 안에는 오랜 시간 이어진 역사가 있다. 음식을 통해 한국의 문화를 알리는 것은 가장 쉽고 자연스러운 길일 수 있다. 맛있는 음식으로 세계인에게 호감을 줄 수 있고, 자연스럽게 한국에 대한 관심으로 이어질 수도 있다.

한식이 세계인의 입맛을 사로잡았다는 소식이 간혹 들려오는 것은 몇몇 아쉬움들을 뒤로 할 수 있을 만큼 반가운 일이지만, 아직 한식 세계화는 갈 길이 멀다. 고급화를 이룬 프랑스 요리나 13

억 명이 즐기는 대중 음식으로 성공한 중국요리처럼 한식만의 이미지를 구축하고 차별적인 영역을 확보하는 것도 필요하다. 소위 '웰빙 시대'에 맞는 건강 요리로 부상하는 가능성도 타진할 수 있을 것이다.

"주로 생채소와 곡식, 나물이 많이 들어가는 요리인 한식을 과학적으로 연구하고 분석해서 그 건강친화성을 입증하고 많은 사람들이 적극 홍보 지원한다면 한식의 경쟁력은 충분히 확보될 것입니다." 한국문화국제교류운동본부의 이광규 이사장은 한식의 미래에 관해 긍정적인 전망을 내놓은 바 있다.

최근 국내 인기 프로그램 〈무한도전〉에서 한식 세계화의 도전장을 던진 바 있다. 한국의 음식을 알리기 위해 뉴욕에 가서 비빔밥 등 한식 요리대결을 벌인 것이다. 이것에 그치지 않고 무한도전 멤버들은 비빔밥 광고를 찍어 2010년 뉴욕 타임스퀘어 광장에서 상영하기도 했다. 이런 시도들은 매우 고무적이다.

한류나 K-POP과 같은 문화현상의 흐름을 타고 한식을 접하는 많은 사람들의 마음의 장벽도 낮아질 수 있다. 한국 영화나 드라마, K-POP등이 청각, 시각을 만족시킨다고 한다면 미각, 후각도 자극할 수 있는 것이 음식이다. 우리의 문화가 사람의 오감을 만족시킬 수 있는 가능성을 한껏 열어두자. 맛있는 음식을 먹을 때는 많이 웃거나 긍정적인 생각을 할 때처럼 엔도르핀이 나온다고 한다.

"외국인들이 우리 음식을 '행복한 경험'으로 기억했으면 좋겠어요." 비빔밥 유랑단의 말에 여운이 남는 이유다.

한글,
놀라운
글자

한글, 놀라운 글자
세계를 향한 한글의 무한도전

한국인은 일본어를 쓰니? 중국어를 쓰니?

한국 유학생들이 많이 듣는 민망한 질문 중 하나가 한국인에게 독자적인 문자나 말이 있느냐는 것이라고 한다. 한국의 전체적인 국가 브랜드 이미지가 덜 알려져 있는 것과 마찬가지로 한국에 고유한 문자가 있다는 사실 또한 외국인들은 잘 알지 못한다. 실제로 한문을 병용하기 때문에 아시아 문화에 조금 관심이 있는 사람들은 한국이 중국 글자를 사용하고 있다고 생각하는 경우도 허다하다.

반크의 박기태 단장은 외국 각지의 한국 오류 사례 제보들을 살펴보다 보면 외국 관광 사이트에 한국에 대한 잘못된 정보를 버젓이 홈페이지에 올려놓은 경우가 많다고 언급하기도 했다. 심지어 어떤 관광 사이트에는 "한국의 언어는 한글-English다", "한국의 언어는 중국어에서 유래되었고, 문법은 일본에서 유래되었다"

같은 글이 떡하니 올라와 있었다는 것이다.

이처럼 한글에 대한 세계적 인지도는 매우 낮다. 특히 서양인들 사이에서는 특별히 한국 문화에 관심이 있지 않고서는 한글을 접해본 사람은 매우 드물다. 코리아타운에 가서 간판으로나 접하는 정도다. 적극적인 한글 홍보가 이루어지고 있는 것도 아니기 때문에 외국인들이 자연스럽게 한글을 만날 기회는 좀처럼 없다고 할 수 있다.

또한 중국의 한자나 일본의 가나의 인지도가 워낙 높은 탓에 상대적으로 밀린 탓도 있고, 한글에 대한 서체 개발 노력이 부족했기 때문이기도 하다.

그러나 드문드문 희망적인 소식이 들려오고 있다. 한글의 위상은 점점 더 높아지고 있는 추세이고, 그 이면에는 한류나 K-POP의 영향이 실로 지대함을 인정하지 않을 수 없다. 한글을 배우려는 외국인들이 늘어나고, 연일 미디어에서는 한국어를 배우는 외국 교습소의 풍경을 내보낸다.

훈민정음은 한민족의 오랜 전통과 문화, 과학성, 그리고 철학을 담아 창제되었으며, 많은 세계적 언어학자들도 한글은 글자 자체로서 매우 과학적이고 미학적으로도 훌륭한 문자라고 칭찬을 아끼지 않는다.

간혹 해외 스타들이나 유명인들에게 한글이 애호되기도 했다. 한글로 문신을 새긴 외국 스타들도 여럿이다. 메이저리그 디트로이트 타이거스의 타자 프린스 필더는 왼쪽 목덜미에 자기 이름의 뜻인 프린스를 '왕자'란 한글로 새겨놓았다.

미식축구 선수 하인스 워드는 한글로 이름을 팔에 새겼다. 이

코리아브랜드, 세계를 매혹시키다

종격투기 선수 벤 헨더슨은 오른쪽 어깨에 '전사'라는 글자와 왼쪽 팔에 '헨더슨'이라는 자기 이름을 한글로 썼고 왼쪽 옆구리엔 '힘 명예'라는 문신을 한글로 새겼다.

'사랑'이라는 한국어를 팔에 새겨놓은 미국 배우 릭 말람브리의 한글문신도 유명하다. 영국 태권도 선수 사라 스티븐슨의 발목에 새겨진 태권도 문신과 제주도 정식 로고 모양도 많은 화제를 낳은 바 있다.

한글이 새겨진 옷을 입고 나오는 외국 스타들의 사진이 보도되기도 했다. 린제이 로한은 2008년 6월 패션잡지 『나일론(NYLON)』의 한국판 창간을 기념해 촬영한 화보 속에서 한글 티셔츠를 입어 화제가 됐다. 이 티셔츠에는 윤동주 시인의 '별 헤는 밤'이 시구절이 프린트되어 있는데, 당시 로한은 "평소 한글 의상에 관심이 많았고 입체적인 아름다움이 돋보인다"고 소감을 전한 것으로 알려졌다.

미국 팝스타 브리트니 스피어스는 2004년 세계적인 명품 브랜드 돌체 앤 가바나의 튜브 드레스를 입은 사진이 파파라치에 포착되었는데, '신흥호남향우회'라는 한글이 새겨져 있는 그 드레스가 많은 사람들의 화제에 오르기도 했다. 비록 그 단어 때문에 일부 웃음을 주기도 했지만, 해외 디자이너에게 단어의 의미를 넘어서 디자인적으로 한글의 아름다움이 어필했던 것이라고 하겠다.

한글문화산업디자인연구소 백승정 소장은 언론에서 "외국인들이 가장 좋아하는 자음이 모자 모양의 'ㅎ'이라는 말이 나오는 것처럼 조형적인 한글은 디자인으로 쓰기 참 좋은 문자"라며 "한글 디자인이 상품에서 벗어나 길과 도로 모양과 같은 공적인 영역으

제4장 한글 놀라운 글자

▼

157

로 확대됐을 때 자연스럽게 한글에 대한 관심이 높아지고 있는 것이다"라고 말했다. ▶ **사진 4-1부터 4-3까지 (p. 170 다음 페이지)**

찌아찌아족의 한글 보급 시도가 무산된 이유

위와 같은 고무적인 현상들에 뒤이어, 2009년 8월 6일에는 인도네시아의 소수민족인 찌아찌아족이 그들 언어를 표기하는 문자로 한글을 채택하였다는 뉴스가 발표되기에 이르렀다. 그런데 이 보도가 많은 사람에게 가슴 벅찬 감동을 전해주고 기억 뒤편으로 사라진 지 2년 후인 2011년, 실망스러운 뉴스가 그 뒤를 이었다.

한글날에 맞추어 "찌아찌아족의 한글 보급 사실상 무산 위기"라는 제호의 뉴스들이 일제히 보도된 것이다. 찌아찌아족이 살고 있는 인도네시아의 바우바우 시가 한글을 최초로 보급한 훈민정음학회와의 관계 단절을 선언했기 때문이다.

바우바우 시 시장은 지난 3월 서울시에 보낸 공문에서 "훈민정음학회는 더 이상 협력 파트너가 아니라는 것을 분명히 밝힌다"며 "지난 1년 동안 협력관계가 거의 단절됐기 때문"이라고 선언했다.

바우바우 시는 지난 2008년 7월 한글 사용 및 한글교사 양성에 관한 양해각서(MOU)를 훈민정음학회와 체결한 바 있다. 이에 대해 서울시 관계자는 "훈민정음학회가 장밋빛 그림만 제시했다"며, "한국 문화관을 짓는 등 경제적 원조를 약속했는데 하나도 이뤄지지 않았기 때문"이라고 배경을 설명했다. 이로써 찌아찌아족의 한글 보급은 사실상 난항에 빠진 것이다. 한글을 가르칠 교사 양성이 중단된 현재(2011년)는 바우바우 시에 있는 초등학교 단 3곳에서 193명의 아이들에게만 한글 교과서 수업이 이뤄지고 있는 초라한 성적을 내고 있으며 그나마도 그 명맥이 유지될지는 불투명하다.

찌아찌아족의 한글 보급 무산의 배경[11]을 보면 치밀한 정책적 협의나 충분한 준비 없이 시작된 탓이 크다. 바우바우 시와 훈민정음학회의 제안에 따라 찌아찌아족은 부족장 회의를 거쳐 한글을 도입하기로 결정했지만, 첫 단추부터 잘못 끼워졌다. 한글 도입에 부정적인 인도네시아 정부와의 외교 갈등으로 비화될 수 있어 한국 정부, 학계, 민간단체 모두 선뜻 돕겠다고 나서지 못하게 된 것이다. 더군다나 사업을 의욕적으로 추진하던 바우바우 시장은 임기가 2012년 12월에 끝났고, 3선이 금지된 현지법상 재출마할 수 없는 곤란한 상황이다.

특히 찌아찌아족의 한글 정착을 위한 재정이 전적으로 외부에 기대고 있다는 점도 큰 문제였다. 외부 지원이 흔들리자 바로 한글 교육 중단의 위기가 초래되었다. 이처럼 전적으로 외부적 요인에 기대 시작했기 때문에 자생력이 없어서, 계속 이어나갈 수 있는 실행력과 의지 역시 부족했다는 아쉬움도 남긴다.

오랜 시간 노출되며 꾸준히 배워나가야 습득할 수 있는 것이 바로 언어다. 오히려 소박하지만 상대를 존중하고 배려하는 마음으로 찬찬히 준비하여 접근한다면, 더디지만 차근차근 진행되어 우리 언어에 대한 친밀도를 높이는 등 보다 안정적인 결과를 가져올 수도 있을 것이다.

그러나 서경덕 성신여대 교수는 찌아찌아족의 한글 보급 프로
젝트는 그 시도만으로도 의미가 있다고 말한다. 비록 안타까운
결과를 낳았지만, 그런 시도들이 쌓여서 한글을 알리는 길이 될
수 있다는 것이다.

한글의 인지도가 높아지는 것은 국가 브랜드 상승에 기여하며,
한 나라의 정신을 담고 있는 것이 언어라는 점에서 한국 문화를
전파하는 데 중요한 기능을 한다. 또 문화, 교육, 예술, 언론. 방
송 등 많은 분야에서 경제적 파생 효과도 가져 올 수 있다. 이 장
에서는 세계를 향한 한글의 도전에 대해 살펴볼 것이다. ▶사진
4-4, 4-5 (p. 170 다음 페이지)

미국 공립학교의 아리랑과 군밤타령

이런 모습을 한 번 머
릿속에 그려보자. 미국의 한 중학교에서 온갖 인종과 문화가 뒤
섞인 아이들이 아리랑과 군밤타령을 부르고 있다. 서툴고 어눌한
발음이지만 그들은 즐거운 표정으로 낭창낭창 휘어지는 민요 가
락을 한국어로 따라 부른다.

또 다른 미국 고등학교에서 미국, 남미, 아시아, 동유럽 등 다
양한 배경의 학생들이 매일같이 한국어 수업을 듣는다. 그 학교
에서는 한식 요리 시범 등 다양한 방법을 통해 한국어뿐 아니라
한국 문화를 배우게 한다.

외국 공립학교에 한국어를 가르치는 정규 수업을 만든다? 꿈

같은 소리라고 생각할 사람이 있을지 모르지만, 이것은 실제 상황이다. 조지아주 애틀랜타의 테일러로드 중학교와 뉴욕 브롱스의 펠햄 고등학교의 이야기다.

또 다른 이야기도 있다. 학생 모두가 히스패닉이나 흑인이며 학생의 80%가 빈민인 맨해튼 할렘의 '데모크라시 프렙 차터 스쿨(Democracy Prep Charter School)'. 이 학교는 2011년 고교생 졸업시험(리전트) 통과비율이 영어 99%, 수학 98%로 뉴욕시는 물론 주 평균을 넘어 특목고의 합격률과 맞먹을 정도의 성적을 거두었다. 그런데 이 학교의 세스 앤드루 교장은 이 비결을 놀랍게도 '한국식 교육 때문'이라고 하였다.

앤드루 교장은 교사를 '선생님'으로 부르며 존경하는 우리나라의 분위기, 교육열 등을 높이 평가했다. 그는 한국식 교육을 도입하여 규율을 엄격히 하고 교사를 성숭히 대하도록 했다.

가장 인상적인 부분은 그가 자기 학교 고교생 전원에게 제2 외국어 필수과목으로 한국어를 가르친 것이다. 이 학교엔 태권도와 전통한국문화를 배우고 있는 학생도 많다. 정기적으로 한국의 밤 행사도 열고 있다.

이런 교육활동과 남다른 노력 때문인지, 한국식 교육 6년 만에 뉴욕 빈민가의 아이들이 다니는 이 학교는 2010년 시교육국으로부터 차터스쿨(자율형 사립고와 유사한 개념) 최우수 학교로 선정되는 쾌거를 이뤄냈다.

외국 학교에 한국어 클래스를 넣기 위한 노력은 지금도 꾸준히 진행 중에 있다. 이런 노력의 가운데에 서 있는 민간단체 '한국문화국제교류운동본부'는 2011년 3월 발기된 신생단체다. 역사는 짧지만 순수하게 한국문화를 널리 알리고자 하는 목적으로 결성되어 10년 내 1,000개의 미국 공립학교 학생들이 한국어를 채택하고자 하는 목표를 세우고 지난 1년간 많은 성과를 냈다.

"한 나라의 문화는 그 나라의 언어를 통해 표출되고 구체화됩니다. 한국어는 그 자체로 한국문화의 정수입니다. 한국과 한국문화를 이해하는 도구이며 한국 사람과 교류하는 수단입니다. 한국어를 아는 사람은 한국과 교류할 기회가 많아질 것이며 한국을 사랑하게 될 것입니다. 우리 역시 한국 문화를 사랑하는 사람들과 그들의 문화를 사랑하게 될 것입니다."

위의 발췌글은 위 단체의 발기문의 일부이다. 한국어를 외국인에게 배우게 한다는 것이 어떤 의미를 담고 있는지에 대한 단순하지만 명료한 설명이다.

오늘날 세계 강대국들은 다투어 자국어를 세계화하고, 이를 통해 상호간 우호관계를 맺고자 한다. 미국의 아메리칸 센터, 독일의 괴테 인스티투트, 프랑스의 알리앙스 프랑세즈 같은 민간단체들이 이런 예이다.

2011년 1월 후진타오(胡錦濤) 중국 국가주석은 미국을 국빈 방문하여 워싱턴과 시카고에서 바쁜 일정을 소화하는 중에도 월터 페이튼 칼리즈 프랩 고등학교를 방문했다. 미국 최초의 '공자학원'이 있기 때문이다.

중국은 지난 2004년부터 해외에 공자학원 설립을 시작, 지난 수년 동안 91개국에 322개의 공자학원을 설립해 예산과 강사를 지원하고, 중국어와 중국문화에 대한 교육을 실시 중이다. 어린이를 위한 소규모의 공자 교실도 열어 34개국에 369개를 개설하

였다. (2010년 기준)

'중국 문화원' 성격을 띤 해외 공자학원은 현지인에게 중국어를 가르치고 중국의 문화와 정책을 소개해 중국에 대한 이해를 높이는 것은 물론 친중파를 배양한다는 목적을 갖고 있다. 네브래스카 대학 공자학원 소장인 데이비드 로우 교수는 "중국 정부는 자국 이미지에 매우 민감하다"면서 "공자학원은 바로 소프트 파워를 의미한다"고 말하기도 했다.12)

우리 정부도 많은 노력을 기울이고 있다. 1979년 도쿄를 필두로 12개국 16개소에 한국 문화원을 두고 있고 공자학원과 비슷한 기능을 하는 세종학당을 해외에 75개 설치하거나 인증하고 있다. 한국어 보급 예산도 늘어나고 있지만 아직은 역부족이다.

정부 외에도 민간단체나 여러 뜻 있는 이들의 노력으로 수년 전부터 미국 중·고교에서 한국어를 정규과목으로 가르치는 게 가능해지기도 했다.

위에서 언급한 학교 외에도 2011년 미국 캘리포니아주 동북부 내륙지역에 있는 산라몬 교육구 내 도허티밸리고교(Dougherty Valley High School)가 한국어를 정규 외국어 과목으로 채택, 이번 학기부터 2개 반을 신설, 운영 중이다.

이들 학교에 한글 클래스가 생길 수 있었던 것은 각 학교 학부모의 노력의 영향도 크다. 도허티밸리고교와 같은 경우도 산라몬 및 트라이밸리 지역의 한인 학부모의 적극적인 지원이 큰 힘이 되었다.

2011년 3월 도허티밸리고교 한국어 과목 채택을 위해 만들어진 한국 학부모 모임(DVHS KPA)이 명칭을 바꾸어 설립한 '산라몬 한국어 사랑 모임(회장 강상철)'은 교육구내 초중고교에 한국어 반을 개설하고, 한국어의 우수성과 한국 문화를 알리는 일을 하고자 노력하는 비영리단체다.

이 모임은 2011년 9월 교육구내에 한국어 클래스 3개 반(학생 40여명)이 성공적으로 개설되는데 주된 역할을 하였으며 현재 한국인 2세 학생들은 물론 다른 민족 학생들도 학교에서 정규 교과과정으로 한국어를 선택해 배우고 있다. 이 모임은 한국어반이 지속적으로 유지되고 더 많은 학생들이 한국어를 공부할 수 있는 기회를 만들고자 2개 중학교에도 한국어반 개설을 적극 추진하고, 지역 내에 한국과 한국어, 한국 문화를 알릴 수 있는 기회를 제공하고자 힘을 기울이고 있다.

캘리포니아주 샐리나스 지역의 존 E.슈타인벡 초등학교에서도 방과 후 한국어를 일주일에 3시간씩 가르치고 있다. 캘리포니아주 외에도 뉴저지주 리치필드고교가 한국어반을 개설해 40여명의 학생이 수업을 받는 등 정규과목으로 한국어반을 개설하는 학교가 지속적으로 늘고 있다. 캘리포니아 북부지역에만 팰마고교와 윈드미어랜치, 게리랜치중학교 등에서 한국어 채택이 추진되고 있다. 이미 한국어 3개 반을 운영하는 샌프란시스코 시내 로웰고교는 최근 지원자가 많아짐에 따라 2012년부터 한국어반을 하나 더 늘리기로 했다. 미국에서 한국어과목을 채택한 공립학교는 2010년에만 10곳이 늘어 모두 60곳에 이른다.

최근에는 미국 각지에 한국계 공립학교 학부모들과 한국어 교육전문가, 현지 파견 정부관계자 등으로 이뤄진 '한국어 정규과목 채택 추진위원회'가 잇따라 발족, 활동 중이다.

2011년에는 어바인 고등학교 한인학부모회(회장 심혜경)가 존폐위기에 처한 한국어 클래스 고급과정을 살린 감동적인 일도 있었다. 어바인 고교에서 진행되는 한국어 클래스는 외국어 정규 교육과정으로 초급과정과 중급과정, 고급과정으로 나눠 5개 강좌가 운영되고 있었다. 경비 부족으로 한국어반이 사라질 위험에 처하자 학부모와 교민사회가 발 벗고 나섰다. 학교 측에 약속한 한국어 클래스 고급 과정을 지속하는데 필요한 1만 3,000달러 중 모자랐던 잔금 6,000달러를 학부모 바자회를 통해 모금하는 데 성공한 것이다. 한국어 클래스를 살리기 위해 바자를 한다는 소식을 듣고 한 수입업자가 원가 그대로 물품을 전달하는 등 주변의 온정 어린 도움도 있었다.

한국어반이 오래 성공적으로 유지되고 아이들이 한국어를 배우며 우리의 뿌리를 지켜나가는 것은 꼭 필요한 일이다. 우리의 많은 관심과 지원이 필요할 때다. ▶사진 4-6, 4-7 (p. 170 다음 페이지)

한글 국제 교류를 위해 힘쓰다, 이광규

미국 정부는 2000년에는 'Flagship Scholarship Program[13]', 2004년에는 'Bush Grant 2004', 그리고 2008년에 발표한 'Critical Language Initiative'에서도 한국어, 중국어, 일본어를 포함한 9개 나라의 외국어를 미국 중고등학교에서 배우라고 강조하고 있다.

이러한 성과를 이룬 것은 많은 사람들의 노력이 뒷받침된 결과이다. 그중에서도 평생을 한글 국제 교류를 위해 헌신한 사람이 있다. 서울대학교 명예교수이자 한국문화국제교류운동본부의 공동대표인 이광규 이사장이다.

"일본어나 중국어가 SAT-II에 추가되었을 때 미 당국은 이를 당연하게 받아들였지만 재미동포 대표들이 교육당국을 방문하여 한국어를 추가해달라고 하자 60만 달러의 수수료를 내라고 요구했습니다." 한국문화국제교류운동본부의 이광규 이사장의 말이다.

대표들은 난감하고도 서러운 마음으로 돌아왔을 것이다. 60만 달러란 결코 적은 돈이 아닐 뿐 아니라 한국 정부에서 지원을 받을 수도 없었기 때문에 스스로 마련해야만 했다.

이광규 이사장
- 서울대학교 사범대학 역사교육과 졸업
- 현재 한국문화국제교류운동본부 이사장
- 오스트리아 비엔나대학교 대학원 문화인류학 박사
- 서울대학교 사회과학대학 인류학과 명예교수
- 1998~2003 우리민족서로돕기운동
- 2003~2006.11 재외동포재단 이사장

이에 전 미국 동포들이 나섰다. 너나 할 것 없이 나서서 모금운동을 전개한 것이다. 1년도 되지 않아 60만 달러를 거두었는데, 그 성과를 보고 감동 달러를 후원해주어서 재미동포들의 귀한 성금은 대신 미국에서의 한국어 교육 진흥을 위한 재단 설립에 쓰이게 되었다.

"경제대국도, 유엔도 아니며 현대과학을 배우는 데 필요한 언어도 아닌 한국어가 미국 SAT-II 과목에 들어간 것은 기적이라 하지 않을 수 없습니다." 이광규 이사장은 상기된 말투로 이야기했다.

이렇게 많은 사람들의 기원과 노력으로 이루어낸 성과이고 이것만으로도 큰 결실이지만, 그는 이 정도에 안주해서는 안 된다

코리안 브랜드, 세계를 매혹시키다

고 말했다.

"미국 내 3만 8,000개 학교들 중 한국어를 채택한 학교는 고작 65여개 학교밖에 안 됩니다. 스페인어 5,000개교, 중국어 1,000개교, 일본어 700여개 교에 이르는 것과 비교하면 매우 초라한 숫자죠."

1997년 대학수학능력시험인 SAT-II에 한국어가 포함되어 지금까지 유지되고 있지만, 이 시험을 치는 학생들이 워낙 소수여서 자칫하면 제외될 우려도 있다.

"한국어가 SAT-II 과목으로 계속 유지되려면 매년 2,000명 이상의 응시자가 있어야 합니다. 중국어나 일본어는 물론 그 수를 훨씬 능가하는 미국 학생들이 응시하기 때문에 전혀 걱정이 없지만 한국어는 사정이 다릅니다. 미국 학생 2,000명이 응시하는 것이 아니라 재미동포 학생들이 주로 응시를 해서 겨우 유지되어 왔습니다."

다행히 그 수가 요즘 들어 증가하고 있다고는 하지만, 미국에서의 한국어 활성화를 위해서는 더 적극적이고 구체적인 노력이 있어야 한다고 그는 강조했다.

그 방법 중의 하나로 한국어가 미국 고등학교의 'AP(Advanced Placement Program)' 과목이 되게 하는 것이 있다. 'AP'란 고등학교에서 취득한 학점을 대학에서 그대로 인정하는 것을 말한다. 그렇지만 한국어를 선택하는 학생이 많지 않아 AP에 선택되지 못하고 있는 것이 현실이다.

미국에서 AP과목이 되려면 500개 이상의 미국 학교에서 한국어를 가르쳐야 한다. 500개 이상 학교에 한국어 클래스가 생긴다면 자동적으로 AP과목이 된다는 이야기다. AP과목으로 선정되는 것은 곧 성공적인 한국어보급과 같은 말이나 다름없다.

"저희는 10년 내에 1,000개 미국 학교에 한국어를 보급하자는 'Ten Thousand Project'를 진행하고 있습니다. 저희를 비롯한 여러 사람들이 열정을 다해 노력하고 있지만 더 많은 이들의 관심과 동참이 있다면 더 큰 힘을 받아 이루어낼 수 있겠지요."

한국어 교육의 활성화를 위해서는 AP과목 채택이 가장 효과적인 방법이 될 수 있다.

"기존에 교회 등과 연결된 한글학교 등은 이미 전부터 있었지요. 하지만 주로 토요일에 수업이 이루어지는 방과 외 클래스로 운영되었기 때문에 주로 초등학생들이 나올 뿐, 중고생만 되어도 주말에 축구팀이라든지 다른 취미 활동도 많은데다 상급학교 진학 준비 등 여러 가지로 바쁘기 때문에 잘 나오지 않거든요. 게다가 한국어는 AP과목이 아니기 때문에 중국어, 일본어 등 기타 외국어로 AP과목 수업을 들으러 다니는 안타까운 모습을 보면서 한국어가 AP과목이 되어야 재외동포 자녀들에게 실질적인 한국어 교육이 이루어질 수 있다는 생각이 더 강해지더군요."

현장에서 직접 몸소 겪었기에 그는 더 그 필요성을 절박하게 느낀다고 했다.

지난 1998년 설립된 한미교육재단 산하 세종한국학교에서 미 학교와의 수년간의 교환프로그램을 실행하여 성공적인 한국어반 개설을 이끌어낸 사례가 있었다.

"아리조나 투산시의 한 학교에서 한국 울릉도 아이들과 교환학교를 맺는 일이 있었어요. 사막 지방의 아이들이 물로 가득찬 울릉도에 와 보니 얼마나 신선한 경험이었겠어요. 돌아와서 아이들이 한국어를 배우자고 건의를 했답니다. 결국 시간이 흐른 뒤 한국어 클래스가 생기게 되었지요."

이광규 이사장의 말처럼 한국어반 개설은 서로 간의 마음의 다리를 놓고 오랫동안 공들여 노력해야 할 문제다.

"중국과 일본에 비해 미국 내 한인 수가 훨씬 적다고 생각하지만 230만 재미동포 외에도 힘을 보탤 수 있는 사람들이 얼마나 많습니까. 20만 명의 한국 입양아, 미국에서 국제 결혼한 한인들만 20만 명입니다. 그들의 자녀와 가족까지 하면 더 많겠지요. 한국 참전 군인이나 주한미군 출신도 250만 명 이상이나 됩니다. 유학생들도 얼마나 많습니까. 한국 학생들이 있는 학교들은 우수한 학교도 많지요. 이렇게 많은 인력이 최대한 힘을 모을 수 있도록 하면 충분한 인적 자원이고, 저력을 가질 수 있다고 생각합니다."

이광규 이사장은 이와 관련해서 가장 먼저 개선되어야 할 안타까운 점으로 많은 한국인들의 무관심한 태도를 들었다. 심지어 일부 한인들은 부정적인 관점으로 한국어반 개설을 바라보거나 이런 노력에 대해서도 냉담한 시선을 던지고 있다는 것이다.

그는 활동을 하던 중에 있었던 씁쓸한 사례 하나를 들기도 했다. "뉴저지 한 고등학교 학생 중에 150명이 한국 학생이었어요. '단일 민족'으로는 가장 많은 숫자였죠. 그리고 성적도 아주 좋아서 다들 우수한 학생들이고 하니 교장이 학부모들을 불러서 '이렇게 좋은 학생들이 우리 학교를 다니니 감사하고 자랑스러운 일이다. 우리 학교에서 한국어를 가르치기로 했다'고 밝혔어요."

그 교장은 당연히 학부모들이 매우 반기고 기뻐할 것이라고 생각했을 것이다. 그러나 반응은 냉랭했다. 교장에게는 전혀 의외의 결과였으리라.

"학부모들이 하나같이 '미국까지 와서 왜 한국어를 배웁니까? 필요 없습니다'라고 했다는 겁니다. 일본, 중국 할 것 없이 각 나라가 어떻게든 자국어 클래스를 만들려고 합심해서 노력하는 마당에 교장이 가르치겠다고 하는데도, 'No'라고 하는 한국 학부모들. 정말 안타까운 일입니다. 그래서 교장이 '그럼 뭘 가르치면 좋겠습니까?' 하자 한국 학부모들 하는 말이 '차라리 이태리어를 가르치시죠' 했다는 겁니다."

이광규 이사장은 학부모들을 설득하려고 노력했지만, 그들은 완강했다. 한국어 클래스는 '필요 없다'는 것이었다. 오히려 설득하는 그를 보고 "대원군 시절 할아버지가 미국까지 따라와서 한국어를 배우라고 난리다"는 조롱의 말까지 던졌다. 그래도 그는 굴하지 않았다.

"지금 세계가 어떻게 돌아가고 있으며, 한국어 클래스를 만들고 자국어를 익히는 것이 얼마나 중요한 일인가 열심히 설명했어요. 그래도 여전히 한국어를 배우는 데 동의하지 않았습니다."

그는 한국의 위상을 높이고, 차세대 글로벌 인재를 육성하기 위한 교육 혜택이라는 등 한국어 교육에 대한 합리적인 설득을 포기하고 결국은 학부모들에게 이렇게 말했다고 했다.

"다른 것 다 떠나서 SAT-II 시험 볼 때 다른 언어로 시험을 보느니 한국어로 시험을 보는 게 가장 유리하지 않겠나. 한국어를 잊어버리지 않도록 한국어를 배울 수 있는 과정이 필요할 것이다." 그 말에 학부모들이 가장 솔깃해했다니, 정말 아이러니한 일

4-1 프린스필더 목의 문신

4-2 브리트니 스피어스 신호남향우회 튜브탑 드레스

4-3 화보촬영장면-윤동주의 별헤는밤 티셔츠를
입은 린제이 로한

4-4 교실에서 한글수업중인 찌아찌아족 고등학생

4-5 한글로 쓴 마을이름 게시판

4-6 도허리밸리고교 한국어과목 정식채택을 위해 노력한 학부모모임 단체사진

4-7 한국문화국제교류운동본부의 발기인 중 한 명인 배우 최불암

4-8 이광규 씨의 모습 (필자와의 인터뷰를 마치고 한국문화국제교류본부 사무실에서)

4-9 외국인제자들과 함께한 이명학교수

4-10 펠햄고 오리엔테이션 장면

4-11 우크라이나 고려인 한글학교

4-12 프랑수아-마장디고교 한글수업 장면

4-13 슈투트가르트도서관 외벽의 한글

4-14 맨해튼 한국학교 어린이 예술제 기념사진

이 아닐 수 없다.

"가장 중요한 것은 '의식의 재정비'입니다. 우리 스스로가 우리 말, 우리 문화에 대한 긍지, 관심이 있어야 '문화대국화'의 초석을 다질 수 있지요. 모두가 합심해서 한국 문화를 전파하도록 노력해야 하고, 그러기 위해 의식의 전환이 필요하구요. 문화대국의 국민으로서 우리는 어떤 태도를 가져야 할 것인가? 어떤 것이 '문화대국의 국민다운 행동일 것인가?' 이것이 중요한 화두가 되어야 한다고 봐요."

평생 동안 한국어와 한국문화를 전파하는 데 많은 노력을 아끼지 않은 노신사의 간곡한 진심은 손에 잡힐 듯 생생하게 느껴졌다.

▶ 사진 4-8 (p. 170 다음 페이지)

우리말로 글 쓰는 외국인 학생들

2011년 6월 베이징에서 열렸던 한국어 글짓기 대회는 독특한 풍경을 보여주었다. 얼핏 생각하기에 조선족이 많을 것이라 여겨지지만 놀랍게도 조선족은 단한 명도 없고 모두 중국 대학생들뿐인 한국어 글짓기 대회였다.

원고지를 메우는 대학생들의 손길은 매우 진지하기만 했다. 외국인들에게 까다로운 맞춤법과 띄어쓰기는 결코 쉽지 않을 것이다. 중국 43개 대학에서 자체 예선을 거쳐 올라온 대학생 70여명이 참여한 이 백일장의 시제는 '거울'이었다. 참가자들은 모두 3,4년간 한국어와 한국문학을 전공한 중국 대학생들이다. 현재 중국에는 250여개 대학에 한국어학과가 개설돼 5만여 명의 학생들이 한국어를 배우고 있고, 일본에서는 350개 대학에서 한국어를 가르치고 있다. 특히 세계 10위권에 드는 명문대학인 중국 북경대학교에서 2010년 3월 한국어과가 단독 학과로 승격된 것은 그중에서도 의미 깊은 일이다.

"녹차의 향기는 석양의 빛과 여유 속에 녹는다. 나는 창가에 앉아 석양을 보고 잠시의 여유를 가지며, 찻잎의 은은한 향기를 향수한다."

이 아름다운 우리말 시 구절은 외국인이 쓴 것이다. 연세대 언어연구교육원이 2009년 한글날 563돌을 앞두고 개최한 '제18회 외국인 한글백일장'에서 시 부문 장원을 한 중국인 정단단 씨의 시다.

특히 언어연구교육원 창립 50돌을 기념해 미국·일본·베트남·호주 등 11개 나라에서 국외 백일장도 동시에 진행했는데 국외에서만 850여 명이 참가했고 연세대학교 학내에서 열었던 백일장도 성황리를 이루어 총 1,765명이 참가한 사상 최대의 기록을 냈다. 백일장 심사가 진행되는 동안엔 태권도 시범과 각종 전통놀이 마당이 펼쳐져서 한국 문화를 즐길 수 있게 했다.

2012년 5월 11일 서초구 양재동 교육문화회관에서 열린 제1회 대한민국 스승상 시상식에선 대한민국 스승상 대학교육 부문 수상자로 이명학(57) 성균관대 한문교육과 교수가 선정되었다. 그런데 그를 축하하기 위해 온 다섯 명의 제자들은 모두 국적이 틀렸다. 중국에서 온 학생, 몽골 출신인 학생, 타지키스탄에서 온 학생 등 외국인 학생들은 모두 이 교수가 선발한 '한글 백일장 유

학생'들이다.14)

　2007년 당시 성균관대 사범대 학장이던 이 교수는 한류 덕분에 중국의 70여 개 대학에서 한국어학과가 개설됐다는 얘기를 듣고 중국과 몽골, 중앙아시아 지역에서 불고 있는 한류를 계속 이어 갈 방법이 무엇일까를 고민하다 '성균 한글 백일장'을 착안해 냈다. "한글을 배우는 외국의 학생들에게 축제의 장을 만들어주자." 마침 2007년은 한·중 수교 15주년이 되는 해였다. 그해 6월 16일, 베이징 어언(語言)대학교에서 첫 한글 백일장 행사가 열렸다. 행사에 드는 경비는 이 교수가 조달했다.

　"한글을 배우는 외국 학생들을 잘 키워보면 이 중에서 중국 국가주석이 나오고, 총리부인도 나오고 할지 누가 아느냐"며 지인들을 설득해 경비를 모았고, 자비를 보탰다. 성균관대도 우수한 학생들에게 대학원 장학금을 주겠다고 거들었다.

　원래는 1회성 행사로 계획되었으나 행사를 마친 후 이 교수는 생각이 바뀌었다. 조선족이 아닌 중국인들에게만 지원 기회를 주었는데도 막상 호응이 너무 뜨거웠던 것이었다. 흑룡강 성에서 20시간 가까이 기차타고 온 학생까지 있을 정도였다. 참가자들의 한글 실력도 예상보다 훨씬 훌륭했다.

　중국에서 성공적으로 개최된 한글 백일장 소식이 언론에 보도된 뒤 여기저기서 후원이 왔다. 2008년 4월에 상하이에서 제2회 한글 백일장 행사가 열렸다. 이번에도 중국 전역에서 60여 명의 학생 대표들이 참여해 대성황이었다. 그해 10월엔 몽골의 수도 울란바토르에서 18개 대학 59명의 몽골 대학생들이 '소망'이란 제목으로 한글 작문솜씨를 뽐냈다. 12월엔 카자흐스탄의 알마티에서 카자흐 학생들과 고려인 3세 등 39명이 참가해 대회가 열렸다. '성균 한글 백일장'은 장원과 차석 등 백일장 수상자들을 성균관 대 대학원에 장학금을 주고 유학시키는 방식으로 한국어 학습자 의 학습 의욕을 고취시켰을 뿐만 아니라 외국에서 이루어지는 한 국어교육을 더 활성화하고 한국의 위상을 높이는 데 역할을 하기 도 했다.

그런데 문제는 경비 마련의 어려움이 닥친 것이었다. 2008년 12월 열린 카자흐스탄 대회가 무산될 뻔 할 때 8월 미국발 서브프 라임모기지 사태로 금융 위기가 오자 대부분의 후원이 끊겼다. 지원이 끊기자 이 교수가 백방으로 뛰어다녔지만 역부족이었다. 중앙아시아 지역 학생들의 형편이 워낙 나쁘기 때문에 참가 학생 들에게 교통비와 숙식비까지 다 제공해야 하므로 소요되는 경비 가 만만치 않았다. 2009년 4월 베이징에서 제3회 대회가 열렸고, 10월 우즈베키스탄에서도 한글 백일장 행사가 있었다. 2010년엔 가까스로 중국 베이징에서 제4회 대회를 치렀다.

그러나 2011년에는 대회를 치를 엄두가 안 나서 거의 포기하기 에 이르렀는데, 지성이면 감천이라고 기적과 같은 일이 일어났 다. 우즈베키스탄의 한인회에서 "우리가 비용을 댈 테니 올해도 꼭 한글 백일장을 열어 달라"는 연락이 온 것이었다. 감동이 몰려 왔다.

한글백일장에는 이렇게 기업보다는 소액 지원자들이 더 많았 다. 카자흐스탄 대회에서 입상한 학생이 비행기 값이 없다는 얘 길 듣고 서울삼성병원 이영탁교수가 지원을 하기도 했다. 몽골 대회 때는 광호공영 황규선 대표가 아무 조건 없이 1,000만 원을 기탁했다. 한글의 세계화를 위해 아낌없는 지원을 보낸 것이다. 이 교수 본인도 사비를 많이 털었다.

한글을 열심히 공부하면 백일장에 나가 한국 유학까지 갈 수 있다는 소문이 퍼지자 중국과 중앙아시아 지역의 대학들에서 한국어 수업시간을 늘리기 시작했고, 각 대학에서 자체 선발시험을 거쳐 한국어 실력이 가장 뛰어난 학교 대표를 1~2명 선발해 대회에 출전시켰다. 한국어만 잘하면 대회에 참석할 수 있고, 또 거기서 입상하면 한국에 유학을 올 수 있기 때문에 '꿈의 대회'라고 불리기도 했다.

한글 백일장 유학생들 출신 중엔 성균관대 유학을 마친 뒤 모국의 외무고시에 합격, 최근 주한 카자흐스탄 대사관에서 근무를 시작한 사람도 있고 삼성전자에서 근무 중인 사람도 있다. 한글 백일장은 한글을 각국에 전파하는 역할을 할 뿐 아니라 이처럼 '친한파', '한국통' 외국인들을 길러내는 역할도 할 수 있다.

이 교수는 "한글 백일장을 중국과 중앙아시아뿐만 아니라 베트남과 필리핀, 태국 등 동남아시아 지역까지 확대하고 싶은 꿈이 있었는데 그걸 제대로 못해 마음이 아프다"며 "대중문화에만 의지한다면 한류는 지속되기 어렵다. 한류가 한순간의 인기나 거품이 되지 않게 하려면 한글을 사랑하고 배우는 외국인들이 훨씬 늘어나야 한다"고 말했다. 한글 백일장 대회를 전 세계 지한파(知韓派)·친한파(親韓派)를 키우는 장(場)으로 만들고 싶다는 것의 이 교수의 진심어린 바람이다. ▶사진 4-9 (p. 170 다음 페이지)

한국어 가르치는 미국 교장 선생님

외국인들이 한국어를 쓰게 한다는 것은, 단순히 언어를 배우는 것 이상의 의미가 있다. 한국어 안에는 한국문화가 있고 한국인이 있으며, 한국어는 한국 사람들과 교류할 수 있는 가장 효과적인 도구다. 한국계뿐만 아니라 비한국계에도 한국어를 교육하는 일은 매우 중요한 프로젝트다.

2011년 9월, 뉴욕 브롱스에 위치한 펠햄 랭귀지 앤 이노베이션 고등학교(Pelham High School for Language and Innovation)의 줄리 내리먼(Julie Nariman) 교장은 정규 한국어 수업은 물론, 한국식 교육 시스템까지 적용했다.

한국어정규과목 채택 추진위원회 등 한인단체를 통해서가 아니라 타민족 교장이 직접 나서서 한국어를 정규 과목으로 도입한 것은 최초의 일이다.

그녀는 2005년부터 1년 동안 한국에서 체류한 일이 있었는데 간단한 한국어 회화 실력을 갖출 정도로 한국어를 배우고, 점점 한국을 알게 되면서 '학교를 직접 운영하면 한국어 교육을 하고 싶다'는 생각을 했다고 한다. 펠헴고를 운영하게 되면서 그녀는 뉴욕시 교육국에 직접 한국어 정규 과목 도입을 제안했다.

온갖 민족이 섞인 학생들이 매일 한국어 수업을 듣게 되었을 뿐 아니라, 줄리 내리먼 교장의 소신에 따라 한국의 좋은 문화까지 배우게 되었다. 내리먼 교장은 한국 학생들의 책임감을 높이 평가하며, 교사가 모든 주도권을 쥐는 미국 교실과 달리 '반장' 제도를 도입해서 학생들이 돌아가면서 클래스 리더가 되어 리더십을 기르도록 했다.

"뉴욕엔 스페인어를 쓰는 학생들이 많아서 학교에서도 가르치기 쉬운 스페인어를 도입하는 경우가 많아요. 저는 학생들이 색다른 언어를 경험했으면 합니다. 한글 뒤에 숨겨진 역사도 알았으면 좋겠어요. 세종대왕이 평민들이 쉽게 읽고 쓰도록 한글을 발명했다는 사실을 배우면서 문제가 있을 때 불평불만을 하는 게 아니라 창의적인 방법으로 해결방안을 찾는 걸 가르치고 싶어요." 줄리 내리먼 교장의 말이다.[15]

이러한 사례는 매우 인상적이다. 일단 이 사례의 특이점은 줄리 내리먼 교장이 한국어뿐 아니라 한국어에 담겨져 있는 좋은 문화까지 받아들이려고 하고, 한국어의 내적 의미를 이해하고 있다는 부분일 것이다. 그리고 재미 교포 등 우리나라 사람들의 노력으로 성사된 일이 아닌, 외국인이 먼저 한국어를 정규과목으로 도입했다는 사실이 더욱 의미심장하다.

또한 줄리 내리먼 교장이 한국 체류 시절 한국어를 배우고 한국을 이해하게 되면서 한국의 좋은 문화를 도입하는 학교를 구상했다는 사실은 한국어를 배운다는 것이 가지는 의미를 생각해보게 한다.

2012년 기준으로 16회째를 맞고 있는 한국교육과정평가원의 TOPIK(한국어능력시험)은 전 세계 30여 개국의 100여개에 달하는 지역에서 실시하고 있으며 한글학회가 주관하는 KLPT(세계한국말인증시험) 역시 1년에 4차례에 걸쳐 비슷한 규모로 시행되고 있다.

2009년 상반기 중국에서만 6만 1,379명이 TOPIK을 치렀고 중국 국영 교육방송 CETV나 일본 국영방송 NHK도 한국어 교육 프로그램을 방영중이다. 일본 내 TOPIK 응시자도 1997년 1,500명에서 2011년 기준 약 1만 3,000명으로 늘었다. 이 중 일본 국적자가 88%다. 성별로는 여성이 76%로 압도적으로 많은 상황이다.

이런 상황은 매우 긍정적이고 희망적으로 보인다. 하지만 한국어에 대한 인기는 아직까지는 중국, 태국, 베트남, 일본 등 아시아권이나 한류의 영향이 미치는 일부 인구에 집중되어 있는 것도 사실이다. 비아시아권 국가에서는 여전히 한국어에 대한 인지도는 매우 낮은 편이다. 미국이나 유럽권 등에서 한국어는 일본어나 중국어에 비해서 초라한 성적을 내고 있으며 한국어를 널리 퍼뜨리고 알리기 위한 노력이 범국가적 프로젝트로 진행되고 있는 부분도 많지 않다. 한류라는 문화적 현상에 지나치게 기대고 있는 한계점이 있다.

한국어 교육이 활성화된 아시아권 국가들에서도 중학교, 고등학교에서의 한국어 교육은 기대만큼 빠르게 진전되지 않고 있다. 언어 교육이 자리를 잡으려면 공교육에서 안정적인 위치를 확보하는 것이 중요한데, 이는 국가를 비롯한 많은 이들의 지원이 필요한 일이다. 정규 학교에서 한국어 교육이 자리를 잡으면 다수의 학생들이 더 많은 열의와 목적을 가지고 자연스럽게 한국어를 배우게 될 토대가 된다. 또한 자라나는 학생들에게 언어 교육은 문화 교육과 같고 그 의미나 미래적 가치 또한 성인 교육과는 다르다. 언어와 문화를 통합한 한국어 교육이 이루어진다면, 그들이 성장한 후 한국 문화를 이해하고 한국과의 심리적 거리를 좁힌다면 두 나라 간에 수많은 가능성의 문이 열릴 것이다.

해외 중고교에 한국어 클래스를 개설하는 일은 위에서 거듭 그 이유와 의미가 열거되었듯 매우 중요하고 의미 있는 일이다. 한 국어반 개설을 목표로 하는 학교에서 외국 학생들과 교사, 학부모에게 한국문화에 친숙할 수 있는 기회를 만들어준다든지 문화 행사에 참여해서 한국문화를 접할 수 있게 한다든지, 교환학생 등 제도적 차원의 뒷받침이 많이 필요하다. 한국문화교류운동본부에서는 한국어와 태권도보급을 연계시켜 한국어반 개설을 촉진시키려는 교육 사업을 추진하고 있기도 하고, 그와 유사한 다른 노력들도 진행되고 있다.

새로운 기획이나 추진과 더불어, 기존의 한국어반이 개설된 학교들에서 지속적으로 잘 운영될 수 있도록 꾸준한 관심과 노력을 기울여야 한다. 앞서 인터뷰에서 이광규 이사장은 2009년 뉴욕 팰리세이즈 파크(Palisades Park) 고등학교에서 한국어반이 개설된 후 잘 운영되는 모습을 보고, 두 해가 지난 후 이웃 타운인 리지필드(Ridgefield)에 있는 고등학교에서 한국어반을 만들어 달라고 부탁하여, 첫 학기부터 바로 다섯 반을 만들겠다고 하는 등 한국어반이 성공적으로 생기게 되었다는 일화를 전하기도 했다. 이처럼 잘 운영되고 있는 모습을 보여주는 것만으로도 참여를 촉진하고 확산될 수 있는 것이다. 그러나 반대로 처음의 열의가 계속적인 노력으로 유지되지 못한다면 좋지 못한 선례가 되어 나쁜 영향을 끼치기도 한다.

더욱이 일부의 의욕과 노력에도 불구하고, 여전히 전반적인 한국어보급 사업에 있어 정책이나 지원은 부족하고 현실적인 여건

문제들이 산재해있다. 예를 들어, 동남아의 경우다. 한류 열풍과 한국기업 취업 등의 이유로 많은 동남아 국가에서 한국어를 배우려는 외국인은 늘고 있지만 대부분이 제대로 된 교재와 시청각 자료가 없다는 사실을 호소한다.

한국어 교재가 없어 5년 전, 10년 전 국내 대학교 어학당의 교재를 복사한 것으로 수업하고 있고 듣기 교재도 대개 음질이 좋지 않은 등 한국어 교재의 질이 많이 떨어진다는 것이다. 제대로 된 한국·동남아어 사전, 한국 문화를 접할 수 있는 전문자료 등이 없는 것도 큰 문제로 지적된다.

김중섭 경희대 국제교육원 원장은 "선진국들은 해외에 경제가 진출하기 전에 먼저 언어를 보급하는데, 우리나라는 일단 공장부터 짓고 보는 것이 문제"라는 쓰디쓴 지적을 한 바 있다. 한국어 보급에 대한 인식이 우선 자리 잡아야 하고 전략적인 한국어 확산 노력이 필요하다는 이야기다. ▶사진 4-10, 4-11 (p. 170 다음 페이지)

유럽으로, 동남아로, 세계로 뻗는 한국어

한국어의 불모지와 같았던 유럽에서도 한국어를 배우는 움직임이 생겨나고 있다. 프랑스 보르도에 있는 프랑수아-마장디 공립고교에서는 한국어가 2011~2012학년도의 정규 교과과목으로 채택됐다. 프랑스에선 처음으로 소르본대학에 한국어 강좌가 개설된 지 55년 만에 정규 과목으로 진입한 것이다. 프랑수아-마장디고교는 보르도의 명문 외국어 특성화학교로, 이 학교에 개설된 한국어 과목에는 1학년생 20명이 일주일에 3시간씩 수업을 받고 있다. 파리의 유명 공립인 빅토르-뒤리 고교도 이번 학년도부터 한국어 과목을 정규 강좌로 개설하고, 최근 수업을 시작했다. 이 강좌는 프랑스의 대입 자격시험인 바칼로레아에서 한국어를 제3외국어로 응시하려는 파리 시내 고교생들을 위한 학교 간 연합 강좌이다.[16]

나라의 규모와 인구 등으로 보았을 때 한국어가 이루어나가고 있는 성과는 사실 적지 않다. 오늘의 한국어는 60여개 국가, 약 800개 대학과 8개국 1,500여개 중·고등학교에서 가르치고 있다. 미국의 '국가 안보교육 프로그램(National Security Education Program)'은 국가안보, 국가경쟁력 강화, 국제교류의 증진을 위해 학습해야 할 주요언어 8개 가운데 한국어를 포함시켜 교육을 강화하는 정책을 펴고 있으며 동남아에서는 젊은이들이 코리안 드림을 꿈꾸며 한국어를 열심히 공부하고 있다.[17]

한국 드라마, 영화, 가요 등이 전 세계적으로 큰 인기를 끌면서 그 영향으로 한국어를 배우려는 인구는 점차 늘어나고 있다. 도쿄와 오사카에서 운영되는 세종학당의 무료 한글교실은 지원자가 폭주하면서 추첨으로 수강생을 뽑을 정도라고 한다. 한국 가요를 거의 정확한 발음으로 따라 부르는 외국인들도 적지 않게 볼 수 있다. 최근 인기를 끌고 있는 TV 오디션 프로그램(텔레비전에서 생중계로 오디션을 진행하는 리얼리티 쇼)들에서는 교포가 아닌 외국인들도 꽤 많이 참여해서 한국어로 노래하고 춤추며 한국 가요에 대한 애정과 한국에서 가수가 되고 싶은 강렬한 소망을 드러내기도 했다.

심지어 인도 북동부 마니푸르 주(州)에서는 젊은이들이 한국어로 "사랑해"라고 연인에게 말하는 것이 인기라는 최근의 보도도 있었다. 마니푸르주를 포함한 인도 동북부는 수년 전부터 한국 드라마와 K-POP이 크게 인기를 끌며 인도 내 한류 확산의 진원지가 됐다.

또 일본 젊은이들 중 한류를 즐기는 사람들끼리 최근 즐겨 쓰는 말 중 하나가 "오쓰하무니다(おつハムニダ)"라는 말이라고 한다. '수고하십니다'는 뜻의 일본어 '오쓰카레사마데스(おつかれさまです)' 중 '오쓰'와 한국어 '합니다'의 일본식 발음 '하무니다'를 붙여서 만든 신조어다.

각 급 학교에서 한국어를 정규 교과과정으로 채택하는 움직임은 인도네시아, 인도, 태국, 홍콩, 대만, 베트남 등 곳곳으로 확산하는 추세다.

인도네시아에서는 지난 1986년 국립인도네시아대학(UI)이 처음으로 한국어를 선택 과목으로 개설하고 나서 현재 국립가자마다대학(UGM), 내시오날대학(UNAS) 등이 한국어과를 신설했다. 망쿠랏대학(UNLAM)과 디포네고로대학(UNDIP)은 한국학센터를 개설, 비정규 과목으로 한국어 강좌를 운영 중이다.

한류가 퍼지면서 인도 젊은이들 사이에서도 한국어가 인기를 끌고 있다. 델리대와 네루대 등 인도 내 4개 대학이 한국어과를 개설, 인도 학생들의 지원이 몰리고 있다.

한류의 영향도 크지만, 한국에 취업하기 위해 한국어를 배우는 인구도 점차 늘어나고 있다. 재미교포를 비롯한 많은 재외 교민 자녀들도 취업 시 한국어를 구사할 수 있으면 몸값을 더 받을 수 있다고 한다.

태국은 현재 21개 대학에서 한국어 강좌를 개설해 운영하고 있으며 18개 대학이 한국어 강좌 개설을 추가 희망하는 것으로 파악되고 있다. ▶사진 4-12 (p. 170 다음 페이지)

한글 교육의 새 지평, 스토리텔링

앞서 국가 브랜딩의 중요성에 대해 언급했던 바와 같이, 한국어 역시 하나의 브랜드로 심화되어야 한다는 논의도 제기되고 있다. 김중순 계명대 교수는 "한글을 브랜드화하기 위해서는 한국어 교육이 읽기, 쓰기, 이해, 감상 등 소통 중심의 교육에만 머무르지 않고 상상력을 키워 이야기로 만들어 낼 수 있는 창작 부분으로 교육 내용을 확대해야 한다[18]"고 강조하기도 했다. 이를 위해 "이해와 감상 중심에서 쓰기 중심의 창작교육이 이루어져야 하고, 말하기와 듣기 중심에서 적극적으로 이야기하기의 창작교육이 이뤄져야 한다"고 덧붙였다.

한국어 역시 하나의 '말'이며 모든 '말'은 '이야기'를 담을 때에 비로소 의미가 살아있는 언어가 되어 효과적으로 전달된다. 스토리가 있는 말은 단순히 의미전달이 아닌 커뮤니케이션을 만든다. 이야기를 담은 한국어와 문화산업의 연계 등은 '한글 브랜드' 강화의 전략적인 방법이 된다.

최근 주목받고 있는 스토리텔링 기법을 사용한 한국어교육과 같이 새로운 방식, 더 효과적인 방식을 고민하고 개발하여 외연을 넓혀야 할 것이다. 무엇보다 스토리텔링이 의미를 지니는 점은 언어와 문화의 통합이라는 부분이다. 외국어로서의 한국어 교육은 한국문화와 상생하고, 언어와 문화는 분리할 수 없는 것이지만 실제 한국어교육에서 문화는 언어교육의 도구로서 부수적인 수단 정도로만 모색되고 있는 경우가 많기 때문이다.

특히 문학작품을 활용한 한국어 교육은 스토리텔링의 차원에서 자주 다루어지는 화두다. 문학작품의 스토리텔링을 이용하면, 개별 어휘나 문법에 의존하는 독해에 머무르지 않고 의미맥락을 추론하며 읽게 되므로 한국문화를 복합적으로 접근할 수 있게 된다. 그러나 이런 스토리텔링 기법이 효과를 거두기 위해서는 몇 가지 시정되어야 할 문제점이 있다.

다른 외국어에서 유명 문학작품들을 통해 자연스럽게 원문을 접하며 언어를 익히게 되는 통로가 많은 반면 우리나라 문학은 그다지 많이 번역되어 알려지지 않은데다, 한국어교육에 있어 문학 제재가 사용되는 경우에도 여전히 '언어능력' 위주인 문제점이 있다.

또 외국인에게 맞는 문학작품을 선별하는 작업도 이루어지지 않고 우리나라 사람들을 대상으로 하는 국어교육에서 사용하는 문학제재를 그대로 사용하고 있기도 하다.

미국 몬트레이카운티 살리나스 지역의 엘 가빌란 공립 도서관에서 2011년 처음으로 열린 '한국어 스토리텔링 프로그램'과 같은 선례는 소박하지만 의미 있는 출발이라 할 것이다.

2010년 10월 아시아 콜렉션을 개설한 이 도서관의 위 프로그램은 이 지역 어린이와 성인 30여 명이 모이는 소규모이지만 흥미롭게 진행되었고 좋은 평가를 받고 있다. 손뜨개 시범을 보이며 한국어 책을 소개하고, 유아와 초등학생들에게는 노래와 만들기 등의 활동이 포함된 '스토리 타임'을 갖는다.

이런 스토리텔링은 관심과 흥미를 촉진하고 자연스럽게 언어를 익히게 할 수 있으며, 그 과정에서 한국을 알게 되고 가까워지게 할 수도 있다.

이렇듯 한국어 교육에 대한 다양한 방법이 꾸준히 모색되어야 할 것이다. 끝없이 새로운 미디어와 의사소통 기법이 발전하는 시대에 언어와 문화를 전하는 방식 역시 뒤처지거나 정체되어서는 안 될 것이다. 한글을 알리기 위한 한국인들 자신의 의식적인 노력도 필요한 부분이다.

한글, 미국 팝스타의 뮤직비디오에 등장하다

2008년 미국의 팝스타 브리트니 스피어스의 뮤직비디오 화면 중에 한글 간판 '홍치우'가 등장한 바 있기도 하지만, 특히 화제가 되었던 것은 2010년 미국 팝그룹 블랙아이드피스의 멤버 윌 아이 엠이 한글 자막으로 만든 뮤직비디오다. 'Check it out'이라는 제목의 노래인데 뮤직비디오에 영문가사가 그대로 번역된 한글 자막이 다수 등장한다.

화면을 가득 채우고 있는 한글 자막은 '한번 해봐' '화끈해' '파티 끝내줘' 등 한국어로 직역되어 있고 뮤직비디오의 도입부에는 한 남성이 등장해 "안녕하세요 여러분 오늘은 특별한 분을 초대했

습니다. 미국에서 윌 아이 엠과 니키 미나즈가 왔어요. 체크 잇 아
웃!"이라고 어눌한 한국말로 이들을 소개하고 있기도 하다.

1998년 메이저 음악시장에 데뷔한 윌 아이 엠은 독특한 색깔과
열정으로 여성멤버 퍼기 등과 함께 4인 그룹 블랙아이드피스를
결성, 음악성과 대중성을 동시에 인정받았다. 윌 아이 엠이 이끄
는 블랙아이드피스는 지난 2009년 8월에 19주 연속 미국 빌보드
'핫 100 차트' 1위를 달성, 빌보드 역사상 최장수 연속 1위를 기록
하기도 한 인기 그룹이다.

비록 원어에 충실한 번역이기에 비속어이지만, 팝 스타의 신곡
뮤직비디오의 배경으로 한글이 전면적으로 드러나는 것은 획기적
인 일이다. 젊은이들의 큰 호응을 얻고 있는 유명 그룹이기에 그
파급효과도 기대할 만하다.

그런데 이들 뮤직비디오에 한글이 등장하게 된 배경에는 한국
인이 있다. 물론 블랙아이드피스의 경우 국내 여성그룹 2NE1과의
공동 녹음작업 등으로 한국에 대한 인식과 관심이 높아진 영향도
있을 것이다. 윌 아이 엠은 국내 케이블 채널인 Mnet '2NE1 TV-시
즌2'에 깜짝 출연해 한글에 대한 관심을 드러낸 바 있기도 하다.

그러나 이 뮤직비디오에 한글을 대대적으로 들어가게 된 배경
에는 리치 리(Rich Lee)라는 이름의 한국계 감독의 영향이 크다.
리치 리 감독은 영화 '캐리비안의 해적', '콘스탄틴', '마이너리티
리포트' 등의 제작에 참여한 바 있는 컴퓨터 그래픽 전문가로 블
랙아이드피스, 에미넴 등의 뮤직비디오를 제작했다.

앞의 브리트니 스피어스 뮤직비디오에서도 '홍치우'란 한글
간판이 들어간 배경에 한국인이 있다. 홍치우는 뮤직비디오 제

작에 참여한 애니메이션 디자이너 홍성군 씨의 아들 이름이라고 한다.

이처럼 세계 각지에 진출하는 한국계, 한국인 중 자신의 재능을 펼치며 한국문화와 한글을 알릴 수 있는 아이디어들을 내는 것은 의미 있는 시도가 된다.

2011년 10월 24일 독일 슈투트가르트 시 마일랜더 광장에 한글을 새긴 도서관이 들어섰다. 건물 외벽에 한글 명조체로 또렷하게 '도서관' 석 자를 새겨 넣어 더 돋보이는 이 도서관은 슈투트가르트 시립중앙도서관이다. 한 변이 45m인 정육면체 형태에 유리블록을 쌓아 문짝 형태의 구멍을 옆면에 각각 80개씩 낸 이 도서관은 네 방위를 상징하기 위해 건물 꼭대기에 각 문화권을 상징하는 4개 국어로 도서관을 뜻하는 단어를 새겼다. 독일어, 영어, 아랍어와 함께 동양을 대표하는 언어로 한국어를 넣은 것이다.

이 건물의 설계자는 한국인 건축가 이은영 씨다. 이씨는 1999년 도서관 설계 공모에 1등으로 당선되어 도서관을 짓게 되었다. 이 도서관은 슈투트가르트 시의 새로운 도시 계획 정책을 상징하는 건물로 12년간 7,900만 유로(약 1,170억 원)의 공사비가 투입됐다.

"고국을 위해 '도서관' 석 자를 고집했다." 이 씨는 국내 언론과의 인터뷰에서 "유럽 땅에 한국의 긍지를 심고 싶어 중국어나 일어를 넣자는 시장과 도서관장을 설득했다"고 했다.

그는 독일 아헨 공대에서 유학한 뒤 94년 쾰른에 '이 아키텍츠(Yi Architects)'를 설립했고, 2000년 귀국해 한양대 교수로 재직하다가 2010년 독일로 다시 건너갔다.

이 도서관은 비단 한글을 새겨 넣었을 뿐 아니라 독일에서 높은 건축미로 찬사를 받고 있다. 일간지 프랑크푸르터 알게마이네 차이퉁은 "독일에서 가장 아름다운 도서관"으로 묘사했고, 잉그리드 부스만 도서관장은 "이 도서관은 있는 그대로가 우리 시대의 책 문화에 대한 어마어마한 입장표명이다. 전자시대에도 책 문화에 미래가 있음을 보여준다"고 극찬했다.

우리나라가 많은 분야에서 인재를 배출하고, 세계에 진출해 다양한 활동으로 국제적 인정을 받는 한국인이 증가하고 있는 요즘, 재능 있는 한국인들이 의식을 가지고 한글과 한국어를 알리려는 다양한 아이디어를 내야 한다. 외국인들이 한글을 접하고 한글을 알릴 수 있는 통로를 많이 열 수 있도록 기회를 창출하는 것이 필요하다.

한글을 브랜드화하고 콘텐츠로 만들어 해외 진출을 겨냥하는 것도 하나의 방법이 된다. 이런 노력의 일환으로 한글 디자인의 도자기, 보석 등도 등장했다.

㈜행남자기는 이상봉 디자이너의 훈민정음 디자인을 반영한 식기, 이철수 판화가의 독특한 한글서체를 넣은 도자기 세트를 판매한 바 있고, 보석 브랜드인 '뮈샤'는 한글 문양을 사용한 보석을 내놓았다.

어떤 식이로든, 가능한 효과적인 방식을 찾아 세계인들과 대화해야 한다. 그러다 자연스럽게 우리의 문화가 그들에게 친숙해지면 '소통'은 더 활발해지고 그 통로는 더욱 넓어질 것이다. ▶**사진 4-13 (p. 170 다음 페이지)**

한국인의 뿌리를 찾는 열쇠, 한국어

언어와 정체성의 상관
관계는 얼마나 긴밀한 것일까. 재외동포 2세, 3세, 혹은 4세에게
부모의 나라의 언어를 말한다는 것은 어떤 의미가 있는 것일까.
외국인들에게 한국어를 교육하는 것은 매우 중요한 문제다. 또한
한국인의 혈통을 가졌으면서도 한국어를 거의 하지 못하고 그 중
상당수는 외국 국적, 시민권, 영주권을 가지고 있으며 외국에서
인생을 보내고 그 자녀들도 외국인으로서 성장할 재외동포들은
한국에 대해 잘 알지 못하거나, 새롭게 알아가야 할 제3의 카테고
리로 여겨야 할 것이다.

2009년 2월, 280만에 달하는 재외국민이 한국의 선거에 참여
할 수 있는 법률이 국회에서 통과되고 재외동포사회가 한국의 많
은 분야에 파급력을 미치는 현실은 별론으로 하더라도, 같은 혈
연적 근원을 가진 한민족 디아스포라로서 재외동포들은 본국의
국민들과 서로 더불어 성장하고 영향을 줄 수 있는 민족 공동체로
서 특별한 의미를 지닌다. 그러나 재외동포들과의 네트워크를 형
성하거나 서로 상생적 역할을 할 수 있으려면 재외동포 자녀들의
한국어교육과 한국어 문화교육이 반드시 필요하다.

더군다나 세월이 흐르면서 한민족 디아스포라는 더욱 복잡해
졌다. 미국만 해도 원체 이민자의 나라인지라 다문화사회인데다
한국인의 미국 이민 역사가 100년을 넘으면서 여러 세대를 거치
며 다른 민족과의 결혼 등으로 한국인의 혈통을 일부만 간직한 혼
혈 인구도 늘어났고, 한국인 사이에서 태어나 외국으로 입양된

입양아들도 많아지면서 그 후손들까지 세대가 늘어나기도 했다.

그들에게 한국어를 안다는 사실은 한국을 이해하고 소통하며 자신의 뿌리를 찾을 수 있는 가장 큰 열쇠가 된다.

그러나 위에서 본 바처럼 입양아 인구는 물론이고 재외교포 자녀들도 한국어를 배울만한 여건이 되지 않는 경우가 많다. 또한 이광규 이사장이 들려주었던 뉴저지 모 고교의 사례에서처럼 한국교포들 스스로가 한국어 교육이나 한국 문화, 역사 교육에 대해 소극적이거나 심지어는 부정적인 반응을 보이는 경우도 허다하다.

더군다나 주말 한글학교는 일주일에 2~3시간 주말에만 교육하는 과정이기 때문에 주로 어린이들만 드문드문 다니다 그나마 다 배우지 못한 상태로 중단되는 경우가 많다. 또한 대부분 교회 내에 한글학교가 개설된 경우가 많은데 민족정체성 교육이 종교와는 독립적으로 행해져야 함에도 불구하고 종교적 배타성에서 자유롭지 못한 환경에서 이루어지는 경우가 많은 것도 아쉬운 부분 중 하나다.

초등생 이상의 아이들에게 한글교육이 지속되지 못하는 이유는 중고등학생이 되면 바쁜 스케줄 등으로 주말에 참여하기 어렵기 때문인데 정규 교육기관에서 한국어 클래스가 포함되어 한인 학생들이 그 흐름이 끊기지 않고 한국어교육을 이어나갈 수 있다면 그들에게 큰 도움이 될 것이 분명하다.

또한 단순히 언어 교육으로만 일관하는 것이 아니라 한국문화를 잘 녹여내어 담아내고 많은 문화행사 등의 체험교육도 필요하다. 가정에서 접하는 한국문화는 한계가 있고 일부 이민자 가정에서는 오히려 정착한 새로운 국가의 문화에 편입하려 애쓰다가

정체성을 잃는 경우도 많다. 이민자 세대가 늘어날수록 그 후손들은 한국문화를 접할 기회가 점차 적어진다고 할 수 있다. 혼혈 가정도 늘어나고 있는 추세로 보아 해외에 태어나고 그 나라에서 성장해서 살아가는 한국계 아이들이 한국문화를 온전히, 다양한 방식으로 접한다는 것은 매우 어려운 일일 뿐만 아니라 자신의 먼 뿌리가 있는 한국에 대해 왜곡된 생각을 가지고 있는 경우도 허다하다.

여러 가지 프로그램이 기획되고 한국 문화를 직접 경험해볼 수 있는 기회가 주어져야 한다. 한글학교가 지금보다 더 활성화되어야 가능한 일일 것이다.

뉴욕 맨해튼의 '브로드웨이 한글학교' 아이들

뉴욕 맨해튼에서 주말 한글학교 교사로 8년간 근무했고, 그 중 4년간 그 학교 교장이었던 김태진 씨는 필자와의 인터뷰에서 미국에 있는 아이들에게 한국어를 가르친 경험을 진솔하게 들려주었는데, 그녀와의 대화에서 이런 '한글학교'의 현장에 대한 이야기를 생생히 들을 수 있었다.

한국에서 교사를 하다가 유학을 하게 된 남편을 따라 미국에 오게

김태진 (40)
- 현 한국문화국제교류운동본부 연구위원
- 이화여자대학교 역사교육과 졸업
- 이화여자대학교 한국어교육과 석사 (현 박사과정 중)
- 2006-2007 재미한국학교협의회 교육위원
- 2004-2007 뉴욕 브로드웨이한국학교 (현재 맨해튼 한국학교) 교장
- 1999-2004 뉴욕 브로드웨이한국학교 교사
- 2002-2007 재미한국학교동북부협의회 임원 (수석 부회장)

된 후 우연한 기회에 '브로드웨이 한국학교(현 맨해튼 한국학교)'를 알게 되고 아이들을 가르치게 되었던 김태진 씨는 미국에 와서도 이렇게 한국어 교육을 할 수 있다는 것이 너무 신기하고 감격스럽게 생각되었다고 말했다.

교민들의 자발적 힘을 모아 십시일반 모금을 통해 건립한 학교에서 한국어를 가르친다는 일은 그 자체만으로도 축복과 같은 일이었다.

"사실 한글 해외 보급이라는 것은 국력의 신장이나 국가 인지도 상승 등의 역할도 수행하겠지만, 한국계 미국인으로 살아가는 아이들에게는 보다 개인적인 중요성을 가지는 일이거든요. 그들에게 정체성을 찾게 해주고, 한국계로서 더 풍요롭고 행복하게 살 수 있는 기본이 되니까요."

그녀는 이러한 소중한 의미를 실현시키기 위해 많은 의욕을 가지고 일했지만, 정식 교육기관이 아닌 일종의 '방과후 수업'이었기 때문에 겪었던 많은 어려움도 있었다.

"물론 교재라든지 자료, 전문 교사의 부족 등 경제적 여건과 관련된 문제도 있지만 더욱 쉽지 않은 문제는 교육관에 있어서 차이에 부딪치는 부분이 있어요. 미국인들은 아이들이 흥미있어 하는 것만 배우게 하는 보편적인 교육관이 있거든요."

그녀는 한 학생에 대해 회상하며 아쉬움을 감추지 못했다. "제가 가르치던 아이 중에 한국에서 입양되어 좋은 양부모님 밑에 자라는 용기라는 아이가 있었어요. 그 부모는 아이가 자신의 뿌리를 잊지 않기를 원했고, 아이의 한글 이름을 그대로 남겨주었어요. 그리고 한국어와 한국문화를 배우길 원해서 한글학교도 보내

주신 거죠."

하지만 대부분의 아이들이 한국에 관한 것을 접할 기회가 조금이라도 있었던 반면, 그렇지 못한 용기는 처음 대하는 한국사람, 낯선 한국어가 영 어색하기만 했다. 게다가 수줍을 타고 내성적인 성격이었기에 학급에서의 적응 또한 쉽지 않았다. 하지만 어려운 시기를 이겨내고 무언가를 습득하게 하기 위한 힘든 과정을 견디게 이끄는 한국 학부모들과 달리 미국인들은 아이가 흥미를 갖지 않거나 아이에게 마이너스가 된다고 생각되면 바로 중단하는 경우가 많은데 용기의 부모도 그랬다. 결국 용기의 양부모는 아들의 한국어 수업은 중단시키고 상대적으로 좋아하는 태권도 수업만 보내다가 그 다음 학기엔 아예 등록하지 않았다.

용기가 좀 더 커서 수업시간에 잘 적응할 수 있을 때 다시 보내겠다는 말을 남기고 간 용기 부모님의 뒷모습을 보며 그녀는 무척 아쉬웠다고 했다.

그런 사례는 또 있었다. 미국 교육은 아이들에게 칭찬을 많이 해주는 교육이며, 가장 중요하게 생각하는 것이 자신감인데 이러한 교육관이 워낙 강하다보니 한국적 교육과 부딪치는 부분이 생기기도 했다. 한글학교의 다른 교포 학생들에 비해 상대적으로 한국어가 더 낯설고 힘든 입양가정, 혼혈가정 혹은 이민 후 세대가 많이 지난 3세, 4세들은 한국어 실력 부족으로 위축될 수 있는 초반의 학습기간을 오랫동안 견디지 못한다는 것이다.

"애나벨이란 아이가 있었어요. 아버지는 한국 사람이고 어머니는 미국인이었죠. 애나벨은 다른 친구들보다 한국어 실력이 많이 부족해서 발표를 많이 하지 못했는데, 발표를 못하면 선생님이

제4장 한글 놀라운 글자

▼

193

주는 스티커도 못 받고, 선생님과 하이파이브도 하지 못하거든요. 아이들이 스티커를 받고 좋아하고, 하이파이브를 하며 신나할 때 뒤에 가만히 앉아있어야 하는 애나벨을 보며 마음이 안 좋았던 애나벨 엄마가 교육방식에 문제 제기를 했지요."

결국 부인의 우려로 한글학교를 쉬게 된 애나벨의 한국인 아버지는 미안해하며 이렇게 해명했다. "스티커, 하이파이브…. 그런 것들이 도구가 되어 학생들을 교육하는 것 자체가 애나벨 엄마는 이해가 되지 않나 봐요. 저는 한국에서 자라고, 한국에서 교육을 받았기에 거부감이 덜한데 애나벨 엄마는 그런 교육 자체를 이해하지 못하는 것이지요. 그런 것이 문화의 한계 같아요."

김태진 씨는 설득할 수 없는 문화적 장벽을 만난 기분이었을 것이다.

"교사회의에서 항상 논의되던 내용이었어요. 잘하는 학생에게는 스티커를 주고, 그것이 많아지면 학기말에 상품이나 적절한 보상을 주는 것은 당장 아이들이 수업에 집중하고 발표를 많이 하게 하는 현실적인 장점이 있지만, 경쟁심을 유발하고 비교육적이라는 '원칙'과의 토론이 계속되었지요. 결국 학교 차원에선 쓰지 않는 것으로 정했지만, 현장에서 천방지축 아이들과 함께 하는 교사들의 생각은 다르거든요. '교실수업에서 스티커만큼 당장의 효과를 보는 것이 없기에 부작용을 최소화하며 사용하려고 하고, 골고루 돌아가며 받도록 융통성을 부려 부정보다는 긍정적인 효과를 나타내도록 하겠습니다'라고 설득했지만 그래도 방법 자체가 비교육적이라는 답변만 돌아왔지요. 초급반 이상에서는 쓰지 않았지만 유치반에선 알록달록한 스티커 자체가 아이들을 신나게 하니 적절히 사용하고 있었거든요."

그러나 이미 스티커와 하이파이브라는 '비교육적 수단'에 거부감을 느낀 애나벨 어머니는 결국 애나벨을 한글학교에 보내지 않았다. 하지만 아이는 한글학교를 좋아했고, 결국 엄마를 이긴 애나벨이 한글학교에 보내달라고 간청해서 1년 만에 돌아오게 되었다. 애나벨은 1년의 공백을 보상이라도 하듯 한글공부를 열심히 했고, 재미있게 한국무용을 배웠으며 신나게 한국노래를 불렀다.

"학기가 끝나는 날, 한복을 곱게 입은 애나벨이 발전상과 개근상을 품에 안고 저에게 다가왔어요. 매 학기 아이들로 인해 보람을 느끼는 일이 많지만 애나벨한테 만큼은 그 기쁨이 더 컸어요. 철옹성같은 미국 문화를 뚫은 기분이랄까요?"

이런 문화적 차이는 비단 이 두 사례뿐 아니라 다양한 상황에서 현실로 부딪쳐왔다.

"이런 소중한 교육의 장을 알게 되어 저는 몇 년 간 매일 매일이 감격이었어요. 하지만 사실 한국에서는 이런 학교가 있는지조차 잘 모르죠. 한국에 그 아이들을 위한 일을 해주는 전문가도 거의 없고요. 그저 하나의 행정으로서, 공무원들이 교육과에 발령을 받았으니 업무의 일환으로 재외 한글학교를 도와준다는 정도에 불과하구요. 재외동포가 되어본 적도, 외국어로서의 한글교육에 대해 전문적 지식도 가지고 있지 않은 사람들이니 문제점을 파악하지도 못하고, 행정적으로 무미건조하게 일을 처리할 뿐이라 여러모로 안타깝지요."

서로 한국어 실력이 같지 않아 10살 아이가 5살 동생들과 함께 공부하는 기초반에 들어가는 일도 허다했다. 특수한 아이들 소수를 위해 새로운 반을 신설할 여건이 못 되기 때문이었다. 외국에서 자란 아이들의 시각과 특수성을 고려한 교육프로그램 등의 부족도 큰 문제였다.

"한국에 대해 바른 인식을 갖고, 한국 문화와 역사에 대해 긍지와 자신감을 가지는 것은 한국계 아이들에게 매우 중요한 문제에요." 한국이 잘 알려지지 않고, 한국 문화가 세계적으로 많이 퍼지고 인정받지 못하면 한국계 아이들도 당당하게 세계인으로 성장할 수 없다며, 그녀는 한국을 알리고 한국 문화를 전파하는 일은 재외 국민들에게도 매우 중요한 일이라고 강조했다.

"2006년 가을학기에 독특한 혈육을 가진 아이들이 입학한 적이 있어요. 알버트와 올리비아 남매였는데, 최초의 흑인계 학생이었지요. 미국계나 아랍계에 비해 더욱 눈에 띄고, 처음 있는 일이다 보니 다들 낯선 호기심으로 바라보았어요."

구레나룻을 길게 기른 알버트 아버지는 윤기 있는 검은 피부와 부리부리한 눈매 등이 눈에 띄는 흑인이었고 어머니는 한국인과 러시아인의 혼혈이었지만 한국인이라고 하기에는 48% 부족한 모습이었다.

과연 한국에 대해 얼마나 알고, 어떻게 인식하고 있을까 궁금하고 염려도 되었을 것이다. 그런데 첫 수업을 마치고 교무실로 내려온 선생님이 벅찬 표정을 지으면서 말했다.

"제가 왜 한국학교에 왔냐고 물으니까 알버트가 뭐라고 했는지 아세요? '우리는 한국의 자손이기 때문입니다. 우리 외할아버지의 성함은 OOO이고, 그분은 한국의 참전용사였습니다'라고 큰소리로 씩씩하게 대답하는 거예요."

알버트의 어머니는 모계쪽 조상에 대해 들려주며 "엄마의 조상은 한국인이야. 그런 엄마에게서 태어난 너희들이니까 비록 반쪽의 반이지만 너희 안에는 한국인의 피도 흐르고 있어"라고 아이들에게 가르쳤다고 했다.

"그리고 가슴 안에 한 조각 꺼지지 않는 불씨처럼 간직해 온 '한국'을 자녀들에게 피워주고자 한국학교의 문을 두드리신 거예요."

알버트 어머니는 자신의 한국인 아버지에 대한 기억들을 쏟아 놓았다. "아버지는 우리에게 한국말은 못 가르치셨지만 한국계라는 것은 항상 일러주시고, 한국에 대한 얘기를 많이 해주셨어요. 그러면서 제겐 한국에 대한 동경, 그리움이 생겼지요. 그러나 한국을 경험할 수 있는 그 어떤 환경도 제겐 주어지지 않았어요. 그래서 저는 우리 아이들이 크면 내가 배우지 못한 한국어를 꼭 배우게 하고 싶었어요. 그러나 아는 한국인도 없고, 아이들 나이는 자꾸 먹어 가는데 … 개인교습을 시켜야 하나 했지요. 여기저기 알아보다 맨해튼에 한국학교가 있다는 것을 알고 얼마나 기뻤는지 몰라요. 뉴저지에 살고 계신 아버지도 제가 아이들을 한국학교에 보낸다고 하니 참 좋아하셨어요. 오래 전부터 올리비아, 알버트 모두 태권도를 배우고 있어요. 아버지는 항상 한국의 태권도를 자랑하셨거든요. 현재 알버트는 검은 띠예요."

김태진 씨를 통해 듣는 알버트 어머니의 이야기는 한국계 학생들이 한국어에 대해, 한국에 대해 안다는 것의 의미를 생각해보게 한다. 그리고 한국에 대해 알고 싶고 배우고 싶어도 그런 배움을 얻을 수 있는 환경이 주어지지 않는 안타까움도 느낄 수 있다. 한국계 학생들을 위한 한국어 교육기관, 한국어반 개설 등에 관

제4장 한글 놀라운 글자

심과 지원이 필요한 이유가 여기에 있다. "우리는 한국의 자손입니다"라는 알버트의 말은 그가 자신의 정체성을 확립하는 데 첫걸음이 되는 중요한 열쇳말이 될 수 있다. 한국어로 말할 수 있게 된다는 것은, 그런 열쇠를 그들의 작은 손에 쥐어주는 일이 아닐까.

▶ 사진 4-13, 4-14 (p. 170 다음 페이지)

한국 문화와
한류

한국 문화와 한류
한국의 매력, 세계의 마음을 열다

소프트 파워 _ 문화의 힘

한 국가가 '원하는 결과를 얻도록' 다른 나라에 어필할 수 있는 능력을 그 나라의 '파워'라고 볼 때 지금까지는 군사력이나 경제력과 같은 하드 파워를 중요시했다. 그러나 앞으로의 시대는 위협이나 보상과 같은 하드파워에서 나오는 영향력보다 사람을 끌어들이고 마음을 사로잡는 매력적인 파워인 '소프트파워'가 더욱 주목받는 시대다.

자발적인 내면의 동기가 외부적 요인보다 더 우선되고 강력한 것이 되는 시대에는 '강한 나라'를 만드는 저력은 얼마나 다른 나라에 자신을 어필할 수 있는가, 즉 설득하고 호감을 살 수 있는 능력에 달려 있을 것이다. 다른 나라의 호의와 지지를 끌어내고 그

들과 '함께 가는' 것이 새 시대의 강대국이 될 수 있는 리더십이라
는 것이 바로 '소프트파워' 논리다.

'소프트파워'라는 용어를 처음 만들어낸 하버드 대학 교수 조
지프 S. 나이는 소프트파워란, 강제나 보상보다는 사람의 마음을
끄는 힘으로 원하는 것을 얻는 능력을 말한다고 했다. 또 이런 파
워는 한나라의 문화와 그 나라가 추구하는 정치적 목표, 제반 정
책 등 매력에서 비롯되는 것이라고 말했다.[19] 경제력보다는 매력
으로, 명령이 아닌 자발적 동의를 통해 얻어지는 능력이다.

21세기는 문화의 세기라고 한다. 일찍이 백범 김구 선생이 무
력(武力)과 부력(富力)보다 "오직 한없이 가지고 싶은 것은 높은
문화의 힘"이라고 설파한 것은 놀라운 선견지명이 아닐 수 없다.

조지프 나이는 한 나라의 문화가 보편적 가치를 지니고 제반정
책을 통해 다른 나라들이 공유하는 가치와 이익을 증진시킨다면
그 나라가 바람직한 성과를 얻을 가능성은 커진다고 지적했다.[20]

수많은 문화적 접촉은 상호교류를 통해 그 나라에 대해 점진적
으로 이해하게 만들고 우호적인 태도를 이끌어내어 결과적으로
소프트 파워를 증진시킨다.

최근 한류의 바람이 뜨거운데 한류 역시 한국의 소프트파워를
구성하는 주요한 요소 중 하나다. 그런 관점에서, 한국문화를 세
계에 알리는 일은 한국의 국가 저력과 관계된 일이 된다. 문화로
서 소프트파워를 상승시키는 것은 단지 문화뿐만 아니라 국가의
전체적인 지표를 상승시켜 한 국가의 성공을 결정짓는 일이 될 수
도 있다.

앞의 장에서부터 지속적으로 국가 브랜드 향상, 이미지 메이킹

등의 필요성이 논의되어왔고 문화 차원에서의 소프트파워 신장도 그 맥락이 같은 것이라고 할 수 있다.

현 시대에 문화적 경쟁력을 갖추는 것의 필요성을 절감하고, 얼마나 우리의 문화를 그 내면을 알차게 하고 더 효과적인 방법으로, 좋은 이미지의 외피에 담아 '맛도 좋고 멋도 있는' 맛깔스러운 음식으로 세계인에게 정갈한 '한 상'을 차려줄 수 있는가를 고민해보아야 하는 때인 것이다.

물론 한류와 국제 대회 개최 등으로 최근 한국의 위상이 전보다 많이 나아지기는 했지만 국제사회에서는 아직도 한국에 대한 무지, 오류나 선입견, 잘못된 지식이 많고 그것들로 인해 이미지나 정보가 왜곡되어 있는 경우가 허다하다.

한국의 독자적 전통문화는 잘 알려지지 않았으며 일본, 중국 등 기존 동양권에 대한 일반적인 이미지에 묻히거나 혼동되곤 했다. 한국을 대표할만한 이미지도 거의 없거니와 이미지가 체계적으로 구축되어 지속적으로 홍보되어온 것도 아니기 때문이다.

문화가 온전히 그 힘을 잃지 않으려면 기본적 토대가 튼튼해야 하고 전달하는 방식도 효과적이어야 하며 상대의 관심을 끌 수 있는 특유한 문화적 콘텐츠가 끝없이 개발되고 제시되어야 하는데 이런 작업들이 그동안은 많이 부족해왔던 것이 사실이다.

문화는 정치나 경제보다 더 강한 힘을 발휘할 수 있으며, 깨닫지 못하는 사이에 스며들어 영향을 미친다. 문화로 마음을 연다는 것은 이솝 이야기에서 햇빛이 옷을 벗기는 것과 유사하다. 추위와 거센 바람은 옷깃처럼 마음도 굳게 여미게 할 수 있다.

그런데 현 시대에서 문화가 더욱 중요한 의미를 가지는 이유는 무엇일까. 오늘날 세계는 물질적 풍요보다 정신적 풍요에 대한 요구가 높아지고 있다. 어쩌면 물질적인 면에서의 발전으로 이전보다 잘 살게 되었기 때문에 사람들의 영적 의식이 성장되었다고 볼 수도 있다.

미국의 유명 언론인인 그레그 이스터브룩은 자신의 저서에서 '풍요롭지만 만족할 줄 모르는 현대인'이라고 칭하면서 풍요는 이미 달성되었기에 미래 세대는 영적 성장과 감정적 행복 같은 다른 우선순위를 추구할 수 있는 위치에 놓일 수 있다고 말했다. 물질적인 것에만 치중할 때의 공허함에 대한 반발로 '일하고 소비하는 삶 그 이상'을 생각하게 되었다는 것이다.[21]

삶의 질을 중시하는 시대에는 문화의 중요성이 더욱 부각된다. 이스트브룩의 말처럼 '물질적 욕구'에서 '의미의 욕구'로 근본적 변화를 겪고 있는 현대 사회에서는 정신적이며 문화적인 욕구를 충족시켜 줄 필요성이 높아지기 때문이다.

또한 문화 교류는 경제적 이익을 창출하거나 국가의 영향력을 키우는 수단으로만이 아니라 우리나라와 세계를 잇는 가장 우호적인 방법 중 하나다. 친구를 사귀고, 서로를 알아가고, 점차 이해하는 과정과 다름이 없다. 점차 세계의 장벽과 경계들이 사라지거나 낮아지고 글로벌 시대로 접어들고 있는 시점에서 다른 나라를 알고 이해하고 친교를 쌓는 일은 그들과 이 '지구마을'에서 함께 살아가기 위해 꼭 필요한 일이다.

그리고 지금은 한국의 기존의 이미지를 더 나은 것으로 바꾸기에 더할 나위 없이 적합한 시기다. 한류 열풍이라는 좋은 환경을 만났기 때문이다. 적합한 바람을 타면 돛이 잘 부풀어 오른 배는 순항하기 마련이다.

세계를 강타한 K-POP 열풍

　　　　　　　　한류의 선전 덕에 지난해 우리나라
문화산업이 이룬 성취는 역대 최고치로 나타났다. 2012년 한국은
행의 국제수지 통계를 보면 2011년 개인·문화·오락서비스 수입은
7억 9,400만 달러(약 8,900억 원)로 관련 통계가 나온 1980년 이
후 가장 많았다. 이 수입은 영화, 라디오, TV프로그램 제작, 음악
녹음, 교육·보건서비스 등과 관련해 외국에서 벌어들인 수익을
의미한다. 국외 문화산업은 1996년까지 단 한 푼도 없었으나
1997년 500만 달러를 시작으로 조금씩 늘어나 2005년에는 2억
6,800만 달러까지 치솟았다. 이후 2007년 4억 4,800만 달러,
2010년 6억 3,700만 달러 등 해마다 가파른 증가세를 보였다.[22]
　좋아하는 가수의 이름을 한글로 적은 플래카드를 들고 한국어
노래가사를 비교적 정확한 발음으로 따라 부르는 벽안의 외국인
들의 모습은 한국인들에게는 신기하게 보이고 자부심이 생기는
일이다.
　2011년에는 한국 가수들의 파리 공연 연장을 요구하며 파리 루
브르 박물관 앞에서 한류팬 300여 명이 이색 시위를 벌이는 모습
이 전파를 타서 화제가 되기도 했다. 공연 예정이었던 '르 제니스
파리' SM타운의 콘서트 티켓이 예매와 동시에 매진이 되는 바람
에 표를 구하지 못한 프랑스 팬들이 이런 퍼포먼스를 선보이며 공

연을 연장해줄 것을 호소한 것이다.

파리, 런던 등은 물론 남미, 아프리카까지 다양한 외국인들이 K-POP에 열광하며 한국 아이돌 가수의 춤 안무를 따라 군무를 추는 장면들은 한국 사람들의 입에 오래 오르내렸다. SM 소속 가수들의 뮤직비디오의 유튜브 조회 수는 2011년에만 12억 건을 기록했고 '유럽을 달군 K-POP'과 같은 제목으로 연일 방송되기도 했다.

사실 문화를 만들어가는 주체가 되었다는 자부심은 이 시대 한국 젊은이들의 정체성 형성에 큰 긍정적 영향을 끼쳤다. 근래에 한국 젊은 세대들은 대한민국의 많은 국가적 성취를 지켜보며 자라날 수 있었기 때문이다.

그들이 한국을 세계에 바르게 알리는 등의 여러 활동들을 직간접적인 방법으로 (특히 인터넷 등 첨단 미디어를 활용하여) 더욱 적극적으로 펼치고 있는 것은 이런 문화적 자신감이 밑받침이 된 점도 분명 있을 것이다.

올림픽 금메달리스트나 한류 스타, 스포츠 스타 등에게 지나칠 정도로 많은 기대와 지지를 보여주는 현상은 비록 이전부터 있어 왔던 것이지만, 월드컵이나 올림픽 같은 국제대회에서의 좋은 성적, 각종 국제대회의 유치, 한류열풍 등의 영향을 받아 더욱 그 에너지가 증폭되었다고 할 수 있다. 그들을 응원하고 지지함으로서 자신이 그들처럼 직접 국위선양을 할 수는 없지만 적어도 그에 일조한다는 느낌을 가지는 것이다.

그러나 한류가 바람을 타고 순항하고 있다고 해서 안심할 수 있는 일 또한 아니다. 조지프 나이의 논리에서도 '문화가 표출되는 형태는 사뭇 다양'하며 '문학, 미술, 교육처럼 엘리트층에 어필하는 고급문화와 일반대중의 오락거리에 초점을 맞춘 대중문화로 나뉜다.' K-POP, 한국드라마나 영화 등이 주도하고 있는 한류는 대중문화 부분만을 커버할 뿐, 고급문화나 한국의 고유한 특성을 보여줄 수 있는 전통문화는 한류 열풍의 도움을 얻거나, 일부 서로 겹쳐져서 그 경계가 접점을 가질 수는 있지만 사실상 별개의 분야다.

조지프 나이 역시 소프트파워를 단순히 대중문화성 파워로 생각해서는 안되며, 소프트파워를 생성하는 데 도움을 주는 문화적 자원을 소프트 파워 행위와 동일하다고 인식하는 것은 잘못된 것이라고 지적하고 있다.

또한 미디어와 인터넷 등의 비약적인 발전은 조금도 멈추지 않고 계속되고 있으며 모든 것이 급격히 변화하는 시대에 대중문화역시 현재의 성취에 안주하거나 만족할 수 없음은 자명하다. 문화적 영향력을 유지하기 위해서는 이전의 어떤 때보다도 더 혹독하게 끊임없이 진화해야 하는 시대이기 때문이다. 그래서 문화를 알리는 일은 많은 숙제를 안고 있으며, 조금도 쉬어갈 수 없는 숨가쁜 일이다.

최근 일본 소니그룹이 한국의 엔터테인먼트사업에 직접 뛰어들었다는 기사가 보도되었다. 소니그룹 계열이자 일본 최대 엔터테인먼트 업체인 소넷(So-net)은 2012년 5월 말 K-POP 열풍의 주역 중 하나인 여성 아이돌그룹 애프터스쿨 등 많은 스타들이 소속된 음반제작 및 매니지먼트회사인 플레디스 지분 중 50%를 인수했다. 이것은 소니의 막강한 자본력을 바탕으로 전 세계로 뻗는 한국 엔터테인먼트 사업을 직접 경영하려는 포석이라는 분석도 나온다. 우리 대중문화에서 출발한 '한류'지만 안심하고만 있을 수는 없는 일이다.

또 한류도 단순히 한국 대중문화를 전파하는 데 그치지 않고 깊이와 메시지를 더할 필요가 있다. 세계인에게 긍정적인 이미지를 심어주기 위해서는 기본적인 글로벌 마인드를 갖추고 냉정하게 점검할 필요가 있음은 물론이다.

최근 K-POP에 관한 해외 언론의 비판적 시각 중 인종차별적이라는 의견이 있었다. 대부분 한국인들에게 추억의 코미디인 흑인 분장 개그가 한국 사회 전체에 대한 반감을 불러일으킬 수 있다는 경고였다. 문화 비평가 올리비아 켈러는 "그 어떤 개그도 재미있지 않다"라며 "이 악의 없는 코미디가 왜 타민족에게 무례한 일인지 검토해 봐야 할 때"라고 주장했다.

켈러는 K-POP이 인기를 얻을수록 한국과 한국문화에 대한 관심도 높아질 것이라며, 한국은 '외국인들이 봐줬으면 하는 것'만을 고를 수 있는 단계를 넘어선 지 오래라고 말했다.

유명 연예인 뉴스 전문 사이트인 'Jezebel'와 'Oh No They Didn't'도 몇몇 K-POP 아이돌 스타들의 '흑인 연기' 영상을 올리며 인종차별적인 성향을 지적했다. 'Oh No They Didn't' 사이트의 글쓴이는 "외우기 쉬운 멜로디, 화려한 무대의상과 정확한 안무는 빠른 속도로 우리의 귀와 머릿속에 침투했다"고 적은 글쓴이는 "극장 천막이나 빌보드 차트에서까지 발견할 수 있는 그들이 정작 여기에 왜 왔는지 아는 사람이 있는가, 한국이 전달하고자 하는 메시지는 무엇인가"라는 의문을 던졌다.[23] K-POP 팬들은 본 사태의 적극적인 해결을 위해 페이스북 페이지를 만들기도 했다.

이처럼 한류를 세계적인 것으로 만들기 위해서는, 한 K-POP 팬이 위 글에 남긴 댓글 내용처럼 인종편견이나 다인종 청중에 대한 무지와 같은 문제점들을 개선할 필요가 있다. 이런 문제는 다민족 사회에 대한 경험이 타 국가에 비해 매우 적은 한국의 특수성에 기인한 것이기도 하지만, 세계인들의 마음을 진정으로 사로잡으려면 세계인으로서의 마인드를 가지고 많은 문화적 간극들을 좁히기 위해 많은 노력을 기울여야 할 것이다.

이 장에서는 한국의 문화를 세계에 알리는 일에 여러 가지 방면에서 헌신하고 있는 사람들에 대한 이야기가 이어질 것이다.

▶ 사진 5-1 (p. 230 다음 페이지)

세계 1위, 싸이의 말춤과 중국에 간 한국 농부들

만약 우리나라 가수가 부른 순 한국말 노래가 빌보드 차트 2위, 영국 차트 1위에 랭크되고 뮤직비디오는 전 세계인들이 가장 많이 본 동영상이 된다고 미리 예견했다면 실현될 거라 생각하는 사람은 거의 없었을 것이다. 2012년 7월 15일 가수 싸이가 6집 앨범을 내며 타이틀곡 '강남스타일'을 발표했을 때, 그 노래가 이처럼 전 세계적 히트를 기록할 수 있을 거라 예상한 사람은 없었다.

하지만 싸이의 '강남스타일'은 차례로 역사적인 기록들을 갱신하며 세계 대중음악을 주도하는 각국 차트들을 석권했다. 앨범 발매 후 겨우 석 달 남짓 지난 뒤, 영국 음반 순위 집계업체 오피셜차트컴퍼니(Official Charts Company)는 '강남스타일'이 영국 차트 싱글 부문 1위에 올랐음을 발표했다. 또한 '강남스타일'은 미국 빌보드 차트에서 7주 연속 2위에 오르기도 했는데, 2위까지 랭크된 것도 대단하지만 7주나 그 자리를 유지했음이 더욱 놀랍다. 미국 애플 아이튠즈 종합 싱글 차트인 탑 송즈(Top songs)에서도 처음 1위를 차지한 후 석 달이 지나도록 탑3에 드는 인기를 과시했다.

인기만 얻은 것이 아니라 수상 복도 터졌다. '강남스타일'은 MTV 비디오뮤직어워즈, MTV 유럽뮤직어워즈 등 세계적인 음악 시상식에서 수상하는 영광을 누리기도 했다. 2012 AMA(아메리칸 뮤직 어워드)에서 수상한 싸이가 자신만의 독특한 춤인 '말춤'을 쟁쟁한 팝 스타들인 브리트니 스피어스, 마돈나, MC 해머와 함께 선보인 장면은 많은 화제가 되기도 했다. 2012 Mnet 아시안 뮤직 어워즈에서는 3개의 대상 중 하나인 올해의 노래상을 포함, 베스트 뮤직비디오상, 베스트 댄스 퍼포먼스 솔로상, 인터내셔널 페이버릿 아티스트상 등 총 4개의 트로피를 가져가는 놀라운 결과를 보였다. MTV EMA 시상식만 해도 그의 인기를 실감케 했는데, 레드카펫에서부터 '강남스타일'이 울려 퍼지고 진행자는 그를 일컬어 '팝의 왕'이라는 칭호를 선사해 주기도 했다.

매달 8억 명이 방문하고, 하루에 재생되는 동영상수가 40억 개나 되는 유튜브(youtube)는 싸이와 '강남스타일'에 세계적인 명성을 선물한 일등공신이었다. 2012년 11월 24일 오후, '강남스타일' 뮤직비디오는 무려 8억 376만 1,928건이라는 사상 최다 조회 수를 달성했다. 빌보드닷컴은 "싸이와 그의 '일렉트로-팝' 곡은 대중문화에 영감을 줬다"며 싸이를 '베테랑 팝 아티스트'라고 칭했다. 이에 그치지 않고, 1위에 진입한지 13일 만인 12월 7일, '강남스타일' 뮤직비디오의 조회 수는 9억7만 3,389 뷰를 기록 '최다 조회 수' 부문 세계 신기록을 세웠고, 2013년 10월 기준 조회 수 20억 뷰를 바라보는 기록을 이어나갔다. '강남스타일' 뮤직비디오는 동영상에 '좋아요'를 클릭한 사람 수가 사상 최다수를 기록하면서 기네스북 세계 레코드(GWR)로부터 인증서를 받는 진기록을 남기기도 했다.

싸이는 2012년 미국 『타임』지 '올해의 인물' 후보로 등극하여 11월 29일 기준 5위까지 오르는 등 월드스타의 반열에 접어들었다. 같은 해 12월 4일 타임지 선정 '2012년 벼락스타' 부문 1위에 오르는 성과를 거두기도 했고, 미국 대사관으로부터 특수비자인 'O비자'를 발급 받기도 했다. 'O비자'는 특정 분야에서의 능력을 인정받은 외국인에게 주어지는 임시 취업 비자로 세계적 축구 스타 '데이비드 베컴'과 전설적 골퍼 '에니카 소렌스탐' 등이 발급받은 바 있고, 미국 활동이 계속 이어질 경우 매년 무제한 유효기간 연장이 가능하며, 당사자 외에 보조자도 포함되는 아주 특별한 비자다.

싸이의 '강남스타일'이 해외에 한국을 알린 효과는 엄청나다. 산업정책연구원은 2012년 11월 27일 열린 '2012 코리아 브랜드 컨퍼런스'에서 각 분야별로 선정된 개인 수퍼브랜드(Super Brand) 선정 결과를 발표하면서 싸이를 국가브랜드 가치 상승에 기여한 인물 1위로 올리기도 했다. '2013 빌보드 콘퍼런스'에 참가한 미국 대중음악산업 종사자들을 대상으로 한 설문조사에서는, 현재 알고 있는 한국 가수와 노래를 묻는 말에 무려 38%가 싸이와 '강남 스타일'이라고 답했다. 싸이는 이런 업적으로 문화훈장 옥관훈장 수훈자로 선정되기도 했다.

싸이의 '강남스타일'은 개인브랜드가 국가브랜드 상승에 직접적으로 기여할 수 있다는 사실을 극명하게 보여주었다. 개인브랜드가 국민 및 사회, 더 나아가 국가에 대해 얼마나 큰 영향력을 가지는지, 개인의 브랜드 가치를 증명해주는 사례라고 할 수 있다. 그런데 싸이의 글로벌 신드롬이 국가브랜드 가치 상승에 기여한 것은 그의 한국 홍보 의지와도 연관이 있다.

싸이는 이미 2007년 대한민국 관광홍보대사로 위촉된 바 있고, 독도 페스티벌 콘서트(2010) 등에 참여했으며 2012년엔 F1(국제자동차경주) 홍보대사로 국내외에 한국 그랑프리를 홍보했다.

'강남스타일'의 선전이 더욱 큰 의미를 지니고 한국을 알리는 데 직접적인 힘을 발휘할 수 있었던 것은 '강남스타일'이 순수한 한국어로 된 노래라는 점이 결정적이다. 그런데 '강남스타일'이 온전히 한국어 노래로 세계를 누빌 수 있었던 데는 비하인드 스토리가 있다.

2012년 9월 15일 방송된 미국 '퓨즈 뉴스(Fuse news)'와의 인터뷰에서 싸이는 저스틴 비버를 발굴한 스쿠터 브라운과 계약을 맺은 과정에 대해 밝혔는데, 그 결정적 이유로 "'네 노래를 아무 것도 건드리지 않겠다'는 말 때문이었다"며 "우리들의 언어로 된 노래로 미국 시장에 진출하는 것은 나의 꿈이자 모든 한국인들의 꿈일 것이다. 나는 한국어로 그것을 이루고 싶다. 만약 성공할 수 있다면 우리나라에 역사가 될 것이다"고 말했다. 한국어 그대로 미국 시장에 내놓아야만 한다는 것이 제일 중요한 조건이었으며 그가 의식적으로 "한국어로서 그것을 이루고, 우리나라에 역사를 만들고 싶다"는 의지를 천명한 것은 매우 인상적인 일이다. 싸이는 미국 버클리 대학

음대에서 유학했던 경험이 있고, 영어에 익숙하며 충분히 영어로 유창히 말할 수 있는 상황임에도 해외 방송에서 인사말이라든지 몇몇 인상적인 문구를 일부러 한국어로 말함으로서 눈길을 끌기도 했다.

'2012 MTV 유럽뮤직어워드(이하 EMA)'에서 '베스트 비디오' 상을 받은 싸이는 시상식에서 수상소감 중 "강남스타일을 지지해 준 전 세계 모든 분들께, 특히 한국에서의 지지에 감사한다"고 자신의 정체성을 분명히 밝혔다. 그리고는 수상소감의 말미에 한국어로 "감사합니다"라고 외쳤다.

또한 미국 LA에서 있었던 '2012 MTV VMA'에서는 무대 아래에서 진행자 케빈 하트와 '말춤'을 추며 뜨거운 환호와 함께 등장해선 한국어로 "기분이 너무 좋고 행복하다. 이 무대에서 한번쯤은 한국말로 해보고 싶었다"며 "죽이지?"라고 소감을 밝혀 놀라움을 선사했다.

그외 이런 행보가 주는 한국어 홍보효과는 파급효과가 크다. 우리말로 된 노래가 세계 시장에서 선풍적인 인기를 끌어 사람들이 한국어로 된 '강남스타일'을 따라 부르는 것만으로도 한국과 한글에 대한 강력한 홍보가 되는데, 그의 이런 의식적 행동들이 한국을 알리는 데 더욱 큰 역할을 했다. 그는 미국 인기토크쇼인 NBC 〈엘렌 드제너러스 쇼〉에서 "진짜 한국말로 얘기해도 될까요?"라고 운을 뗀 뒤 거침없이 한국어로 대화를 진행해서 함께 있던 리포터를 당황하게 하기도 했다. 심지어 NBC 〈투데이쇼〉의 야외무대에서 진행자와 대화하던 도중 수많은 미국인들이 지켜보는 가운데 우리말로 "대한민국 만세"라고 외치기까지 했다. 사전에 한국말을 하고 싶다고 양해를 구했다지만, 생방송 도중 용기 있는 행동이었음은 분명하다. 귀국 후에 가졌던 여러 기자회견에서 싸이는 이에 대해 "(미국 방송에서 한국어를 하는 것은) 한국 가수의 작지만 큰 꿈이었다"고 밝히기도 했다.

한국어로 된 '강남 스타일'로 해외 차트를 석권하고 세계적인 음악 시상식에서 상을 휩쓴 것들만도 한국을 알리는 일에 큰 역할을 한 셈이지만 자유로운 영어 구사가 가능한데도 일부러 간단하고 인상적인 한국말을 섞은 것은 한국어 해외 홍보에 긍정적이고 강력한 힘이 되었을 뿐 아니라, 이 광경을 지켜보는 수많은 한국인들에게 자긍심을 심어주는 메시지이기도 했다.

이처럼 음악과 대중문화 등을 통해 전달된 한국의 국가 브랜드 가치는 환산하기 어려울 정도로 크고 파급력도 강력하다. 음악과 춤을 즐기는 데는 국경도, 민족적 차이도 의미가 없고 자연스럽게 녹아들어가 긍정적인 기억을 남길 수 있기 때문이다.

그런데 이렇게 현대적인 팝 뮤직 시장과는 다르지만 닮은듯하게 글로벌 문화경쟁시대에 또 다른 방식으로 세계인에게 음악으로 다가가 한국을 알리는 또 하나의 '노래'에 관심과 노력을 기울이는 사람들도 있다. 그들이 애정을 가지고 발전시키고 알리려고 하는 음악은 우리가 보존시켜 나가야 할 옛 노래이자, 4계절이 뚜렷한 농경사회였던 우리나라의 문화적 바탕 안에 존재하는 한국적 전통을 흥겨운 가락에 담아낸 '농요'다.

2012년 10월 4일, 싸이가 '강남스타일이 만약 1위를 하면 많은 시민이 관람할 수 있는 곳에 무대를 설치하고 상의를 벗은 채 공연하겠다'던 약속을 지키기 위해 벌인 광화문 광장 무료공연에서 무려 8만 명의 관객이 몰려들어 광장을 마비시키는 진풍경을 보여주었지만, 사실 싸이의 콘서트에 앞서 하루 전날인 10월 3일까지 미리 서울 광장을 점령하고 있었던 사람들이 있었다.

한가위 연휴기간 광화문광장에서 열렸던 '2012 대한민국 전통연희축제' 이야기다. 문화체육관광부가 주최한 이 축제의 주제는 '우리의 신명으로 通(통)하고, 세계로 통하는 대한민국'이었다.

'대한민국 전통연희축제'는 전통연희의 원형 회복과 현대적 계승을 위해 2007년에 처음 개최되었다. 4회째인 이 축제에서는 사라져 간 공동체 놀이의 하나인 길놀이와 대형 줄다리기가 광화문 한복판에서 재현되고, 한국인과 외국인이 어우러져 전통문화를 체험할 수 있는 다양한 프로그램이 진행되었다. 국악과 전통놀이는 많은 외국인들을 매료시켰지만 특히 인상적이었던 것은 '농요'였다.

길놀이 뒤를 따라 울려 퍼졌던 강화 용두레질 소리는 인천광역시 무형문화제 12호로, 모를 심은 논에 마르지 말라고 물을 부어주며 부르는 농요다. 노동을 하며 불렀던 농요는 고된 노동을 하나의 예술로 승화시킨 연희인데다, 삶과 밀접하게 연관이 되어 있기에 오랜 시간을 전승되며 민족의 희로애락이 깃들어 우리나라의 전통과 정신을 담아내기에 더욱 좋은 그릇이 되었다.

2011년 8월7일 저녁, 어스름이 내려온 취화원 공원광장 특설무대에서는 바로 이런 '한국 농요'가 울려 퍼졌다. 중국 강소성 금호현의 한·중 문화교류 문화축제에 중국 정부의 초청을 받아 온 고성농요 공연단 일행 26명의 공연이었다. 국가 중요무형문화재 제84호 고성농요 공연단은 모내기 도리깨타작 등 노래와 춤을 선보였고 무더운 여름밤 냉방 시설도 없는 야외에서 3천여 관중이 열렬히 박수와 환호를 보냈다. 고성농요의 공연을 보면서 기립박수가 계속됐기에 중국 정부에서 다음날 밤 앙코르 공연을 요청해 재공연이 열렸다. 재공연에서는 관중의 숫자가 약 5천 명을 넘어섰고 출연자와 사진 촬영을 하고 사인을 받으려고 경쟁하기도 했다.

고성농요보존회 회장 김석명 씨는 중국인들이 이 공연에 열광한 이유에 대해, "세계 각국이 기계문명과 외래 문물에 밀려 전래 민속음악이 급속히 소멸되어 버렸다. 특히 중국은 역사적으로 농경문화 양식이 우리와 흡사했음에도 근 1세기 동안의 공산화

김석명

- 고성농요 보존회장, 한국 중요무형문화재 총연합회 회장당선(현재)
- 前 충무 여자 중학교 교장(정년퇴직)
- 1985 고성지방의 농민요를 발굴, 국가중요무형문화재로 지정되는 데 이바지함. (이상수, 유영례가 중요무형문화재 제84호의 인간문화재로 지정됨.)
- [고성농요 공연장]조성 및 [고성농요비]의 건립
- 향토문화상, 푸른기장 및 녹조근정훈장 외 다수

과정에서 과거의 전통과 문화가 상당수 소멸되고 찾아 볼 수 없게 되었다"고 배경을 설명하면서 "고성농요의 공연이 사라져버린 문화의 진실감을 보여주어 전래문화의 향수를 불러일으키고, 사라져 가는 중국 민중들의 감정을 되살리게 된 것"으로 분석했다. 김석명 회장은 고성농요의 해외공연이 "말로만 하는 국위선양이나 민간외교사절의 차원을 뛰어넘어 그들의 마음을 사로잡고 문화를 통한 진정한 교류가 이루어질 수 있다"는 것을 피부로 느꼈다고 말했다.

그는 "글로벌의 문화경쟁시대를 대비하여 새로운 기획과 노력으로 한국 민속음악의 세계화를 위해서 관중과 함께하는 흥겹고 신명나는 공연을 해야 한다"고 강조했다. 그 일환으로 2012년 6월 개최된 제27회 대한민국 민속음악 대축제를 국제 민속음악 대축제로 확대하여 실시하기도 했다.

고성농요는 서민들 일상에 더욱 가까운 문화유산으로, 모를 찌면

서 부르는 소리인 '모찌기등지', 모를 심으면서 부르는 소리인 '모심기등지'와 더불어 '논매기소리', '도리깨질소리', '물레질소리' 등으로 구성되어 있으며 이를 보존하는 단체인 고성농요보존회는 1986년부터 현재까지 전국 최초로 해마다 6월 고성들판에서 직접 농사일을 하면서 농요 공연을 여는 것으로 유명하며, 1972년 김석명 회장이 사라져가는 고성지방의 농민요를 채록발굴해서 1977년 8월 6일 창립(회원 49명) 했다. 1983년 2월 1일 한국 브리태니커 사에서 팔도소리 전집(지구레코드사)에 취입되어 세계 120개국에 시판되기도 했으며 1985년 12월 1일 국가중요 무형문화재 제 84-㉮호로 지정 받았다.

이 단체의 특이한 점은 현재까지 인간문화재, 준인간문화재, 조교 등에 지급되는 전수활동비의 전액 또는 일부를 보존회에 헌납하여 기금으로 조성하고 있다는 점으로 영리적 목적이 아닌, 민속 전통을 보존하고 계승하려는 진심어린 사람들의 노력으로 이어진 단체다.

2005년부터는 향토민요 무료 강습회를 개최하고 우수한 학생을 선발하여 지금까지 200명에 가까운 학생들에게 고성농요장학금을 지급했다. 2007년 한·일 문화교류겸 영호남제주민속음악축제를 개최하고 2008년 국제민속음악학술토론회(한·중·일)를 개최했으며 일본 토쿠시마 단풍 축제에 참여해 공연했고 2010년 한중민속음악합동공연을 성황리에 마쳤다. 또한 2010년에는 일본 오카야마정부초청으로 국제문화교류 페스티벌 및 일본국민문화축제 공연을 마치고 돌아왔고, 2013년 뉴욕 맨해튼 거리 퍼레이드 및 공연 등 해외교류에도 많은 관심을 쏟아왔다. 2009년부터 매년 대한민국민속음악대축제를 개최하며, 국제민속음악 대축제로 발전시키고자 노력하고 있기도 하다.

우리 농요가 해외에서 좋은 성과를 거둔 소식은 이외에도 간간히 들려온다. 2012년 11월 28일에는 태국에서 씨리킷 여왕이 설립한 아유타야 방사이 예술공예센터에 홍성군의 결성농요가 울려 퍼지기도 했다. '러이 끄라통(Loi Krathong) 축제'에 초대받은 것이다. '러이 끄라통'은 태국인들의 큰 명절로 태국력 12월 보름에 행해지는 축제다. 이 공연에서 홍성결성농요보존회(회장 조광성)는 용신제, 모내기, 건쟁이, 뚝매기, 아시매기, 쉴참놀이, 만물, 일을 마친 후 행진, 한마당 큰놀이 등 결성농요 9마당을 흥겹게 풀어놓았다. 태국 역시 비옥한 토지를 가진 천혜의 농경사회로서 오랜 시간 농경문화를 일구어 온 전통이 우리나라와 흡사한 점이 있기에 더욱 공감과 호응을 얻어낼 수 있었던 것으로 보인다.

이외에도 음악으로 세계인의 가슴에 물들고자 하는 노력은 오늘도 많은 사람들에게서 이루어지고 있다. 관건은 어떻게 외국인들의 마음을 열고 그들을 '즐기게' 할 수 있는가에 있을 것이다. 기꺼이 한국어로 '강남스타일'을 신나게 부르며 말춤을 추고, 싸이 패러디를 만들며 즐거워하는 외국인들, 옛 전통에 대한 향수를 느끼는 지점이 서로 맞닿아있는 우리와 그들의 '교감의 접점'을 찾아 정서적 공감대를 이끌어내며 성공을 거둔 우리 농요의 해외 공연처럼. ▶ 사진 5-2, 5-3 (p. 230 다음 페이지)

미션_대한민국을 홍보하라,
서경덕의 끝없는 도전

뉴욕타임스에 한국 문화를 광고

한다? 가능한 일일까? 아마 대부분의 사람들이 생각조차 해보지 못한 일일 것이다. 하지만 '안 될 게 뭔가'라고 생각한 호기로운 젊은이가 있었다.

그의 이야기는 한 15년 이상 거슬러 올라가야 한다. 세계화란 말이 유행처럼 입에 오르내리기 시작하던 시기였다.

"그 당시에도 세계를 향해 몸을 던져보고 싶단 생각은 했죠. 뭔가 글로벌 마인드는 있었던 거 같아요. 단순히 책이나 매체

> **서경덕 (39)**
> - 성균관대학교 조경학과 졸업
> - 고려대학교 생명환경과학대학원 박사과정 수료
> - 현재 성신여자대학교 교양교육원 교수
> - 2010 문화체육관광부 해외문화홍보원 자문위원
> - 2010년 제6회 환경재단 세상을 밝게 만든 사람들
> - 2011 광고진흥발전 유공자 문화부장관표창
> - 2011 국가브랜드위원회 위원

에서 접하는 것을 넘어서서 스스로 세계와 부딪쳐보고 내가 세계에 공헌할 수 있는 일이 대체 뭐가 있을까? 하고 생각했던 것은 사실입니다. 하지만 막연한 생각일 뿐, 그저 평범한 대학생이었을 뿐이었어요."

'한국문화홍보전문가'로 잘 알려져 있는 성신여대 서경덕 교양교육원 교수는 필자와의 인터뷰에서 당시를 이렇게 회상했다. 그의 회상을 따라가 보면 그가 어떻게 '한국문화홍보'를 시작하였는지 그 출발점을 더듬어볼 수 있다. 그는 고교 때부터의 꿈이었던 세계여행, 그 소망을 이루기 위해 대학생 시절 열심히 모은 돈을 털어 무작정 유럽으로 배낭여행을 떠났다.

하지만 세계를 알고자 하는 열망으로 가득 차 밟은 유럽 땅에

제5장 한국 문화와 한류

서 그는 숱하게 '중국인이냐, 일본인이냐?'는 질문을 받았지만 정작 '한국인이냐'는 질문은 한 번도 받지 못했다. 당시만 해도 유럽인들이 한국에 대해 거의 알지 못하던 시절이었다.

"한국이 너무나 안 알려져 있어서 … 어떻게든 한국을 알리고 싶은 오기가 났죠. 당시에는 자신이 갔던 나라의 국기를 배지로 다는 것이 유행이었는데 그 다음부터 '이게 한국이라고 알려줘야지' 하는 생각으로 외국인들에게 배지를 선물하고 직접 달아주었어요. 그걸 위해서 남대문에 가서 배지를 10만 원 이상 3백 개도 넘게 샀었지요. 사실 학생에겐 꽤 큰 금액이었거든요. 그런 일부터 시작을 한 거예요. 그래서 영문으로 된 대한민국 소개 책자와 부채나 태극배지 같은 기념품을 사서 만나는 사람마다 나눠주고, 현지 관광안내소에 배포했습니다. 그것이 제 첫 한국홍보 활동이죠."

상상하면 미소가 지어지는 광경이다. 한국을 알리겠다는 마음으로 무작정 가진 돈 탈탈 털어 구입한 3백 개가 넘는 배지를, 한국을 알리는 작은 광고판처럼 생각하고 가방 가득 넣어 어디나 메고 다니던 젊은 대학생의 모습, 그 많은 배지들이 무거운 줄도 모르고 가볍기만 했을 그의 발걸음을.

그러다 그는 뉴욕 메트로폴리탄 박물관에 방문하게 되었는데 거기서 한국어 서비스가 지원되지 않는다는 사실을 알게 되었다. 너무나 기대했던 박물관에서 세계 수많은 언어를 지원하고 있는 가운데 한국어 서비스는 없다는 사실이 그는 무척 실망스러웠다.

한국 관광객이 이렇게 많은데, 그런 서비스는 반드시 있어야 한다는 생각 하나로 그는 무턱대고 박물관에 전화를 걸었다.

하지만 이리저리 전화를 돌려대는 통에 정작 담당자와는 말도

코리아브랜드, 세계를 매혹시키다

못했던 그는, 끈질기게 다음날도 그 다음 날도 또 전화를 걸어 언어담당 책임자를 찾았다. 자그마치 두 달이 걸렸다. 줄기차게 전화한 덕분일까. 2개월 만에 디렉터를 만나게 되었다.

그러나 기쁨도 잠시, 한국어 서비스 지원에 상당한 금액의 후원금이 필요하다는 실망스러운 답변을 얻었다. 대부분의 사람들은 두 달을 기다리지 못할뿐더러 이 시점에서 가슴은 쓰리지만 포기하고 말았을 것이다. 하지만 그는 오로지 새로 얻은 '기회'에만 집중했다. 그는 일단 그 소중한 찬스를 잡기로 했다. 박물관 측에 '계약서를 쓰자'고 한 것이다.

그리고서는 다음날 바로 비행기를 타고 한국에 돌아와 200군데를 찾아다니며 한국어 서비스를 후원해줄 곳을 찾아 다녔다.

"박물관 한국어 서비스에 몇 억이 드는데 일개 대학생인 저에게는 도무지 마련하기 어려운 금액이었죠. 정말 어느 문턱이든 가리지 않고 발이 닳도록 돌아 다녔는데, 어려울 줄은 알았지만 그렇게까지 힘들 줄은 몰랐었어요. 요즘은 이런 활동에 대한 관심도 많이 높아지고 여건이 좋아진 편이지만, 그 때 당시에는 민간인으로써 이런 프로젝트를 만들고 도와줄 사람을 찾는다는 게 하늘의 별 따기처럼 힘들었어요. 그러자 그 메트로폴리탄 박물관 디렉터 얼굴이 생각나는 거예요. 저에게 기회를 줬는데 못 해가면 '한국 사람들이 그렇지 뭐' 이런 이미지를 줄까봐 두렵고 걱정스러웠어요. 크게는 한국어 서비스를 성공시키고, 작게는 한국 대학생의 열정을 어필할 수 있는 좋은 기회라고 생각했어요. 정말 열심히 뛰었죠." 서경덕 교수는 그 때의 일을 어제처럼 생생히 회상했다. 15년 전 젊은이의 패기 어린 열정이 얼굴 한 편에 스쳐

가는 듯 했다.

계약서상의 기간 만료가 목전에 다가올 시점에서야 마침내 후원할 곳을 찾아냈다. 007 작전처럼 아슬아슬하게 느껴지는 순간이었다. 숨 가쁘게 미국으로 날아가 디렉터에게 후원금을 내미는 순간 그의 마음은 얼마나 설레고 벅찼을까?

사람의 깨끗한 열정은 다른 사람에게 피부로 전달되는 법이다. 나라가 다르고 언어가 달라도, 인간의 진심은 공기처럼 스민다.

한국에서 온 일개 대학생이 이루어낸 일에 대한 감동은 그들 역시 엄청나게 받아들였다.

"그들도 놀랐던 거죠. 다른 나라에서는 정부관계자, 기업이 찾아와 우리가 이렇게 기부하겠다고 선언을 한 뒤 진행하는 게 보통이거든요. 그런데 한국 대학생, 한 명의 민간인이 오로지 순수한 마음 하나로 자국어 서비스를 위해 찾아온 것도 매우 인상적인 일이라 그 마음을 믿고 계약서를 써 준 것이지만 솔직히 정말 해낼 수 있을지 회의적이었을 거예요. 그런데 진짜 해내다니! 놀라웠겠지요. 한국인에 대한 이미지 자체가 달라지는 순간인거죠. 지금도 그들은 다른 한국인을 만나도 그 얘기를 한다고 합니다. 그들의 마음을 움직인 거죠."

서경덕 교수는 인터뷰 내내 이 '마음'이라는 단어를 중요시했다. 한 사람의 마음을 설득할 수 있다면, 한 사람의 마음을 끌어올 수 있다면, 그것이 나비효과처럼 멀리 퍼져서 수많은 사람들의 마음을 향하게 할 수 있는 것이라고 그는 확신하고 있었다.

"대외적으로 티켓박스에 한국어가 꽂혀있는가 아닌가는 큰 차이예요. 우리가 해외 어느 곳에 방문하더라도 한국어 서비스가 있는지 없는지를 꼭 보게 되잖아요. 외국인도 마찬가지거든요. 티켓박스의 한국어를 보면서 '한국어라는 게 있었나?'하게 되겠죠. 수백만 명이 찾는 박물관에 한국어서비스가 제공되고 있는 걸 보면 외국인들은 한국에도 고유한 언어가 있다는 것을 알게 되고, 이런 것들이 한국의 이미지를 제고하는데 도움이 됩니다. 이것은 거시적인 홍보이겠지만 저는 미시적인 홍보도 중요하다고 생각합니다. 일단 그 디렉터에게 감동을 주었고 평생 그가 한국에 대한 이미지를 좋게 가질 것이란 사실이 비록 작지만 아주 큰 의미를 지닌 거라고 생각해요."

이후 그는 뉴욕현대미술관, 미국자연사박물관, 스미소니언 박물관에도 한국어서비스를 할 수 있도록 만들었다. 2012년 4월13일 상해임시정부청사가 설립된 날을 기념해 배우 송혜교와 함께 한국어 안내서를 제공하기도 했다. 그는 '우리 역사에 대한 관심만이 우리의 유적지를 지켜냅니다'라고 자신의 SNS에 올리기도 했다.

"대학생 때 일입니다. 해외를 나가다보니 그 당시는 저도 대학생이다보니 각국 대학과 대학 도서관도 둘러보게 되었지요. 도서관이 오픈이 되어있는 것이 인상적이었어요. 외국 대학 도서관들은 규모도 크고 정비도 잘 되어있었는데 주민들에게 자유롭게 개방을 했어요. 혹시 우리나라 관련 책이 있을까? 가슴 두근대며 찾아가 보았지만 아시아 섹션에 한국에 관한 책이 너무나 적더라구요."

하지만 그는 실망에 그치지 않고 한국 관련 책이 없는 것에 아이디어를 얻었다. 또 하나의 '할 일'을 발견한 것이다.

"도서관에 한국 관련 책을 기증해보자. 그런 결심을 했어요. 그래서 귀국 후에 영문으로 된 한국 홍보책자를 찾기 시작한 거죠. 그래서 국립중앙박물관도 가보고 교보문고도 가보고 했지만 적당한 책을 찾기가 어려웠어요. 책값도 만만치 않았는데 여러 권 샀죠. 그리고 해외 도서관들에 기증을 했어요. 안 받는 도서관도 있었지만, 일일이 설득했어요. 그런 일들이 점차 확대되고 이게 가능하겠구나 싶었죠. 그러다보니 점차 커져나가게 된 거예요.”

대학 도서관에 한국 관련 책들을 늘리는 것만으로도 미래의 세계 지성들이 우리나라에 대해 알고 접할 수 있는 통로가 늘어나는 일이라고, 그는 생각했던 것이다.

“일단 들이대보는 겁니다.” 그는 자신이 이뤄낸 많은 일들의 비결을 한 마디로 요약한다.

농담 섞인 말이지만 그 안에는 그의 철학이 있다. 그는 무엇이든지 시작하고, 도전하는 것이 중요하다고 강조한다. ▶ 사진 5-4 (p. 230 다음 페이지)

해외 언론에 한국 문화를 광고하라

서경덕 교수는 사실 미국 유력지 등에 ‘독도는 한국 땅’이며 ‘일본해가 아니라 동해’라는 내용의 독도광고를 한 것으로 더 유명해진 인물이다.

그는 2002년 한·일 월드컵을 전후로 한국을 홍보하는 활동에 본격적으로 나섰다. TV 프로그램에서 잔디옷을 만드는 사람을 보고 월드컵을 홍보하는 좋은 소재라고 생각하고 미국 뉴욕까지 찾아갔다. 하지만 그 넓은 미국 땅에서 사람 하나를 찾는 일은 ‘서울에서 김서방 찾기'보다 어려운 일. 결국 4개월 간 찾아 헤맨 끝에 사립탐정까지 고용해 '잔디옷 사나이' 진 풀 씨를 만나 협조를 얻어냈다니, 실로 놀라운 열정과 집념이 아닐 수 없다. 결국 그는 월드컵을 상징하는 '잔디재킷'을 만들어 친환경 월드컵의 중요성을 알리기도 했다.

이후 2005년 3월 16일, 일본 시마네현 의회에서 '다케시마(竹島: 독도의 일본식 이름)의 날' 조례안이 가결됐다24)는 소식을 듣고 그는 세계에 일본의 부당함을 알릴 길이 없을까 고민했다. 시마네현은 독도 영유권을 주장하는 TV 광고를 시작했고 3개 지역 민방을 통해 '돌려달라! 섬과 바다'란 제목의 동영상 광고를 내보내며 독도를 다케시마로 명명해 일본 땅으로 고시한지 100년이 되는 해라고 주장했다.

국제 여론을 우리 편으로 만늘 방법이 무엇일까 생각하던 그는 고심 끝에 대대적인 광고 캠페인을 기획했고, 2005년 7월 27일 뉴욕타임스 사회면에 "독도는 한국 영토입니다(Dokdo is Korean territory)"라는 제목의 의견광고를 올리게 된다.

광고료가 얼마인지도 모른 채 무작정 뉴욕타임스에 찾아가 담당 직원을 만났다. 국제 면에 이런 광고를 싣겠노라며 내민 독도 광고예비시안을 보고 담당자는 어이없어 했다고 했다. 지도를 오려 풀로 붙여 손수 만든 광고시안을 가져오는 광고주는 처음 봤기 때문이었다. 그러나 서경덕 교수는 광고국 직원을 설득했고, 밤샘을 해가며 준비해 광고를 성사시켰다.

"독도는 한국 땅이다(DOKDO IS KOREAN TERRITORY)"라고 쓴 이 광고는 전 세계적인 화제가 되었다. 평범한 청년이었던 그가 홍보 프리랜서로 일해서 번 돈을 쏟아 부어 순수하게 자비를 털어 낸 광고였기에 더욱 감동을 선사했다. 이때부터 그는 한국홍보전문가라는 이름을 얻게 되었다.

"뉴욕타임스 광고를 보고 세계적인 통신사가 이 소식을 전 세계로 보도했습니다. 그것을 보고 각 나라의 한인회가 자기 나라 유력지에 똑같은 광고를 넣고 싶다고 연락이 오고, 디자인회사에서는 무료로 디자인 해주겠다고 나서더군요."

그가 낸 뉴욕타임스 광고는 많은 준비 끝에 성사된 것이었다. 철저한 자료 조사, 수많은 외국인들을 대상으로 테스팅 작업을 거치고, 혹시 있을지 모르는 반박 광고까지 고려하며 몇 개월에 걸친 작업 끝에 게재했다고 한다. 그리고 폭발적인 반응을 뒤로하고 그는 또 다음 광고에 들어갔다. 이번엔 '동해'를 알리는 것이었다.

동해와 독도가 들어간 대한민국 지도를 넣어, 동해에 독도가 있다는 것을 보여준 광고는 같은 해 11월 21일, 뉴욕타임스와 함께 미국 신문의 양대 산맥이라 할 수 있는 월스트리트저널에 실렸다. 당시 월스트리트저널의 광고 담당자는 이런 소감을 남기기도 했다. "국가적 현안에 대해 개인이 의견 광고를 낸다는 건 쉬운 일이 아니다. 훗날 이 광고들은 국제적인 증거 자료가 될 수도 있을 것이다."

서경덕 교수가 이처럼 다양한 광고를 내는 동안 그의 곁에는 그의 활동을 지지해주는 좋은 동지가 있었다. 가수 김장훈 씨였다. 그는 서경덕 교수와 함께 국제적인 독도, 동해, 위안부 문제를 광고하고 한국 문화를 알리는 등의 활동에 동참하였고 전폭 지지했으며 광고비를 후원하기도 했다.

서 교수가 다큐멘터리를 제작하며 서로 알게 된 두 사람은 금방 의기투합했다. 서 교수는 이 일화를 MBC 예능프로인 '무릎팍 도사'에서 소개하면서 "내가 뉴욕타임스 독도관련 전면광고를 계획하겠다고 했더니 (김장훈 씨가) 딱 3초 생각한 뒤 '그 광고 내가 쏘겠다'고 말했다"고 밝히기도 했다. 이어 서 교수는 "광고비가 얼만 줄 아냐고 되물었지만 '얼마나 됐건 내가 해결하겠다'고 말해 감동받았다"고 덧붙였다. 그렇게 김장훈 씨의 전액 후원으로 이루어진 광고가 바로 2008년에 낸 "Do you know?"라는 카피문구의 뉴욕타임스 광고다.

"당신은 알고 있는가? 지난 2000년 동안 한국과 일본 사이의 바다는 동해로 불려 왔다. 동해에 위치한 독도(2개의 섬으로 이뤄진)는 한국의 영토이다. 일본 정부는 이 사실을 인정해야만 한다"고 말하는 광고는 여기에 덧붙여서 독도의 역사적 배경과 정보에 대해 알고 싶다면 'www.ForTheNextGeneration.com'을 방문해 주길 바란다고 적었다.

2012년 새해를 맞은 지 며칠 지난 1월 9일 김장훈 씨는 자신의 미투데이에 "서경덕 선수와 타임스퀘어에서 만나 모종의 음모를. 약속도 안했는데 우연히 뉴욕도킹인걸 보면 전생에 인연이 있었나본데 왜 하필 서경덕. 그렇다면 저는 전생에 황진이였던 건가요?(조선시대 황진이의 연인이었던 화담 서경덕과 서 교수가 이름이 같은 데 빗대어 농담한 것임)"라며 둘 사이의 인연과 동지의식에 대해 재미있는 글을 올리기도 했다.

그들은 신문 광고에 그치지 않고, 세계 관광객들이 가장 많이

제5장 한국 문화와 한류

227

모인다는 뉴욕 타임스퀘어 광장의 CNN 전광판에 독도 동영상 광고를 냈다. 각 나라를 대표하는 섬들을 예로 들면서 'VISIT DOKDO'라는 콘셉트로 자연스럽게 다가갈 수 있게 한 광고였다.

"독도는 역사적, 지리적, 국제법적으로 명백히 우리 고유의 영토이기에 '독도는 한국 땅'이라는 홍보보다는 문화관광 쪽으로 콘셉트를 잡아 홍보하는 것이 외국인들에게 더 자연스러울 것"이라는 게 그들의 생각이었다.

독도에 관한 기존 광고는 독도를 분쟁지역으로 인식하게 해서 우리나라에 대한 인식에 오히려 좋지 않은 영향을 줄 수 있으므로 '관광지 독도'라는 긍정적 이미지와 함께 자연스럽게 독도는 한국 땅이라는 메시지를 심어주려고 한 것이다.

2009년 그들은 "뉴욕타임스의 실수(Error in NYT)", "워싱턴포스트의 실수(Error in WP)"라는 내용으로 일본해로만 표기하는 언론사들에 '동해'가 옳은 표기임을 지적하는 내용을 싣기도 했고, 2009년 10월 19일자 『월스트리트저널』에서 처음으로 '동해(East Sea)'가 적힌 지도를 신문에 게재하는 일도 해냈다.

2009년 8월 29일 『월스트리트저널』은 연안호 선원 석방 소식을 전하며 "한국의 어선이 '동해, 혹은 일본해(East Sea, or Sea of Japan)'에서 북한 영해 쪽으로 방향을 잃고 넘어갔다"라는 표현을 썼다. 지금까지 『월스트리트저널』은 한반도 관련 기사를 게재할 때 관련 지도에는 '일본해'만을 단독 표기해 왔고 기사에서도 '일본해'를 대부분 단독 표기했다. 간혹 병기를 한다하더라도 '동해'보다 '일본해'를 먼저 표기해 왔다. 이처럼 '동해'를 '일본해' 보다 먼저 표기한 것은 매우 이례적인 일이었다. 이는 그동안의 노력과 많은 시도가 결실을 맺은 결과이기도 했다.

물론 나쁜 일도 있었다. 광고를 낸 후 일본 우익단체 등으로부터 협박 메일도 많이 받았다. 서 교수는 "비공식적이지만 'f로 시작하는 욕'이 제목인 메일을 저만큼 많이 받은 사람은 없을 것"이라며 아무렇지도 않게 웃었다.

김장훈 씨와 함께 한 독도, 위안부, 고구려 광고 외에도 서경덕 교수는 타임스퀘어 광장 전광판에 각종 한국 홍보 영상물을 수없이 소개했다.

2010년에는 한국전쟁 60주년을 맞이해 6·25전쟁 참전자들에게 감사의 메시지를 전달하기도 했다. "What are these numbers? (이 숫자들은 무엇인가요?)"라는 제목의 이번 30초 영상광고는 룩셈부르크 83명, 남아공 826명 등 16개 참전국 참전인원이 더해져 평화를 이룬 것에 감사한다는 내용을 담고 있다. 이 광고는 2010년 6월 21일부터 2주간 350여회 노출되었고, 아리랑 TV와 코리아 TV를 통해 전 세계로 퍼져나갔다.

2011년 여름 서경덕 교수는 뉴욕 타임스퀘어 광장에서 가장 큰 TSQ 광고판에 아리랑 영상을 상영했다. 타임스퀘어 아리랑 영상은 '들리시나요?? (Do you hear?)'라는 제목으로 30초 분량으로 1시간에 두 번씩 한 달간 약 150회 가량 뉴욕의 중심에서 소개되었다. 네티즌 모금과 서 교수 본인의 사비를 털어 마련한 이 광고는 그가 한 개인으로서 이룬 또 하나의 성과다.

2012년 4월 6일 일본은 이미 예고한대로 일본의 외교정책을 담은 '2012 외교청서'를 확정하고 발표했다. 그런데 이번에는 독도가 국제법상으로 명백하게 일본고유의 영토라는 내용이 담겨있어 더욱 문제가 되었다.

이에 앞서 뉴욕타임스가 독도와 동해 문제 관련 광고를 더 이상 게재하지 않겠다는 입장을 밝혀 논란이 되기도 했다. 2012년 3월 19일 일본 요미우리신문에 실린 보도 내용에 따르면 3·1절을 맞아 김장훈 씨와 서경덕 교수가 뉴욕타임스에 게재한 독도 홍보 광고와 관련해 뉴욕 일본총영사관이 뉴욕타임스에 공식으로 항의했고, 이에 뉴욕타임스가 독도, 동해 문제를 다루는 광고는 앞으로 게재하지 않겠다고 화답했다는 것이다.

그러나 이에 굴하지 않고 서경덕 교수와 김장훈 씨는 바로 2달 남짓 지난 2012년 5월 29일 뉴욕타임스에 매우 인상적인 위안부 광고를 게재했다.

미국 뉴저지 주에 위치한 '일본군 위안부 기림비'를 뉴욕 일본 총영사관에서 철거를 요구하는 것에 대응하자는 의미가 담겨 있는 이 광고에는 1971년 독일 전 총리 빌리 브란트가 폴란드의 전쟁 희생자 묘비 앞에서 사과하는 모습이 담겨있다. "Do you remember?"라는 제목의 이 광고는 진솔하게 사죄한 독일 총리의 모습을 빗대어 일본의 사과를 촉구하고 있다.

서경덕, 김장훈 콤비는 앞으로도 계속 이처럼 국제적 여론을 환기시키기 위한 행보를 계속할 예정이지만, 이런 일련의 사건들은 각국의 첨예한 이해관계 속에서 자신의 자리를 지키는 것이 온전히 스스로의 몫이며 잠시도 안심할 수 없는 전쟁과 같음을 우리에게 다시금 깨닫게 한다. ▶ 사진 5-5부터 5-7까지 (p. 230 다음 페이지)

5-1 SM 파리 공연 연장을 요구하며 시위하는 프랑스 사람들

5-2 2011 고성농요보존회 중국 강서성 금호현 금호광장 야간공연

5-3 중국 회읍 한중 무형문화재 교류공연 장면

5-4 서경덕교수

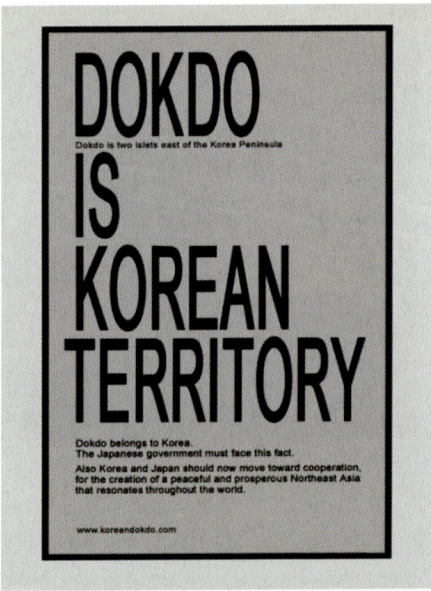

5-5 뉴욕타임즈 독도광고(2005)

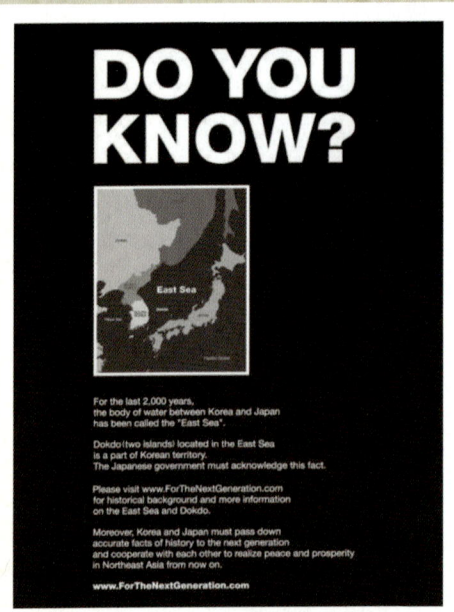

5-6 뉴욕타임즈 독도광고(2008)

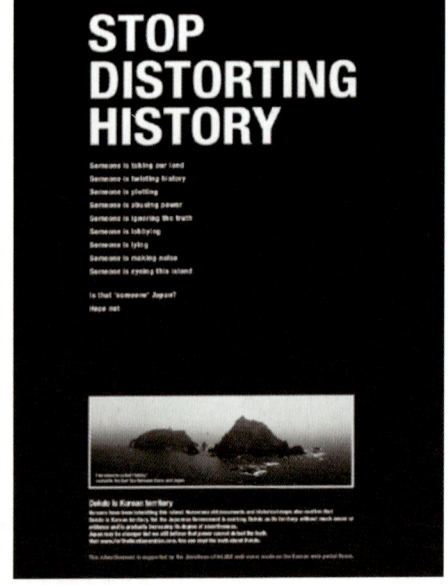

5-7 독도광고

5-8 독도페스티발 원정대와 김장훈

5-9 독도콘서트에서 김장훈과 서경덕

5-10 사진집 『독도를 콘서트하다』에 나오는 사진 중 하나

5-11 영화 〈미안하다독도야〉 포스터

5-12 독도에서 포즈를 취하는 김장훈

독도에서 콘서트를! '독도지킴이' 가수 김장훈

가수 김장훈 씨는 130억 원 이상을 기부한 기부천사, 서경덕 교수와 각국 유력지와 뉴욕 타임스퀘어 전광판에 독도 광고를 내고, 독도에서 공연까지 한 '독도 지킴이' 등 많은 별칭으로 불린다.

김장훈 씨는 서경덕 교수와 해외 유력지와 뉴욕 타임 스퀘어 전광판 광고를 함께 하기도 했지만, 사이버 외교사절단 반크의 홍보대사로 활동하며 반크에 큰 후원 및 협력을 하기도 했다. CF 모델료 1억 원을 반크에 전달하여 독도가 표기된 세계지도와 한국 역사와 풍광을 담은 엽서, 한국 역사가 담긴 외국인 대상 교재 등을 제작하는 데 힘을 보태기도 했다.

> **김장훈 (45)**
> - 1991년 1집 앨범 '늘 우리 사이엔'으로 데뷔, 현재까지 가수 활동 중
> - 2002 기자들이 뽑은 2001년 최고의 선행 연예인
> - 2007 제19회 아산상 사회봉사상
> - 2008 제35회 한국방송대상 가수상, 반크 홍보대사
> - 2009년 대한민국 나눔대상 통일부장관상 수상, 제5회 통일문화대상 수상
> - 2010 자랑스런 한국인 대상 나눔봉사부문
> - 2011년 제1호 나눔홀씨 홍보대사
> - 2012 밝은사회클럽 세계평화봉사대상 연예인봉사부문

그는 반크를 지원하기 위해 반크 회원들을 초대해서 콘서트를 여러 번 열기도 했는데, 특히 '독도 콘서트'가 유명하다.

2011년 삼일절인 3월 1일, 독도에서 아주 의미 있는 행사가 벌어졌다. 김장훈 씨가 준비한 '독도 콘서트'가 열린 것이다. 반크, V-원정대 등과 함께 한 이 콘서트는 부슬비를 맞으면서도 그 열기가 뜨거웠다. 강릉 선착장에서 약 4시간 반 동안 부지런히 가야 겨우 도

착하는 독도, 1년에 독도에 갈 수 있는 날씨는 백일이 채 되지 않을 만큼 가기도 쉽지 않은 곳에서 수백 명의 사람들이 참여한 가운데 공연은 팬들의 신청곡 '애국가'로 시작되었다. 한국 전통문화를 살리는 사물놀이패와 판소리 공연자들까지 참여하여 흥을 더했다.

2011년 10월 25일 그는 독도의 날을 기념해 사진집 『김장훈의 독도를 콘서트하다』를 발표하기도 했다. 3,000부 정도 만든 사진집은 이벤트를 통해 무료 배포했고 사진집 출간 및 관련 행사에 드는 모든 경비는 김장훈 씨가 전액 자비를 털어 부담했기에 더욱 주목을 끌었다.

이 사진집은 기존의 독도 서적과는 달리 사람들과 함께 만든 사진집으로, 김장훈 씨의 싸이월드 미니홈피, 미투데이와 네이버 블로그 등을 통해 독도에 관한 사람들의 느낌을 공모 받아 선정된 사람의 이름과 글들을 책에 게재하여 함께 만드는 책의 의미를 더했다.

사진집 발표와 함께 그는 독도 페스티발을 개최했다. 갤러리에서는 사진전이 열리고 옥상, 앞마당, 엘리베이터 등을 모두 독도를 주제로 테마화해서 이른바 '도시속의 독도'를 실현하는 이 페스티벌은 사진집 출간을 계기로 하여 독도에 대한 대중의 관심을 불러 모으기 위한 뜻있는 행사였다.

김장훈 씨는 그동안 중국의 고구려 역사 왜곡에 대항해 '살수대첩'이란 공연을 펼쳤고, 고이즈미 일본 총리의 야스쿠니 신사 참배와 역사 왜곡을 비난하는 공연 포스터를 제작하는 등 첨예한 역사의식을 보여 왔다.

김장훈 씨는 세종대 호사카 유지교수와 손잡고 2011년 9월 23일 독도 전문 사이트 '트루스 오브 독도 닷컴 www.truthofdokdo.

com'을 오픈하기도 했다. 이 사이트는 개설 열흘 만에 조회자 30만 명을 돌파하는 등 폭발적인 관심을 끌었다. 전문 학술 사이트로서는 이례적인 일이다.

김장훈 씨가 제작비를 대고 구성에 참여했으며, 한국으로 귀화한 일본인이자 독도연구소 소장인 호사카 유지교수가 자료 정리를 맡아 만든 이 사이트의 오픈 배경을 김장훈 씨는 "독도에 대한 진실된 논리적 정리와 배포만이 우리가 이기는 길이다"라고 설명했다. 서경덕교수팀 역시 이 사이트의 디자인과 시스템을 실비로 만드는 등 재능기부로 힘을 모았다.

세종대 교양학부 교수로 재직하면서 한일 관계사와 독도 관련 과목인 '역사와 한국의 영토'를 강의하고 있는 호사카 유지교수는 앞으로 이 사이트에 일본의 억지를 무력화시킬 수 있는 논리를 추가해 나갈 것이라고 했다. 그동안 호사카교수는 정밀한 '논리'가 있어야 바르고 정확히 행동할 수 있고, 독도에 대하여 영유권을 확실히 주장할 수 있다고 강조해온 바 있기도 하다.

모든 콘텐츠가 알기 쉬운 동영상 플래쉬로 제작되었고 유튜브로 바로 전 세계에 배포가 가능하도록 사용자 중심으로 만들어져 있다. 2011년 11월에는 스마트폰용 애플리케이션으로까지 제작했다. 앞으로 일본판과 영어판 등 다양한 언어지원을 추가하여 세계적 사이트로 만들어 나갈 예정이다.

특히 이 사이트에서는 일본 고지도에는 독도가 없다는 내용의 '독도의 진실' 영상이 공개돼 네티즌의 주목을 끌었다. 이 영상에는 일본 정부가 과거에 제작했던 지도에 독도가 포함되지 않은 사실을 보여주고 있다.[25]

▼

필자가 만난 김장훈 씨는 겸손하고 의지가 굳은 사람이었다. 그가 항상 전액기부를 고집해왔고 그동안 자신의 활동에 대해 많은 이야기를 보태지 않았던 것은 자신의 순수한 뜻을 지키기 위해서였다면서 조심스러워했다.

그가 한 말 중 가장 인상적인 문구는 '독도는 축복이다'는 것이었다. 독도가 비록 갈등과 분쟁의 중심에 서 있지만 사실 자신은 독도를 '축복'이라고 생각하며 그렇게 부르고 싶다는 것이다.

그는 독도와 동해를 문제 삼아 한·일 양국이 부딪치고 대립하자는 것이 아니라 오히려 독도 문제를 확실히 해결하고 난 뒤 그것을 기회로 삼아 한·일 양국의 진정한 화합과 공생을 도모하자는 것이라고 강조했다.

사죄 받을 것은 정당히 사과를 받고, 문제는 분명히 해결하고 매듭짓고 나서, 양국 관계를 개선하고 동아시아의 발전을 이끌어 나가자는 것이지 독도를 무기로 일본을 공격하여 반목하고자 하는 것이 아님을 분명히 하고 싶다는 것이다. '가시를 뽑고 이웃친구가 되자'는 것이 일본이 알아주었으면 하는 그의 뜻이다.

또한 그는 한국인이라면 누구나 독도 문제로 한 마음 한 뜻이 되기도 하고, 독도로 인해 자라나는 아이들에게 국가관이나 민족관이 생기기도 하는 등 결국 독도는 모든 사람이 좀 더 열심히 살게 하는 계기가 된다고 생각한다. 그런 의미에서 독도의 존재는 우리에게 축복이 될 수 있다는 것이다.

그에게 사실 독도는 '궁극'이 아니다. "사실 저의 궁극적인 목표는 한국의 국가브랜드를 높이는 것이고 독도는 그 중에 한 일환일 뿐입니다. 저희가 낸 광고 중에 한국 관광을 촉구하면서 간접적으로 독도를 홍보한 적도 있는데요. 한국의 이미지를 신장하고 세계에 바르게 알리기 위한 것이 사실 근본적 목표라 하겠습니다. 독도 문제나 위안부 문제를 다루는 것도 그 목표를 향해 가는 하나의 길이구요."

그러나 그는 세계를 향한 활동을 하려면 꼼꼼한 전략과 논리로 무장해야 한다는 것을 거듭 강조한다. 조직적이고 치밀한 일본의 전술을 이기기 위해서는 그것을 능가할 만큼 더 치열하고 더 논리적이어야 한다는 것이다. 그는 "일본이 노리는 건 과격한 대응이고 일본이 두려워하는 건 논리적인 정리와 배포, 습득일 것"이라고 소신을 밝힌 적 있기도 하다.

엄청난 기부를 하고 본인은 정작 전셋집에 살고 있는 것으로 뉴스를 탄 적도 있는 김장훈 씨는 2012년 7월 21일 미국 오바마 대통령이 주는 자원봉사상을 받기도 했다. 그는 자원봉사상 말고도 비 정부로부터 4개의 상을 더 받았다. 그러나 자신의 선행을 자랑하지 않고 늘 겸손한 그는 계속 나눔을 실천하며 꿈을 이루어 나가고 있다. 김장훈 씨는 2012년부터 꽃배달 사업, '김장훈 라면'과 '독도 소주'를 만들어 번 돈으로 3년 안에 미국 뉴욕 타임스 퀘어에 대한민국 전용 광고판을 만들겠다는 계획을 가지고 있다. 독도랜드를 건립하고 싶은 꿈도 있다.

현재 서경덕 교수와 김장훈 씨는 'East Sea Festival'을 준비 중이다. 우리나라를 대표하는 페스티벌로 만들어 외국인들의 입에 오르내리게 하고 싶다는 그의 열정과 포부가 어려 있다. 그들은 이외에도 다양한 문화행사를 통해 전 세계인에게 자연스럽게 동해를 알리는 데 앞장서고 있다. ▶ 사진 5-8부터 5-10까지 (p. 230 다음 페이지)

제5장 한국 문화와 한류 ▼

235

동해바다를 물들인 대형 태극기와 영화
〈미안하다 독도야〉

서경덕 교수는 2009년 대학생 문화연합동아리 '생존경쟁'과 함께 국민의 손도장으로 제작한 대형 태극기를 독도 앞바다에 띄워 화제를 모은 바 있다. 그는 '무릎팍도사'에서 당시를 회상하며 그 과정을 실감나게 공개하기도 했다.

'생존경쟁'은 '무언가 창의적인 생각을 공유하고 싶어' 대학시절 서경덕 교수가 만든 동아리다. '서울 정도 600년 타임캡슐 프로젝트' 추진 뒤 2기 회원을 모집했을 때 상상도 못할 일이 벌어졌다고 했다. 우체국 집배원이 편지를 두 묶음 든 채로 "여기 연예인이 이사왔냐"고 물을 정도로 신청이 폭주한 것이다. 어쩔 수 없이 예상보다 10명이나 회원을 더 뽑았다. 이제는 17기에 이를 정도로 역사가 긴 동아리로 성장했다.

2009년, 그는 광복 50주년을 맞아 '생존경쟁' 회원들과 세계 최대 태극기 제작에 도전했다. 광복 50주년을 맞아 한국을 전 세계에 알릴 수 있는 방법을 궁리하다 전 세계 해외 토픽에 한국을 알릴 수 있는 건 기네스밖에 없다고 생각했던 것이다. 당초 기네스에 등재된 최대 크기 국기의 면적은 100m×70m. 서 교수는 이를 앞서기 위해 150m×100m 규격으로 태극기 제작을 계획했다.

광복절의 의미를 최대한 살리기 위해 8,150명에게 손도장을 찍도록 하기도 했다. 천의 무게만 무려 1톤에 가까운, 대형 태극기를 만들어 여의도 광장에 펼치려는 생각이었다. 이 노력은 아쉽게도 수포로 돌아갔다. 태극기가 광장에 다 들어가지도 않았을 뿐더러 8월 15일까지 기간을 맞추지도 못했던 것이다. 그러나 젊은이들의 열정을 보여준 인상 깊은 퍼포먼스였다. 이 태극기는 독도 동도와 서도 사이에 띄워졌으며 행사 전 과정은 서 교수가 제작에 참여한 〈미안하다 독도야〉 다큐멘터리에 삽입되어 국내외에 독도를 홍보하는 역할을 했다.

이 영화는 국내는 물론 일본과 미국 등지에서 촬영했고 독도를 주제로 한 최초의 영화이다. 독도에 상주하는 유일한 주민인 김성도 할아버지 부부 이야기와 국민 6천여 명의 손도장이 찍힌 초대형 태극기를 독도 앞바다에 띄우는 행사 등을 소개하고 있다.

또 독도를 해외에 알리려고 영어학원에 다니는 80대 노인을 비롯해 평범한 일반인의 독도사랑을 영상에 담아냈다.

서 교수와 함께 다양한 독도 관련 프로젝트를 함께 해온 가수 김장훈 씨가 내레이션을 맡은 이 영화는 〈식객〉〈멘빌의 기봉이〉 등을 제작했던 지오엔터테인먼트 최현묵 대표가 메가폰을 잡았다.

이 영화는 독도를 소재로 한 최초의 극장용 다큐멘터리로 화제를 모았다. 이 영화의 미덕은 독도가 왜 우리 땅인지 구구절절하게 설명하지 않았다는 점이다. 대신 독도를 지키려고 힘쓰는 평범한 사람들의 모습을 카메라에 담고 독도에 우리의 이웃이 실제로 '살아가고' 있음을 보여주고 있다. 독도에 대한 사랑 이전에 미안함을 먼저 얘기한다.

그러나 이 영화를 찍는 데는 많은 고충이 있었다고 했다. 최현묵 감독은 제일 큰 난관은 '무관심'이었다고 말했다. 영화를 만든다고 배급사 친구들을 찾아가 얘기하면 대뜸 "왜요?" 하거나 "하던 일 하세요"같은 시큰둥한 반응이었다. 큰 방송사에서 촬영을 나가는 것과는 달리 소규모 영화사의 저예산 영화다보니 정부기관이나 심지어 인터뷰하려는 사람들조차도 잘 만나주지 않거나 소극적인 태도를 보여 힘들었다고 했다.

사람들이 무관심에 마음고생을 했다는 것은 이 책의 많은 인터뷰이들이 공통적으로 언급했던 말이다. 우리나라를 알리려는 좋은 뜻을 가졌지만 공감하고 협조하는 사람들보다 냉담한 무관심으로 일관하는 사람들이 더 많다면 개인이 뜻을 품고, 이루기란 더 어려운 일이 된다. 사람들의 사회적인 의식의 함양이 무엇보다 필요한 부분이다. 자발적 활동가들을 위한 사회의 따뜻한 배려와 관심만으로도 좀 더 좋은 여건을 자리 잡게 하고 그들의 활동이 좋은 결실을 맺도록 할 수 있다.

그는 안중근 의사 의거 100주년을 맞은 2010년에는 '대형 안중근 손도장'을 재현해 화제를 모으기도 했다. 안중근을 대표하는 손도장을 대형천(가로 30m × 세로 50m) 위에 그려 전국 방방곳곳을 돌며 국민들의 손도장으로 또다시 재현하는 행사였다. 4개월 간 서울 및 광역시, 민통선 지역, 마라도, 독도 등 전국 각지를 돌며 그는 3만 2천여 개의 손도장을 모았다. 이 대형 손도장은 안중근 의사 의거일인 10월 26일 광화문 일대에서 한 달 동안 일반인들에게 공개되었고, 전시가 끝난 뒤 2010년 재개관된 안중근 의사 기념관에 영구 전시됐다.

서경덕 교수는 독도에 관한 이슈를 가장 많이 만들었지만, 그가 광고로 다룬 현안은 독도 관련 외에도 매우 많다. 한글 자체를 홍보하는 시리즈 광고도 그 중 하나다. 그는 '행복합니다', '사랑합니다' 등의 한글을 외국 유력지에 광고로 싣기도 했다.

2011년 12월 2일 미국 유명 영화배우 톰 크루즈가 영화 홍보차 손에 들고 있었던 '고맙습니다'라고 한글로 쓰인 종이의 정체가 화제를 모았다.

톰 크루즈가 들었던 종이의 정체(?)는 2010년 『월스트리스트 저널』 1면에 게재됐던 서경덕 교수의 한글광고였다. 서 교수는 그만큼 한글광고가 해외에 한글 홍보의 효과가 컸던 것이라고 자평하기도 했다.

그는 한식의 세계화에도 남다른 관심이 있다. 서 교수는 앞에서 다룬 비빔밥 유랑단의 단장으로서 그들의 활동에 많은 지원을 하기도 했다. 실질적인 활동은 리더 강상균 씨와 멤버들의 몫이었지만 그는 전 일정에 참여하지는 못해도 주요 도시 행사마다 그들과 함께 하며 한식의 멋과 맛을 알리려고 많은 노력을 기울였다. 그리고 2010년 MBC 〈무한도전〉과 함께 비빔밥 홍보 동영상을 제작하기에 이르렀다. 한식의 대표주자와 같은 비빔밥을 알림으로서 한국 음식을 홍보하기 위한 것이었다.

2012년 5월에는 '한식2탄-막걸리' 광고를 타임스퀘어에 또 올렸다. 한 시간에 2번, 하루 50회, 한 달간 총 1,500번 노출되며 광고 내용은 "막걸리는 한국의 대표 술로서 쌀로 만들어졌고, 훌륭한 맛을 지녀 한국인들에게 오래전부터 사랑을 받아 왔으며, 사람들과 즐거운 시간을 만든다"고 막걸리를 소개하는 내용이다. 맥주와 와인처럼 한식을 즐길 때 막걸리를 함께 하도록 우리나라를 대표하는 전통술을 세계인들한테 적극적으로 홍보하려는 것이다.

"무한도전 광고를 보고 한인들이 연락을 하세요. 자기들이 살고 있는 곳의 유력지에 같은 광고를 내겠다고요. 그건 정말 놀라운 효과지요. 가장 중요한 것은 외국인들도 똑같은 사람이고 같은 생각을 한다는 것. 그들의 마음에 감동을 주는 것이 가장 중요하다고 봐요" ▶ 사진 5-11, 5-12 (p. 230 다음 페이지)

한국과 세계를 연결하는 커넥터

서경덕 교수는 앞으로의 시대는 노하우(know-how)의 시대가 아니라 노후(know-who)가 더 중요해지는 시대이며, 누구를 아느냐가 중요하고 인적 네트워크가 힘을 발휘한다고 강조했다.

"저의 최종목표는 한민족을 연결하는 커넥터예요. 지금 세계에서 앞장서는 민족은 유대인과 화교지만 한민족이 세계를 리드할 수 있도록 가교 역할을 하고 싶어요."

'커넥터'라는 단어는 그가 매우 좋아하는 단어라고 했다. 한민족을 연결하고, 세계와 이어주는 커넥터의 역할이 그가 추구하는 것이기 때문이다.

"'일방적인 알림'으로 가서는 안 된다고 생각해요. 우리의 문화를 너희가 받아들이라는 태도엔 어폐가 있다는 거죠. 그런 점에서 한국과 세계를 연결하는 커넥터 역할을 해야겠다는 것입니다. 어느 순간 자연스레 그런 생각이 들었어요. 효과적으로 알릴 수 있는 방법은 우리가 먼저 더 넓은 마음을 먹고 그들의 문화를 존중해주자는 거예요. 그러면 그들이 우리를 존중해주게 되고요. 연결자가 되고 싶다는 그런 소망이 있습니다. 꼭 정부 관계자나,

기업총수가 아니라도 누구든 할 수 있거든요. 이제 앞으로의 시대는 '세계시민사회'인데 한 개인이 움직이더라도 충분히 세계를 아우를 수 있는 시대가 왔다는 생각이 들어요."

그렇기 때문에 이런 활동에 대한 중요성과 가치가 더욱 높아지는 것이며, 향후에는 국가에 대한 'boundary(경계선, 영역)'가 불분명해지고 '어디 출신인가?'라고 묻게 되는 다문화, 국경 없는 시대가 올 수 있음을 생각하고 준비해야 한다는 것이 그의 생각이다.

앞으로의 시대에도 자신의 뿌리, 자신의 민족적 근원을 지키고, 생각하고, 바르게 알리는 일은 매우 중요한 일이며 그런 정체성을 바로 세우고 잘 보존해야 함은 분명하지만 그것이 '국가'라는 범위 안에 갇혀있는 편협한 것이라는 생각, 지나친 국가주의나 자문화중심주의는 시대착오적이라는 것이다.

"앞으로는 좀 더 개인의 역량이 중요해진다고 생각해요. 국민 개개인이 기본적인 글로벌 마인드를 잘 지켜야한다는 것이죠. 저와 같은 이런 대외 한국 홍보활동을 하지 않더라도, 작은 일부터 시작할 수 있어요. 말하자면 세계 문화재에 낙서하지 않는 것 같은 거죠. 외국 나가보면 유명 문화재에 한글 낙서가 정말 많고, 심지어는 한글로 '낙서금지'라고 표기해 놓은 곳까지 있거든요. 물론 그들은 기본적으로 애국심이 있겠지만 그 전달이 잘못되었다는 거죠. 우리의 세계적인 글로벌 에티켓이랄까? 마인드가 성장할 때 국가의 경쟁력도 높아진다고 생각합니다."

그는 글로벌 시대에 '애국심'이라는 것을 어떤식으로 전달하는 것이 맞는가? 애국심을 이 시대에 어떻게 발휘하고 녹여내야 하는가? 에 대한 진지한 성찰이 필요하다고 지적했다. 그는 개인의 역할을 매우 중요하게 이야기했지만, 개인만으로는 이룰 수 없는 것임도 분명히 했다.

"정부나 기업에선 나름대로 할 수 있는 게 있고, 개인이 할 수 있는 일도 있는 거죠. 이 3자가 아귀가 잘 맞아야 하는 거 같아요. 국가브랜드가 올라가려면 각자의 위치에서 잘 하는 것에 최선을 다하고, 서로 조화롭게 배려하고 힘을 모으는 것이 이상적인 것 같아요."

지금까지의 활동 중에서 힘들었던 점은 없었을까. 특히 개인이었기 때문에 겪었던 어려움에 대해 묻자 서 교수는 그저 웃었다.

"뭐 어려운 점이 한 두 가지였겠어요? 정말 아이디어는 많은데 착수 자금을 조달하는 일이 쉬운 일이 아니었어요."

그래도 긍정적인 변화는 한국에 대한 이미지가 그가 처음 활동을 시작했던 십몇 년 전에 비해 많이 좋아졌다는 것이다. 도움의 손길도 훨씬 많아졌음은 물론이다.

"아직도 우리나라가 중국어, 또는 일본어를 쓴다고 생각하거나 한국의 위치도 몰랐던 사람도 많았는데 월드컵, 평창올림픽 등 굵직한 국제 대회를 유치하면서 한국이 많이 노출되고 성장된 모습도 매체를 통해 많이 알려졌어요. 많은 국제적 행사도 벌어지고요."

하지만 그는 국가 이미지는 신장되었지만 체계화가 필요하다고 지적한다.

"요즘같이 나아진 여건에서는, 민간차원에서도 할 수 있는 일이 더 많아졌지요. 그런 부분에 대해 많은 사람들이 '플래너'가 되어야 한다고 봐요. 어떤 뜻 있는 활동은 '누가 시작하는가'가 많이 중요하다고 생각해요. 매뉴얼을 만들고, 시스템을 마련해서 신장된 국가 이미지를 관리할 수 있는 기구도 만들어진다면 좋겠어요."

그는 민간외교의 강점을 거듭 언급하면서 아주 작은 것부터, 우선 '시작'하는 것이 중요하다고 말한다.

"워싱턴 자연사박물관의 한국 코너 말이죠. 사실 제가 생각했던 것만큼 크거나 하진 않았어요. 하지만 이렇게라도 먼저 만들어놓은 것이 어디냐고 전 생각하거든요. 다른 사람들이 찾아올 수 있는 뭔가를 하나 만들고 싶다는 생각에, 그 다음에 와서는 디렉터에게 연락했어요. 디렉터를 만나서 '어떤 것을 할 수 있겠는가?' 물어보았지요. 한국 도서는 이미 제공되고 있다고 하더군요. 그래서 한국관에 관련된 유물에 대한 영문 홍보책자를 만들기로 했어요. 유물에 관련된 사연을 소개하는 책자를 만들어 원하면 무료로 나눠주도록. 그런데 제가 이 제반비용을 기업 후원을 받아 자력으로 마련했다고 하니 그들이 놀라워하던데요. 그리고 '이건 굉장히 좋은 사례다' 하면서 자신들이 먼저 나서서 홍보하고 싶어 했어요. 자기들이 직접 자연사박물관에서 이 홍보책자에 대한 북세미나를 개최하겠다는 거예요."

그는 그 순간 '아, 이거다' 싶은 희열을 느꼈다고 했다. 이렇게 예상 못했던 일이 일어나게 할 수 있는 힘이 민간외교에는 있다고 그는 힘주어 말했다.

그 자신이 평범한 한 명의 젊은이로서 개인의 힘과 열정으로 이루어낸 성과들을 볼 때 그의 말에는 마음을 울리는 진정성이 있다.

뉴욕타임스 광고만을 보더라도, 한 개인이 자국의 현안을 두고 광고를 한 것은 뉴욕타임스의 오랜 역사에서도 그가 처음이었다. 그러나 이러한 민감한 광고를 낼 수 있었던 것은 개인이었기 때문에 가능한 부분이 분명 존재한다. 만일 정부에서 하는 프로젝트였다면 외교적 갈등을 우려하여 이런 '뜨거운 감자'와 같은 문제를 다루기는 힘들었을 것이다.

"한국 홍보에 관해 민간인이 활동하는 것에 대한 장점은 이렇게 외교적 문제를 피해나갈 수 있다는 점이 있겠죠. 제가 광고를 내며 동북공정 고구려 문제, 동해, 독도문제, 위안부 문제 등을 제기할 수 있었던 것은 민간인이었기 때문이니까요. 한 포털사이트에서 우리 네티즌 10만 명이 3주간 2억 1천만 원을 모아준 엄청난 일도 있었지요. 정부에서 했다면 이렇게 사람들이 모일 수 있었을까요?"

순수한 개인의 열정이 낳은 파급효과는 어쩌면 '민간인이었기 때문에' 더 컸을지 모른다고 그는 말했다.

"물론 개인이 세계적 기관이나 언론사에 대시한다는 게 쉬운 일은 아니었어요. '이런 활동을 17년 동안 할 수 있는 동기가 뭐냐?'하고 저에게 묻는 사람이 많은데요. 물론 당연히 저도 우리나라를 사랑하는 마음이, 말하자면 애국심이 있죠. 어떤 면에선 남들보다 더 클 수도 있지만. 그러나 애국심 때문이라고 말할 수는 없고요. 사실 무엇보다 하는 일이 재미있어서 하는 거예요. 뉴욕현대미술관 티켓박스 뒤에 스크린이 있는데 예전에는 'welcome' 이렇게 낯선 언어만 가득하던 곳에서 한국어 서비스가 될 때 갔더니 한글로 '환영합니다'가 뜨는 것을 본 순간. 이것은 안 해 본 사람은 느낄 수 없는 큰 감동입니다."

한 개인으로서 한국을 홍보하는 일에 뛰어들어 자발적으로 홀로 달려올 수 있었던 내적 동기가 궁금했던 필자에게 그는 단순하고도 명료한 답변을 던져주었다. '하는 일이 재미있어서'라고. 가슴을 뛰게 하고 감동을 주는 일이기 때문이라는 것이다.

활동을 하면서 특별히 감동받은 일에 대해 질문하자 그는 이런 일을 회상하기도 했다.

"뉴욕의 한 세탁소 사장님이 독도광고를 파일로 받고 싶다고 부탁하신 적이 있어요. 드라이클리닝 비닐 뒷면에 인쇄를 하고 싶다는 거였죠. 맨해튼에 사람들이 많이 오는데 그 중 외국인이 70~80%이니까, 그들에게 나누어주고 자연스럽게 보게끔 하고 싶다는 생각이셨어요. 택배 박스에 인쇄해서 전 세계에 내보내고 싶다 하셨던 캐나다이 택배 회사 사장님도 계셨지요. 감동적이었어요. 저는 바로 이런 사람들의 힘이 모여서 진정한 국가브랜드가 만들어진다는 생각이 들어요. 저는 그런 운동을 하는 사람에 불과해요. 그런 운동들이 많이 전파되는 것이 아주 중요하다고 생각하지요."

그는 "민간인이기에 할 수 있는 일을 찾아서 하는 일은 정말 중요하다"고 거듭 강조했다.

"이런 개인이 가질 수 있는 에너지와 강점을 잘 살리는 것이 필요해요, 하지만 개인의 힘만으로는 이룰 수 없는 부분이 분명 있기에 민간과 기업과 정부, 3자가 힘을 합치는 것이 가장 이상적이고, 큰 시너지 효과를 발휘할 수 있겠죠. 그런 화두를 던져주고 싶네요."

제5장 한국 문화와 한류

2012년도 중학교 3학년 도덕 교과서에 '국가와 민족의 소중함을 일깨워주는 사람'이라고 소개되기도 한 서경덕 교수의 행보는 계속되고 있다. ▶ 사진 5-13부터 5-15까지 (p. 258 다음 페이지)

한국문학, 세계인의 가슴을 울려라

앞에서 조지프 나이의 말을 인용했던 것과 같이 일반대중에 초점을 맞춘 대중문화를 통한 문화의 보급도 필요하고 '한류'의 파급효과도 크지만, 대중문화는 넓은 문화의 영역 중 일부일 뿐이다. 고급문화나, 한국의 고유한 특성을 보여줄 수 있는 전통문화를 통한 확산도 해외에서 선전하고 있는 대중문화와는 별개로 중요하게 다루어질 필요가 있다.

고급문화를 통한 문화 전달은 한국의 이미지를 높이는 데 기여할 수 있고, 대중문화를 소비하는 이들 외에도 더 폭넓은 대상에 다가갈 수 있으며, 오랜 전통과 역사를 가진 한국 문화의 깊이를 알게 하는 자연스럽고 효과적인 방법이다.

고급문화의 대표적인 예로 문학작품을 들 수 있다. 문화에는 한 나라의 역사와 전통 뿐만 아니라 그 나라의 사람들이 세계를 인식하는 특유의 사고와 삶의 방식, 제도, 생활태도, 신념까지 포괄되는 것인데 문학작품에는 이 모든 것들이 자연스럽게 녹아있다. 인물들의 사상, 관습, 관계, 가치관, 태도 등을 보면 자연히 문화가 읽히기 때문이다.

문학작품은 또한 그 나라의 고유 언어로 쓰여진 것이라 더욱 의미가 있다. 같은 문화권 사람들이 서로 공유하는 동일언어는 서로 소통하는 매체일 뿐만 아니라 문화를 구성하는 핵심체라 할 수 있기 때문이다. 문화에 대한 배경지식 없이 문학작품을 이해하기란 어렵고, 원문을 읽지 못한다면 한계가 있기 때문에 문학작품은 문화와 언어교육의 훌륭한 도구가 된다.

예를 들어 어떤 외국인이 만해 한용운의 작품을 읽는다고 하자. 한용운은 스님이면서 독립 운동가이자 시인으로 시집『님의 침묵』을 출판해 저항문학에 앞장섰고, 불교를 통한 청년운동을 강화하는 한편 불교의 현실참여를 주장하며『조선불교유신론』을 펴냈던 인물이다.

김광식 동국대 교수는 저서『우리가 만난 한용운』(2010)에서 만해의 삶과 역사, 고뇌, 사상, 지향했던 바가 그의 개인 역사에 머물 수 없기에 그는 '공인'이며 만해를 상징하는 독립운동, 문학, 불교개혁은 19~20세기에 나타난 특별한 가치라고 말했다. 그는 한용운의 생애와 사상, 그의 영향 등이 한국 근현대사에 있어서 문화적 현상을 띠고 있기 때문에 그 자체로 '문화'라고 강조했다.

한용운의 정신을 기리는 만해운동을 삼십년 넘게 펼쳐온 만해학술원 원장이자 문학평론가 김재홍 경희대 교수는 그의『한용운론』에서 한용운이 "민족적 선구자인 동시에 전통의 창조적 계승을 성취함으로써 문학사의 전환을 보여 준 신문학사 최대 인물 가운데 한 사람"이라고 말했다.

이어 그는 만해의 시집 "『님의 침묵』이 지니는 전통성과 현대성이 이 땅의 전통 문학사와 현대 문학사를 이어 주는 매개 고리로서 작용"하고 있고 깊은 철학을 대중적 정감으로 형상화함으로

서 인간적 보편성을 확보하려 한 귀중한 노력이라고 평가했다.26)

일제 강점기 식민지 상황 하에서 모순과 불합리의 시대를 '침묵의 시대', '임이 부재하는 시대'로 파악하며 역설의 정신으로 극복하고자 한 만해 한용운의 노력은 그 인간적인 보편성으로 세계인에게 감동을 줄 수 있고 여전히 많은 것을 잃어가는 상실의 시대에 국경을 초월한 많은 사람들에게 사랑과 희망을 속삭여줄 수 있다.

세계인들이 한용운의 문학작품을 읽는다면 그 가치가 보편성을 획득하기 때문에, 문화적 차이를 떠나서 공감을 형성할 수 있고 한국의 문화, 역사와 정신을 자연스럽게 느낄 수 있을 것이다. 그러나 문학작품만으로는 부족하며 문화운동으로서 전개해야 한다는 생각에 (재)만해사상실천선양회는 만해가 출가한 백담사 만해마을에서 매년 만해축전을 열고 있기도 하다. 만해사상실천선양회의 상임대표이기도 했던 김재홍 교수는 필자에게 "불교 정신의 고향이자 문학과 사상의 요람으로서 지켜나가고 그 정신을 살려나가야 할 곳"이라고 백담사 만해마을의 가치를 강조하기도 했다.

만해축전은 만해를 세계적으로 알리기 위해 많은 해외행사를 하고 있기도 하다. 2005년 광복 60주년 만해출가 100주년 기념으로 열린 세계평화시인대회에서 한국과 미국, 나이지리아, 폴란드 등 나라를 대표하는 150여 명의 시인들이 남북을 오가며 평화를 기원하는 시 낭송회를 가진 바 있기도 하다. 발표된 시는 한데 모아져 『평화 그것은』으로 발간되었다. 2009 만해축전의 해외 행사로는 한국 전통문학을 대표하는 시조의 해외 소개와 영어시조

창작의 확대를 위해 미국 하버드대학과 한국 서울대학이 공동 주최하는 시조 페스티발에서 현대시조를 소개하기도 했다.

또 만해축전은 만해대상도 매년 수여한다. 만해대상은 평화부문·문학부문·학술부문·예술부문·실천부문·포교부문으로 나뉘어져 세계인들을 시상한다. 수상자 중에는 미국 캘리포니아대 한국학 연구소 소장인 던컨, 국제 펜클럽 회장인 존 랠스톤 소울, '네팔의 어머니'라고 불리는 평화운동가 아누라다 코이랄라, 고고학자 시리세나 반다 헤티아랏치 등 세계적인 인사들이 포함되어 있으며, 세계에 만해정신을 알리는 역할을 하고 있다.

아울러 한용운 작품에 대한 번역 사업도 진행 중이다. 2005년 8월 김재홍 교수의 만해학술원이 창간한 '만해학연구'의 창간호와 함께 만해 시집『님의 침묵』을 영어·불어·러시아어·중국어·일어 5개 외국이로 빈역한 시십이 함께 나오기도 했다. 『The Silence of My Love』라는 제목으로, 5개 외국어의 번역본을 한 권에 담고 있는 이 시집은 전 세계 독자들에게 만해 문학의 향기를 전하면서 한국문화를 담아내려는 의미 있는 노력이다.

이러한 시도는 이 외에도 많이 이루어지고 있다. 앞서 언급한『님의 침묵』, 총 51종이 해외 번역되어 발간된 고은 작품과 같은 개인 시집의 경우뿐 아니라 문학아카데미가 기획한『한국현대일역시선』,『한국현대영역시선』과 같은 시선집이 있다. 또한, 일본어, 중국어, 프랑스어 등 각국 언어로 꾸준히 번역되고 있는 박경리『토지』, 16개 언어로 50종이 해외 출판된 이문열 작품들의 경우처럼 소설,『춘향전』,『심청전』,『흥부전』,『장끼전』등 판소리계 소설이나『삼국사기』, 불교경전과 같은 한국학 고전자료 등 다양한 부문에서 이루어지고 있다.

소설가 이청준(36종), 황석영(35종), 최인훈(25종), 박완서(24종), 오정희(22종), 김원일(16종), 윤흥길(15종) 등 해외에서 번역 출간된 작품들은 꽤 많다. 조정래의『태백산맥』도 일본과 프랑스에서 전 10권이, 프랑스에서는『아리랑』(12권)이 출간되었다.

▶ 사진 5-16 (p. 258 다음 페이지)

『엄마를 부탁해』와 한국문학의 해외 진출

최근 소설가 신경숙의『엄마를 부탁해』가 미국에서 출간되어 호평을 받기도 했는데, 지극히 한국적 정서를 가지고 엄마를 재조명하는 이 소설의 해외에서의 성공은 매우 뿌듯한 일이다.

영문제목은 *Please Look After Mom*인 '엄마를 부탁해'의 해외출간을 담당한 출판사는 1915년 설립된 미국 최고 권위의 문학전문 출판사인 크누프(Knopf)라서 더욱 화제가 되었다.

일본의 유명 소설가 무라카미 하루키도 장편『태엽감는 새(*The Wind Up Bird Chronicle*)』를 1997년 크누프에서 출간하며 미국에서 본격 데뷔했고, 이후 세계적 작가가 됐다. 미 출판사에서 초판을 10만 부를 발행하고 2쇄, 3쇄에 돌입한데다 지금까지 없었던 홍보와 출판의 모든 비용을 출판사에서 감당하기로 했다는 것은 이례적이다.

2011년 4월, 미국 출간 하루 만에 베스트셀러 100위 안에 진입하고 이후 순위가 점점 높아져 베스트 10에 들게 되는 쾌거를 이루고, 아마존 닷컴 '이달의 책'에 선정되기도 했다. 크노프 출판사 부사장인 로빈 데서는 "이 책의 마지막 장을 읽으며 울면서 돌아다녔다. 얼마나 아름다운 책인지 얘기하고 싶었다"라고 방송 인터뷰에서 소감을 말하기도 했다. 비록 나라가 다르고 유교문화권 등 문화적 차이가 있지만 문학 작품은 보편적 인간성에 호소할 수 있음을 보여주었다. 번역이 잘 된 것도 큰 도움이 되었다. 앞으로 우리 문학의 해외 진출 성공 가능성을 보여준 고무적인 사례라 하겠다.

비소설 분야에서도, 장기간 교보 문고 온라인 베스트셀러 1위를 차지하고 있는 김난도교수의 책 『아프니까 청춘이다』가 일본, 태국, 대만, 네덜란드, 이탈리아, 브라질, 베트남 등 8개국에 진출했다. 국내에서 많은 사랑을 받은 베스트셀러였기에 해외에서도 좋은 성적을 거둘지 관심이 모아졌는데, 곧 반가운 소식이 들려왔다.

2012년 2월, 『아프니까 청춘이다』 중국어판이 출간된 지 2주 만에 현지 최대 규모의 서점인 당당닷컴(www.dangdang.com) 종합 베스트셀러 5위에 올랐다. 중국 누적 판매는 20만 부를 돌파한 것으로 집계됐다. 『아프니까 청춘이다』는 중국 아마존(www.amazon.cn)에서도 지난달 말 종합 베스트셀러 1위를 차지한 데 이어 5주째 정상을 지켰다.

한국문학번역원, 대산문화재단, 한국문화예술위원회의 전신인 문예진흥원 등 해외 번역을 지원하고 꾸준히 한국문학의 세계화를 위해 노력하는 곳들도 많다.

하지만 대부분의 번역 작품들이 우리 문학 특유의 운율, 리듬, 음악성을 제대로 담아내지 못하고 있는 것이 사실이다.[27] 우리말의 전통적 가락과 어휘의 다양성을 외국어로 전환하는 것이 무척 까다롭고 어려운 문제이기 때문이다. 그리고 그 진짜 깊이와 '맛'을 잘 살려내지 못한다면 감동도 덜하고 작품성에 있어서도 정당한 평가를 받기 힘든 것이 당연한 이치다. 특히 시의 경우에는 언어의 미묘한 차이를 잘 담아내는 것이 시의 완성도를 판가름하는 데 절대적인 영향을 미친다.

유안진 시인은 일찍이 한국문학 번역의 문제를 지적하면서 "번역은 반역이다"라는 말을 인용하기도 했다. 그녀는 "해외로 나갈 때면 아예 우리 문화는 없는 걸로 알거나, 한자를 쓰고 있어 중국에 흡수되어 중국의 일부분으로 생각하는 대부분의 외국인들 때문에 애를 먹는다고" 안타까움을 표현하며 한국문학이 정당하게 알려지기 위해서는 언어적 능력과 문학적 소양을 함께 갖춘 번역자들과 국가적 지원이 필요하다고 강조하기도 했다.

이처럼 번역의 문제만이 걸림돌의 전부는 아니다. 한국문학의 세계화가 이루어지기 위해서는 많은 여건이 마련되어야 한다. 외국 출판사 유치 등 출판에 따른 문제, 외국인들의 정서에도 보편적으로 어필할 수 있는 문학작품의 선정 등 중요한 부분들이 다 해결되어야 한다. 외국 출판사들과의 협력, 외국어로 된 우리문학의 도서목록을 배포하는 일 등 해외 시장 진출을 위한 크고 작은 문제들이 많기에 국민적 관심과 국가적 지원이 반드시 필요한 것이다.

최근 반가운 소식이 들려오기도 했는데, 국사편찬위원회가 2012년 5억 원의 예산을 확보, 조선왕조실록 영역 작업에 착수했다는 것이다. 이 작업은 자그마치 20년이 넘는 시간이 걸릴 전망이어서, 쉽지 않은 난관들이 예상되기는 하지만 큰 의미를 지닌 시작임은 분명하다.

중국 고전을 영어로 번역해낸 경험이 있는 영어권 전문가와 한국학 학자들에게 번역을 의뢰하여 진행될 영역 작업이 끝나면 전체 내용을 인터넷을 통해 전 세계에 공개하고, 외국인들의 눈높이에 맞게 주요 내용을 이해하기 쉽게 요약 정리해 책자로도 펴낸다고 한다.

그렇게 되면 해외 한국학 학자들은 물론 역사 드라마 등 한국 문화에 관심이 많은 한류 팬 들 같은 일반 외국인들도 조선 왕조의 생생한 역사를 엿볼 수 있도록 문을 열어주게 된다. ▶ 사진 5-17

(p. 258 다음 페이지)

키모노 코레가 아니라 한복입니다, 이영희

2011년 4월 12일

각종 언론과 사람들의 입에 한동안 뜨겁게 오르내린 사건이 하나 일어났다. 한복 디자이너 이혜순 씨가 신라호텔에 있는 파크뷰 뷔페에 한복을 입고 갔다가 '입장불가'라는 말을 들었던 것이다. 이 사실은 그 다음 날 이혜순 씨의 둘째 아들 김지호 씨가 트위터에 "한국 대표적 호텔이란 신라호텔에서 한국정통복식을 거부한다니 말이 됩니까?"라는 글을 올리면서 세상에 알려졌다. 김 씨의 트위터에 따르면 당시 호텔 직원은 이 씨에게 "한복이 부피감이 있어 다른 사람들을 훼방할 수 있다"며 식당 출입 거부한 것으로 알려졌다. 김 씨는 "드레스코드상 한복과 추리닝이 안된다고 파크뷰 지배인이 말했다네요. 한복이 추리닝과 동급입니까? 어느 나라에 있는 호텔에서 그 나라의 전통복식을 거부합니까? 한복이 다른 사람들에게 해가 된다는데 옷에 칼날이라도 숨겨있습니까? 일본에서 키모노입고 거부당하면 엄청난 사회이슈가 됩니다. 그런데 한국에서 한복이 거절당하는 일이 생기네요"라고 적었다. 이 일에 대한 반향은 엄청났다. 네티즌들을 중심으로 비판이 걷잡을 수 없게 확산되었다. 비판 여론이 확산되자 호텔 사장이 직접 당사자를 찾아가 사과했고 임직원 일동 명의의 사과문도 배포되었지만, 이미 엎질러진 물이었다. 심지어는 이 사실이 해외토픽에 나와 국제적 망신살이 뻗치기도 했다.

TV프로그램 패널로 나온 외국인이 우리나라 홍보 영상에서 보고 감탄했던 그 아름다운 한복들은 대체 어딜 가면 볼 수 있느냐는 질문에 사회자가 답을 못한 일이 있었다고 한다. 한복의 동정, 깃은 직선과 사선의 아름다움을 보여주고 오방색을 이용한 색깔의 어울림은 미학적으로도 훌륭하다. 여자의 복식은 상체는 짧고 하체는 폭이 넓고 긴치마를 입어서 안정되면서 우아하고 걸어 다닐 때의 율동적인 자태를 보여준다.

매년 1월 9일이면 일본은 성년의 날을 맞이해 젊은 사람들이 저마다 고운 키모노를 차려입는다. 머리장식부터 액세서리까지 꼼꼼하게 정성을 들인다. 중국 서안지방에서도 성년의 날을 재현하는 행사를 가지고 전통의 맥을 이어가려는 노력을 기울이고 있다고 한다. 젊은이들이 전통 복장을 하고 예를 갖추는 성년식을 갖는 것은 보기 좋은 풍경이다. 한국에서도 이렇게 젊은이들이 한복을 입고 자신의 뿌리를 돌아보는 일이 자연스럽게 느껴진다면 좋을 것이다. 그러나 안타깝게도 젊은 세대들은 한복을 촌스럽고 시대에 뒤떨어진 것으로 기피하고 멀리하는 경우가 대부분이고, 많은 사람들이 한복은 나이든 사람들이나 아이들이 명절, 행사 때 입는 옷으로 치부한다.

2006년 4월 1일부터 한국일보 주최로 서울시립미술관에서 열렸던 '한류, 한복을 입다'展은 세계적으로 통할 수 있는 한복의 미를 보여주기 위한 시도를 보여주었던 전시회였다. 영화 '왕의 남자'와 드라마 '대장금', '궁' 등에서 주인공들이 입고 나온 한복과 함께 대표적 한복 디자이너의 작품들이 선을 보였다. '스타존'에는 이영애가 실제로 입었던 한복과 사진작가 조세현이 촬영한 25점의 한복사진 등이 전시되있고, '한류한복체험관'에는 '왕의 남자'의 세트 일부를 재현해 관람객들이 사진 촬영은 물론 한복을 직접 입어볼 수 있도록 했다. 이처럼 한복은 한류의 물결을 타고 우리나라의 전통을 알리는 데 중요한 역할을 할 수 있다.

2011년 10월 21일 문화역서울 284(구 서울역사)에서 개최된 '2011 한복페스티벌' 역시 인상 깊은 행사였다. 서울역이 처음 세워진 1925년으로 거슬러 올라가 그 시대의 패션리더였던 신여성을 주제로 전통과 현대의 가교 역할을 하는 근대한복의 복식사를 재조명한 이 행사는 한복의 근대적인 면모, 새로운 가능성을 보여준다는 독특함 때문에 더욱 관심을 끌었다. 이 행사를 기획했던 한국 공예 디자인 진흥원 최정심 원장은 "한복이 전통 의복이라는 편견을 넘어 우리 옷 '한복'의 우수성과 세계적 경쟁력을 체험할 수 있는 자리가 될 것"이라고 말하기도 했다.

한복을 세계적인 옷으로 만들기 위해 평생을 바친 사람으로 빼놓을 수 없는 이가 바로 한복 패션 디자이너 이영희 씨다. 전통적인 한복의 감각에 현대적인 감각을 접목시켜 재해석하는 디자인으로 세계무대에서도 주목받는 이영희 씨의 한복은 1994년 파리 컬렉션에 저고리를 입지 않은 치마만 드레스로 활용하는 아이디어로 신선한 충격을 주며 세계무대에

등장한 이후, 프랑스 패션기자 로랑스 베나임이 '바람의 옷'이란 별명을 붙여줄 정도로 큰 관심을 끌었다.

한복이 가진 고유의 색감이나 섬세한 자수, 독특한 전통 원단의 소재감 등을 국제적인 경쟁력으로 만드는 그녀의 활동은 한복을 세계 패션계에 각인시켰다. 그러나 정작 세계인들보다도, 한국인 스스로가 한복에 대해 편견을 갖고, 그 가능성을 인정하지 못했다. 이영희 씨의 책『파리로 간 한복쟁이』(2008)를 보면 이런 에피소드가 나온다. 그녀가 파리 패션쇼에 참여했을 때 한 패션지 기자가 "여기는 웬 일이세요"라고 물었다. "패션쇼 보러왔죠"라고 대답하자 그 기자가 의아해하며 "한복하시는 분이 프레타 포르테 쇼는 봐서 뭐하시게요?"라고 다시 물었다는 것이다. 이영희 씨는 모

욕을 당한 기분에 얼굴이 화끈거렸다고 했다. "한복에 대한 인식 수준이 이 정도구나"라고 느꼈다는 것이었다.

『파리로 간 한복쟁이』(2008) 책의 부제는 " '키모노 코레'가 아니라 '한복'입니다"라는 것이다. 그녀가 처음 한국인 최초로 프랑스 파리 프레타포르테에 참가했을 당시, 모든 유럽인들은 한복을 '키모노 코레'라 불렀다 한다. 한국의 키모노라는 뜻이다. 중국의 치파오와 일본 키모노, 베트남의 아오자이에 비해 한국 한복의 지명도가 얼마나 낮았는지를 여실히 보여주는 사례이고 특히 '키모노'라 불리는 것은 한국인의 입장에서 정말 수치스러운 일이 아닐 수 없다. 이에 디자이너 이영희 씨는 세계인에게 "'키모노 코레'가 아니라 '한복'입니다"라고 당당히 외쳤다.

몇 억을 호가하는 키모노에 맞서고 한복을 고급화하기 위해 2003년 제작한 피날레 한복 드레스는 백금으로 실을 잣고 온감을 짠 플래티넘(플래티넘 하우스 협찬)으로 천년동안 변치 않을 순 재료비만 수십 억짜리로, 그 화려한 자태에 사람들의 감탄을 자아냈다. 이 옷은 플래티넘 하우스의 회사에 보존되어 있으며 이영희 씨는 뉴욕으로 진출했다.

그녀가 세계에 한복을 소개하며 이룬 일들은 수없이 많다. 그녀의 덕에 미국 워싱턴 스미소니언 박물관에 원삼과 관복 등 열여섯 벌의 한복이 영구 소장 되어 있고, 2005년 APEC 정상회의 때 회의에 참가한 각국 정상들이 그녀가 디자인한 21벌의 한복 두루마기를 입기도 했다.

그녀는 전통 복식 재현에도 많은 관심을 기울이고 있는데, '2010 세계대백제전' 개막행사인 금동대향로 오악사 공연에서 오악사의 복식을 재현하는 일을 맡아 1,400년 전 백제금동대향로 오악사의 아름다운 백제 복식을 되살려냈다.

그녀는 2010년 한산모시를 주제로 파리에서 오뜨꾸띄르(파리에서만 펼쳐지는 세계적인 맞춤복 패션쇼)를 성황리에 개최해 주목을 받기도 했고 G20 패션쇼에서 각국 영부인들에게 공개하기도 했다. 그녀는 전통모시를 현대적으로 재해석한 다양한 의상과 패션소품을 만들어 미국과 일본, 유럽 등 고급 소비자들에게 내놓아 한국 한산모시를 알리는 일을 하기도 했다.

그녀는 송, 죽, 매, 란을 콘셉트로 한산 모시와 우리 문화를 세계에 알리기 위한 이 쇼를 위해 1년 전부터 심혈을 기울여 준비했다. 이 작품들은 화가가 직접 치마폭에 그린 매화, 묵으로 그려진 소나무, 천연 진주와 합성 다이아몬드 등으로 장식된 난초(蘭) 등 한국 전통을 살린 고유 기법으로 제작된 세상에 단 하나뿐인 옷이다. 뿐만 아니라 모시를 실크와 혼방하고, 홍두깨로 천을 두들겨 모시의 부드러움을 살리는 등 외국인들에게 쉽게 다가가기 위해 동양과 서양의 것들을 적절히 혼합해 큰 호응을 얻었다. 쇼에 참석한 프랑스 패션지 『스틸레토』의 편집장 로랑스 베나임은 "마치 꿈을 꾸는 듯하다"며 찬사를 보내기도 했다.[28]

그녀의 도전은 우리 전통 복식의 소재와 우리 문화의 세계화 가능성을 보여준 무대이기에 그 의미가 더욱 크다. 세계인의 마음을 사로잡을 수 있는 아름다운 한복, 우리 스스로 더 그 가치를 높이고 전통 복식을 아끼며 한복에 대한 인식을 제고해야 할 것이다.

▶ 사진 5-18, 5-19 (p. 258 다음 페이지)

5-13 서경덕교수가 낸 비빔밥 광고

5-14 비빔밥 유랑단의 마지막 행사장에서 함께한 서경덕과 저자

5-15 안중근 손도장행사에서 손도장을 찍은 배우 최수종과 서경덕

5-16 2010 만해축전

5-17 신경숙 『엄마를 부탁해』 미국판

5-18 디자이너 이영희의 한복드레스

5-19 전시회 '한류, 한복을 입다'의 한 장면

5-20 인남순 원장의 살풀이 무용 공연 장면

5-22 DKM 자전거대장정

5-21 해외동포상을 받는 재미
국악원 원장 이예근 씨

5-23 아들 조남제 군과 조영 씨가 차를 마시고 있는 장면

카네기홀 대극장에 펼쳐진 한국의 춤사위

　　　　　　　　　　　　　　　카네기홀에 한
국 춤사위가 펼쳐졌다? 2000년 6월 30일, 예술가들 사이에서 '꿈
의 무대'로 불리는 미국 뉴욕 카네기 메인 홀에서 우리 전통 춤사
위와 아름다운 한복이 어울린 공연이 벌어졌다.

　한국 전통문화연구원 인남순 원장과 디자이너 이영희 씨가 함
께 한 행사였다. 한국 무용에 평생을 바쳐 온 중요무형문화재 인
남순 원장은 '역사의 바람'이라는 제목으로 역동적인 북춤, 애절
한 살풀이와 호화로운 태평무 등을 선보였다.

　참여한 이들의 시선을 빼앗았던 또 하나의 춤은 전통을 현대적
으로 재해석하여 거문고 산조와 뉴욕체임버 수석 첼로주자의 앙
상블에 맞춰 추는 창작춤 '이매창'이었다. 조선시대 여류문인 이
매창의 삶을 무용으로 표현한 작품이었다. 미국인들은 동양과 서
양의 절묘한 조화에 감탄해 마지않았다.

　인남순 원장은 SBS-TV 모닝 와이드에 〈뉴욕을 휘젓는 여자 인
남순〉이란 제목으로 방영된 바 있기도 하다. 그녀는 한국전통문
화의 예술성을 전문적으로 전승, 연구하는 한국전통문화연구원
의 원장이며, 공연 기획, 감독, 출연까지 하는 다재다능한 예술인
이다. 한국예술은 인간근원의 표현방식인 가(歌), 무(舞), 악(樂)
의 종합적 발현으로부터 시작된다고 말하는 그녀는 지속적 연구
와 공연활동으로 우리나라 문화 발전에 기여하고자 노력해왔다.

　한국전통문화연구원은 40년 전부터 해외공연을 하고 있는데,
특히 10년 전부터는 미국 하버드대학, 영국 옥스퍼드대학 등 세

계 유명대학에 공연과 세미나를 하고 있다. 우리의 전통문화를 그 나라 미래의 의사결정권자들에게 보여주고 가르쳐야 한다는 신념을 가졌기 때문이었다. 하버드에서는 관객들에게 소고와 춤사위를 가르치기도 했다. 필자와의 인터뷰를 시작하며 인남순 원장은 처음 그 일을 시작했던 때를 회상했다.

인남순(57)
- 한국전통문화연구원 원장
- 중요무형문화재 제39호 처용무 전수조교
- 1967년 현 국립국악중학교 입학하여 해금과 무용을 전공
- 중부대 예술경영학 석사 수료
- 1973년부터 국립국악원에 재직하며 예술 기획, 감독 및 공연활동을 해 옴
- 국립민속박물관 한국종합예술제, In dance company 예술감독
- KBS 드라마 '황진이' 총괄안무

"가장 한국적인 것이 세계적인 것이죠. 21세기를 이끌고 나갈 젊은이들에게 공연을 하자는 취지에서 세계의 유명한 대학에 공연을 나갔죠. 그런데 그 사람들이 왜 이제 하느냐. 일본은 수십 년 전부터 벌써 했다는 거예요. '우리나라가 내전을 겪는 동안 경제성장을 한 일본은 우리보다 더 문화적 여유가 많지 않겠어요? 우리나라는 이제부터라도 열심히 세계화를 시킬 겁니다' 하고 대답했죠."

그녀는 해외 공연을 다니면서 일본이 문화적으로 많은 대외 홍보활동을 벌여왔고, 문화 전파에 있어 훨씬 먼저 시작해서 이미 유리한 위치에 있고 성공적으로 인지도를 높여온 것을 직접 피부로 느꼈다. 세계적인 페스티발에 참여하기 위해 다니다보면 어느 나라, 어느 도시에 가도 일본의 가부키 공연이 일 년에 한번 정도는 세계적인 극장에서 공연되고 있었다.

"재미가 있어서 가부키 공연을 보는 것이 아니죠. 그들의 전통성, 역사성의 신비로움으로 인해 보려고 하는 것이죠. 카네기홀 같은 곳에서 공연을 할 때는 그들이 홍보 한번만 하면 표가 전부 매진 됩니다. 일본은 그 공연을 안보면 상류층에 못 낀다는 인식이 들도록, 그만큼 수준을 레벨 업 시킨 거죠. 클린턴이 일본에 갔을 때 가부키 시장을 직접 찾아가보고 싶어 할 정도로 자기의 전통문화를 앞세워서 경제대국으로 성장시키는 발판이 된 것입니다."

인남순 원장은 오기가 났다. "문화계획이 제대로 되어있다면 우리는 왜 일본처럼 못하겠어요! 세계적인 대극장에서 공연을 해보자는 콘셉트로 우리도 카네기극장에서 공연을 해보자는 시도를 했어요."

하지만 그녀도 처음에는 겁이 많이 났다. 그 관객석을 다 채울 수 있을까 두렵기도 했다. 그러나 그녀를 포함한 사람들의 많은 준비와 노력 끝에 관객은 무섭게 늘어나기 시작했다. "나중에는 제일 싼 표가 하루에 100장씩 나가기에 어느 학교에서 단체로 구경하는 줄 알았거든요. 알고 보니 암표상들이 20달러짜리를 50달러로 파는 겁니다. 그 암표도 못 사서 못 들어온 사람이 많았습니다. 아주 통쾌한 사건임에 틀림없죠. 3,000여명의 사람들과 그들이 탄 자동차가 한국전통문화를 보기위해 맨해튼을 차지한다는 생각을 해보세요."

한번은 링컨 센터 에브리피셔에서 공연할 생각을 가지고 예약을 했는데 9 · 11 테러가 발생했다. 부킹매니저로부터 긴급회의가 호출되어 가봤더니 공연전날 현장매표가 17장밖에 안 된 상황이라고 했다.

"3,000명의 관객석을 채울 수 있겠느냐. 미리 돈을 지급하라. 인건비, 대관료, 9·11 테러 때문에 대관료 지급 못한 사람들이 많기 때문에 미리 돈을 받아야겠다. 선불을 해라.' 하더군요. 정말 당황스러웠죠. 그들은 공연을 취소하던지 아예 대금을 선불로 모두 지급하던지 결정하라고 했습니다. 보통 선금은 어느 정도 내고 공연 끝나고 대금을 계산하거든요. 전 세계를 돌며 공연하기가 30년째인데 이런 데는 처음 봤어요. 여행자 수표로 결제하겠다고 했더니 안 된다는 거예요. 카네기홀 데이터를 보고도 그럴 수가 있느냐고 그랬더니, 그건 알지만 그건 9.11 전이라더군요. 그리고 한술 더 떠서 2시간 안에 현금 4만 달러를 지불하지 않으면 공연을 포기하라고 했습니다."

그러나 그녀는 공연을 절대 포기할 수는 없었다. 그녀는 절박한 마음으로 도와줄 수 있을법한 사람들에게 모두 연락을 했다.

"정확히 두시까지 4만 달러를 가지고 도착했어요. 미국에 3개의 지부가 있고 일본, 독일뮌헨, 프랑스 지부도 있구요. 그동안 공연을 하면서 제 팬들이 많거든요. 한국 사람은 극한상황에서 단결이 엄청나게 잘됩니다. 이건 자존심 문제거든요. 덕분에 4만 달러를 턱 내밀면서 당당하게 '돈 세어봐라. 한국을 뭐로 보는 거냐'라고 큰소리칠 수 있었죠. 미국은 현장매표가 많아요. 결국 2,400명 꽉 찼어요. 그랬더니 그쪽에서 다음엔 언제 하시겠습니까? 하고 아주 공손히 물으면서 최고급대우를 해주더군요. 통쾌했어요." 그녀는 웃으며 말했다.

인 원장은 워싱턴 케네디 센타 등 미주 순회공연을 하고 있고 해마다 페스티발에 참석한다. 전통문화를 전파하기 위해 지원을 받기도 하지만 자비를 털어 공연에 나선 적도 여러 번이다.

인 원장은 고궁과 박물관 등 야외에서 관객과 만나는 무료공연을 12년째 매주 하고 있는데, 1993년 미국 볼티모어 박물관 초청으로 우리 전통공연을 한 것이 계기가 되었다.

'전통공연이야말로 과거와 현재가 함께 호흡하는 우리의 모습이 담겨 있어 박물관 등에 가장 잘 어울리는 볼거리'라는 신념이 있었지만 박물관 측의 반대에 부딪치기도 했다. '엄숙한 박물관에서 웬 춤이냐'고 거절당하기도 했다. "하지만 꾸준하게 설득한 결과 이제는 지자체 박물관에서도 공연을 기획할 정도지요."

해외 뿐 아니라 국내에서도 전통을 계승하기 위한 많은 노력과 공연을 하고 있는데, 특히 최초로 궁중연회를 재연하고 있으며 앞으로 조선왕조의궤 중 20여종의 궁중진찬의례를 재현하여 새로운 무대예술로 재탄생시키려고 하고 있다.

"우리는 고려 때부터 놀이형식의 춤이 있었죠. 스페인에서 캐스터네츠 같은 걸로 '짝짝'하면서 춤을 출 때 우리는 이미 향발무라고 해서 놋쇠로 춤을 추고 있었어요. 우리 춤은 역사도 깊고 세계적인 경쟁력이 있어요. 이것을 우리 시대와 접목해서 발전시켜야 합니다."

그녀는 문화에 투자해 가시적인 부가가치를 단기에 확인하기는 어렵지만 감성이 중시되는 21세기에는 경쟁력을 갖춘 상품이 될 것이라며 해외 기업들이 우리나라 공연을 후원하는 것도 이러한 차원이므로 우리 기업들도 관심을 기울여야 한다고 말했다.

"전통문화는 지나간 조상들의 문화가 아니라 내 문화입니다. 민족문화는 나의 문화고 내 자식들의 문화이기도 합니다. 과거의 것이 아닙니다. 우리는 새로운 전통을 창출해 내고 있는 겁니다. 지금 이 순간에도 말이죠."

그동안 카네기홀, 프랑스 샹젤리제 대극장, 프랑스 세계 유네스코본부 등 세계 최고의 큰 무대에 서 왔던 인 원장은 KBS 드라마 〈황진이〉 등 사극 안무를 맡아 한류를 통한 한국 문화 전파, 전통문화의 대중화에도 앞장서고 있다. 그녀는 우리의 소중한 문화 자산인 궁중무용을 토대로 또 다른 이시대의 창작문화로 활용하여 종합예술무대로 멋지게 펼쳐 보이려는 노력을 하고 있다.

"용비어천가에 '뿌리 깊은 나무가 열매를 많이 맺는다'라는 대목이 있듯이 궁중무용이 우리 역사의 깊은 뿌리를 가지고 새로운 가지로 뻗어나가는 것이죠." 우리 춤사위가 뻗어가는 새로운 지평을 기대하게 하는 말이다. ▶ 사진 5-20 (p. 258 다음 페이지)

한국 전통 음악의 메신저, 재미국악원

음악에 있어서도 한국 전통 음악을 알리려는 노력들이 이루어지고 있는데, 그 중 미국에서 활발한 활동을 하고 있는 민간단체인 '재미국악원'의 활동이 눈에 띈다.

재미국악원은 캘리포니아(California), 네바다(Nevada), 워싱턴(Washington) 지역에서 거주하는 국악인들이 1973년에 설립한 민간단체로 국악을 해외에 알리고자 하는 다양한 활동을 전개해왔다.

1973년 이래로 더 많은 국악인들이 이민이나 유학 등으로 미국에 오게 되면서 회원은 증가 되었고 한국에 있을 때 국립국악원, 시립국악관현악단, 각 지방 국악관현악단 등에서 최고 연주인으로 활동하던 연주자들이나 대학에서 학생들을 가르치던 학자 등으로 구성된 60여명의 회원들이 미국 내(Hawaii, Washington D.C., New York, San Francisco, U.C.L.A 등)에서 40년 가까운 긴 세월 동안 연주활동, 강연 등으로 국악을 알려왔다.

교민 사회 각종 행사는 물론 미국 내 학교의 다민족 예술잔치 등 학교행사를 아름다운 국악의 선율로 수놓았고, 다양한 방법을 통해 미국 주류사회에 국악을 소개하기도 했다.

영사관에서 주최하는 각종 고국의 국경일 행사에 애국가와 국경일 노래까지 우리 악기로 연주를 했고 1988년 한국 제 13대 대통령 취임 경축 국악제 및 국립국악원 신축청사 기념대공연, 1990년 범민족 통일음악회 참가(평양), 1995년 빌트모어(Biltmore) 호텔에서 개최되었던 미국 민족음악학 학회에서의 연주 등 굵직한 공연도 많이 가졌다.

LA시로부터 2회에 걸쳐 문화 기금도 받았고, 현재 LA 카운티 미술관(L.A County Museum of Arts)의 지원을 받고 있기도 하다. 매년 정기연주회도 갖는데, 2012년으로 제23회를 맞을 정도로 꾸준히 진행해왔다.

2010년 2월 24일에는 'LA 한국문화원' 개원 30주년을 기념하여 LA 한국문화원에서 한국전통 궁중 무용과 유네스코 세계무형문화재로 등록된 '처용무' 공연을 펼치기도 했다. 이 공연에서는 처용무보존회 회장인 김중섭 씨가 춤과 단소독주를 선보였고, 인남순 한국전통문화연구원 원장이 출연하여 춘앵전을 공연했다. 그 외에 민속무용인 살풀이, 태평무도 등장하고 궁중음악인 취타와 가곡인 언락이 연주되었다. 재미국악원의 연주는 미국 주류사회 및 이민사회에 한국전통음악을 보급하고 전수해오며 한국의 공연예술 문화를 알리는 데 큰 몫을 하고 있다.

재미국악원 이예근 원장은 국립국악원 국악사 양성소 제1기생으로 1979년 미국에 이민한 이래 우리 전통음악을 보급하는 데 앞장 서 왔다. 처음 시작 때보다 그 규모도 열 배 이상 늘었다.

미국으로 이민 후 이예근 원장은 처음엔 건축업을 하였으나 본래 국악을 좋아하고 손을 놓을 수가 없어 결국 우리 음악을 미

이예근(71)
- 재미국악원 원장(2005~현재)
- 1961 국립국악원 부설 국악사영성소(1기)졸
- 1985-1988 LA재미국악협회 초대회장
- 1985 제12회 한국의 날 공로상 1987 LA시의회 수여 "시민봉사상" 수상
- 1995-1996 UCSD 한국음악 객원강사
- 2004 캘리포니아 옥스퍼드 대학교 음악대학 명예박사 학위 취득, 음악대학 교수 임명
- 2005-2007 캘리포니아 옥스퍼드 대학교 음악대학장
- 2006-현재 한국국악협회 미국 LA지부장
- 2009-현재 미주 예술인 총연합회 회장
- 2011 제16회 KBS 해외동포상(문화예술)수상

국에 알리는 일에 뛰어들게 되었다. 그는 지난 2010년 제16회 KBS 해외동포상 문화예술부문 상을 수상하기도 했는데, 수상소감에서 국악은 '영원한 동반자'라며 이번 수상은 한국 전통 문화의 보존을 위하라는 뜻으로 알겠다고 말했다.

그는 한국동포 100만이 넘는 로스앤젤레스에 우리나라 국악 전통 문화가 세계화의 일원이 될 수 있도록 본국의 국가사업으로 후원이 절대적으로 필요하다고 강조했다.

그는 국악 공연뿐만 아니라 한인 2세를 대상으로 한국전통음악에 대한 교육의 장을 마련함으로써 한인 2세의 정체성 확립에 기여했고, 다양한 국악문화콘텐츠 개발을 통해 한국전통문화의 산업교류에 보탬이 되고자 했다.

우리음악을 전파하는 것만큼이나 지켜나가는 것도 중요하기에, 국악을 가르치는 일도 소홀히 하지 않고 있다. 특히 한국 문화 학교를 운영함으로써 2세들에게 민족적 정체성의 깊이를 더해주고 한국의 전통음악과 한글교육을 함께 가르치는 과정도 실시하고 있다.

다민족 국가인 미국에서 자신들만의 고유한 문화 체험을 하게 하고 이를 바탕으로 민족적 자긍심을 지닌 균형 잡힌 국제사회의 일원으로 성장할 수 있도록 돕기 위한 것이다.

매주 월요일부터 토요일까지 쉬지 않고 국악강습이 계속된다. 2007년 9월부터는 LA 한국교육원과 공동으로 '뿌리교육'의 일환으로 전, 후반기로 나누어 가야금, 해금, 단소, 사물놀이, 무용 등 국악을 가르치고 있으며 2009년에는 'Asian and Pacific Islander American Heritage Music LA' 행사로 LA시문화국과 공동으로 다문화 청소년 들을 대상으로 한 국악강습회도 진행하고 있다.

유치원생부터 12학년까지의 학생들로 구성된 청소년 가야금 합주단도 운영하고 있다. 자신의 정체성을 세우는 데 중요한 '뿌리 찾기'가 꼭 필요한 청소년들이 낯설지만 친근한 가야금 선율을 손끝에서 튕기는 모습은 사뭇 진지하고 즐겁게 보인다. 이처럼 우리 문화를 이어나가면서 해외에 소개하려고 노력하는 해외 교민들의 사례는 꽤 많이 찾아볼 수 있다. ▶ 사진 5-21 (p. 258 다음 페이지)

한국인 디아스포라, 우리 문화 이어나가기

세계 170여 개국
에 흩어져 있는 해외동포들과 해외 유학생들을 중심으로 우리 문
화를 알리는 다양한 활동들이 활성화되고 있는 예도 많은데, 한
국인 디아스포라(전 세계에 흩어져 있는 재외 한국인들)의 자발
적인 봉사와 참여로 결성되고 유지되고 있는 점이 눈에 띤다.

해외 교민들의 한국 알리기는 '한국 문화 홍보'와 '뿌리교육'의
두 가지 기능을 모두 수행하고 있다. 미국 뉴저지주 잉글우드에
서 '동화문화센터'라고 하는 한국문화알림터를 이끌어 온 조영(형
택)씨는 그의 두 아들 남제, 남황 군이 한국의 정신을 배우기를
원해서 뉴저지 지역 최고 공립학교인 버겐 아카데미를 자퇴시키
고 각각 한국 민족사관학교와 국제고로 '역유학'을 보낸 것으로도
주목을 받기도 했다. 맏아들 남제 군은 민족사관학교 졸업 후 예
일대와 하버드 합격 통지를 받아 더욱 화제가 되었다.

'동화문화센터'는 동양과 서양의 만남'을 목적으로 하고 있으
며 100명 가까운 미국인과 재미교포 학생들을 대상으로 한글, 한
자, 서예, 단소, 대금, 한국무용, 한국음식, 다도와 예절, 심지어
바둑, 주산 등 다양한 한국의 교육, 예술 분야를 가르치고 있고, 연
인원 수천 명을 대상으로 외부 강좌 프로그램도 운영하고 있다.

세계적 회계 컨설팅 업체인 프라이스워터하우스쿠퍼스(PWC)
의 파트너이기도 한 조 씨는 "애플 아이폰이 성공한 것은 기술에
서 벗어나 창의력으로 새로운 문화를 창조했기 때문"이라며 "동
화문화센터를 동양과 서양이 조화를 이루는 새로운 창조적 교육

코리아 브랜드, 세계를 매혹시키다

모델로 만들어 나갈 생각"이라고 포부를 밝히기도 했다.

많은 유학생들도 자신이 머물고 있는 국가에서 한국을 알리는 활동을 열성적으로 해나가고 있다. 한국교육개발원 발표 2011년 기준으로 28만 9,288명에 달하는 재외 한국유학생들은 세계 각지에서 한국을 알리는 역할을 수행하고 있다.

'말레이시아 아리랑 클럽'은 말레이시아의 테일러스 대학 내 한국 유학생 중심으로 만들어진 동아리로, 한글 교육 클래스를 열고 한국 문화를 전파하는 이벤트를 기획하는 등 외국 학생들에게 한국에 대해 폭넓게 알려 주는 홍보대사 역할을 해내고 있다.

해외의 대학생들은 젊은 감각으로 한국을 알리는 다양한 활동들을 전개하고 있는데, 그 한 예로 UC 어바인 대학생 4개 한인동아리 '한인학생회(KASA)', 한국 문화단체인 '코네트(KONET)', 한인 건강클럽 'KHA', '한소리' 풍물클럽 연합이 2011년 5월 7일 개최한 '한국 문화의 밤' 행사는 창작극과 민속무용을 통해 한국 문화와 전통을 성공적으로 소개하여 국내 및 현지 언론의 주목을 받기도 했다.

중국 상하이에서는 한국 유학생 30여 명으로 구성된, 한국문화를 알리기 위한 전문 단체가 결성되기도 했다. 지도 등 다양한 홍보물을 시민들에게 나눠주고 한국문화 바로 알리기에 중점을 두는 이 단체는 '다이나믹 코리아 메신저(이른바 DKM)'다. 그들은 상하이 최대 전자 쇼핑가인 시자후이에서 한국을 알리는 전단지를 배포하는 등의 적극적인 홍보를 펼쳐서 현지인들에게 좋은 인상을 주기도 했다.

이 단체 결성의 주역은 중국의 초중고교와 대학교 교과서를 수

집해 오류를 바로잡고, 혐한류(嫌韓流)에 대응하며 한국을 제대로 알리기 위해 이 팀을 만들게 된 상하이 재경대학의 한국인 유학생 5명이다. 팀 리더인 금융학과의 4학년 곽종혁 씨와 국제무역학과의 4학년 김경훈, 전희상 씨와 3학년 문현주, 심수원 씨가 그 주인공들이다.

그들은 2009년 7월1일 상하이에서 윈난 성 쿤밍까지 약 3,000km를 자전거로 이동하며 '한국 바로 알리기' 대장정을 펼쳤다. 상하이 지역에 있는 푸단(復旦)대와 화동(華東)사범대, 중의대 등에서 공부하는 한국인 학생 30여명이 동참하였다.

'청춘, 태극기를 가슴에 품고 대륙을 가르다'라는 구호로 진행된 대장정은 상하이에서 출발해 서쪽으로 항저우, 난창, 창샤, 귀이양, 쿤밍까지 2,988km를 내달리는 엄청난 규모의 프로젝트였다. 그들은 자전거 대장정을 통해 교과서 오류 찾기, 사물놀이와 태권도 시범, 자원봉사, 인터넷 선플달기 등 다양한 한국 바로 알리기 행사를 펼쳤다.

상하이 재경대 한국인학생회와 외국인학생회의 회장을 맡은 곽 씨는 2000년 초반 엄청난 한류가 일었지만 이제는 그 열기가 식어가는 이유가 '인터넷의 발달로 잘못된 한국의 이미지가 바로 전달되고 있기 때문'이라며 "한중 네티즌 간의 험담과 무시로 골이 점점 깊어가고 있기 때문"이라고 밝혔다. 그는 또 "한국은 사물놀이, 한식, 한글, 도자기 등 외국인이 감탄하는 문화가 많다. 그러나 이를 외국에서는 접할 기회가 없다"며 "해외로 나오는 즉시 중국이나 일본의 것으로 바뀌기 때문인데 이는 국가 이미지의 부재 때문"이라고 말했다.

그는 "국가 이미지를 높이려면 우리만의 아름다움을 어떻게 표현할지 연구해야 하며 온·오프라인에서 한국 바로 알리기 캠페인을 동시에 전개해야 한다"며 "3만 명에 달하는 중국 내의 한국 유학생 네트워크를 활용하는 방안을 정부는 마련해야 한다"고 덧붙였다.[29]

다양한 방식으로 해외에 한국 문화를 알리려는 노력은 이처럼 각지에서 진행되고 있다.

이 장에서는 한국이 세계인에게 다가간 걸음들의 발자취를 찾아보고 여러 방향으로 바쁘게 걸어간 이들의 뒷모습을 따라가 보았다. 세계로 이어지는 길을 만들기 위해 길을 만들며 걸어간 이도 있었고, 이미 만들어진 길을 잘 닦으려 한 사람도 있다. 그러나 단지 '가까워지는 것'을 넘어서서 그들의 마음에 들어가기 위해 앞으로도 많은 노력이 필요할 것이다. ▶ 사진 5-22, 5-23 (p. 258 다음 페이지)

한국
스포츠의 힘

한국 스포츠의 힘
스포츠로 코리아의 이름을 알리다

국제스포츠대회 그랜드 슬램 국가, 코리아

2011년 7월 6일,
한국인들에게 자랑스러운 소식 하나가 날아들었다. 강원도 평창
이 2018년 동계올림픽의 개최지로 선정된 것이다. 한국 스포츠가
세계대회에서 선전을 하고 월드컵, 올림픽과 같은 굵직한 세계대
회도 이미 치르고 난 후라 국민적 자부심은 더욱 높아졌다.

사실 평창 동계올림픽의 유치 과정은 쉽지 않았고 경쟁국가와
심사평가단들의 치열한 로비 및 홍보전을 거쳐 결정된 것이었다.

평창 동계올림픽이 열릴 주경기장과 주변 환경, 지역정서와 대
통령을 비롯한 정부의 적극적인 홍보와 지원, 국민들의 환호와
열정으로 강력한 라이벌이었던 독일 뮌헨 등과의 경쟁을 통해 세

번 도전 끝에 이루어낸 쾌거다.

그런데 동계올림픽 유치에 기뻐하는 것도 좋지만, 사실 많은 숙제가 시작된 것이라고도 볼 수 있다. 평창 동계올림픽이 성공적으로 끝나기까지는 많은 노력들이 필요하다. 세계대회 개최를 통해 한국의 브랜드 이미지를 높이는 중요한 기회로 삼아야 하기 때문이다.

사실 외국인들에게 한국이 많이 알려진 계기가 된 것은 88올림픽, 2002 한·일 월드컵 등 세계대회의 개최지로서 이름을 알린 것도 크다.

이번 평창 올림픽 개최가 갖는 의의 역시 한국이 '스포츠 문화 강국'의 이미지를 확고히 할 수 있다는 점일 것이다. 한국의 이미지 신장이란 귀한 결실을 얻게 될 이 기회를 잘 활용하면 다른 어떤 방법보다 효과적일 수 있다.

일단 평창 동계올림픽의 개최로 한국은 동계올림픽, 하계올림픽, 월드컵, 세계육상선수권 등 4대 국제 스포츠 대회를 모두 개최한 이른바 '국제 스포츠 대회 그랜드슬램' 클럽 국가가 된다. 현재 그랜드슬램 클럽에 든 나라는 프랑스, 독일, 이탈리아, 일본 등 4개국뿐이며 러시아가 곧 다섯 번째로 가입된다고 한다.

스포츠는 많은 사람들에게 거부감 없이 다가갈 수 있기 때문에 수많은 세계인들이 한국을 자연스럽게 기억하게 될 것이다. 특히 겨울올림픽은 다른 대회에 비해 고품격의 이미지가 강해 대회 개최 이후 세계에 한국이 스포츠 선진국으로 각인되는 효과도 기대할 수 있다.

국가브랜드를 높이는 것은 국가의 미래를 결정하며, 이는 평창

올림픽 개최에 따른 막대한 경제적 가치보다도 더 소중한 것이다.

세계대회는 또한 한국이란 나라를 외국에 소개하는 기회이기 때문에 대한민국만의 지역적, 문화적 특색을 살려 홍보하는 전략을 세워야 한다. 일단 평창의 자연환경을 존중하여 한국 고유의 지역적 아름다움을 특성화야 한다. 평창 고유의 문화를 발굴하는 등 문화관광의 방향을 잘 잡아야 한다.

또한 평창 올림픽을 보기 위하여 방한하는 외국인 선수단, 기자단, 관광객 수만 해도 엄청난 수가 될 것으로 추정된다. 그 많은 사람들에게 한국의 알릴 절호의 기회이니 어떻게 한국을 차별화시켜 기억에 남게 할 것인가를 치열하게 고민할 필요가 있다.

사실 평창은 국제적 인지도가 높다고 할 수 없는 도시다. 평창과 함께 경합을 벌였던 도시인 독일 뮌헨과 같은 경우 이미 세계적으로 유명한 관광지인 반면 우리나라는 아직 외국인들에게 관광으로 유명한 국가는 아닌데다가 그중에서도 평창은 거의 외국인에게는 낯선 도시다.

이는 약점일 수도 있지만 강점으로 만들 수 있는 여지도 많다. '알려지지 않았다'는 것은 반대로 고정된 이미지가 없기 때문에 오히려 더 신비롭고 수없는 가능성을 안고 있는 것이기도 하기 때문이다.

이 기회를 잘 이용하여 잘 기획되고 준비된 이미지를 제공한다면 세계적인 겨울 관광지로 급부상할 수 있는 계기가 될 수도 있고, 그 정도는 아니라고 해도 최소한 한국이란 나라에 대한 새로운 인상을 심어줄 수 있고 추가적인 관광 수요를 창출할 수도 있을 것이다.

결국 평창 동계올림픽 개최라는 것은 평창 및 강원도라는 지역 브랜드를 넘어서서 대한민국이라는 국가브랜드를 제고시키는 긍정적인 국가 홍보의 장으로 활용되어야 한다. 이를 위해서 국가 및 지자체 등의 적극적인 홍보 의지 및 국민의 호응과 참여가 무척 중요하다.

우리만의 전통과 자연 등 고유한 특징을 담은 콘텐츠 개발로 풍부한 즐길 거리를 제공하는 것도 좋고, 외국인들을 대하는 기본적인 글로벌 매너를 기르는 것도 중요하다.

김연아, 박태환, 박지성 등 해외에서 이름을 날린 스포츠 선수들은 우리나라에서 폭발적인 지지와 기대를 입은 유명 스타가 되었다. 그들이 해외에서 좋은 성적을 거두어 국위선양을 하는 것은 우리나라 사람으로서는 누구나 즐겁고 자랑스러운 일이다.

올림픽 금메달리스트나 한류 스타, 스포츠 스타 등에게 지나칠 정도로 많은 기대와 지지를 보여주는 현상은 비록 이전부터 있어왔던 것이지만, 굵직한 국제대회에서의 좋은 성적, 각종 국제대회의 유치 등의 영향을 받아 더욱 그 에너지가 증폭되었다고 할 수 있다. 그들을 응원하고 지지함으로서 자신이 그들처럼 직접 국위선양을 할 수는 없지만 적어도 그에 일조한다는 느낌을 가지는 것이다.

그러나 단지 그것에 머물지 않고 그들이 한국을 알리는 일에 몸소 나선다면 큰 파급효과를 가질 수 있거니와 선수들을 지지하는 일반 국민에게도 좋은 영향을 미치고 한국의 국가 이미지 상승에 힘을 보태게 하는 동기 부여가 될 수도 있다.

또한 스포츠 그 자체가 한국의 정신과 정체성을 담고 있고 심지어 한글이나 문화를 전파하는 도구가 되는 경우도 있다. 바로 한국의 전통 무예이자 세계적 스포츠가 된 택견, 태권도 등의 해외전파가 그것이다.

다음은 스포츠를 통해 한국을 세계에 알리고자 하는 사람들의 열정과 노력에 관한 이야기가 이어질 것이다. ▶ **사진 6-1, 6-2 (p. 288 다음 페이지)**

미국 지상파 방송을 탄
'한국 스포츠의 탁월함'

미국의 한 고등학생이 나른한 일요일에 TV를 켰다. 10대 아이답게 스포츠를 좋아하는지라 눈을 붙드는 스포츠 다큐멘터리가 있기에 한참을 지켜보았다. 'South Korea'의 스포츠에 관한 이야기인 모양이다. 낯선 국가의 이름이라 아마 정치나 역사 다큐멘터리였다면 대번에 채널을 돌렸을지 모르지만 이건 스포츠가 아닌가? 스포츠는 일단 재미있고, 모든 국가, 인종, 나이를 초월하는 것이다. 심지어 할 일 없는 일요일에 십대 아이라도 볼 만한, 그런 것.

겨우 미국의 뉴저지만한 작은 저 나라에서 수많은 국제대회를 개최하고 또 많은 국제적 스포츠 스타들을 배출하였다는 사실이 흥미로워 잠시 보고 있다가 자기가 좋아하는 메이저리그 야구선수, 영국 프로축구의 유명 선수가 모두 한국인이라는 사실을 알게 되고 아이는 꽤 놀랐다. 그 외에도 이름을 들어본 수많은 유명 선수들이 다 한국인이라는 것이었다. 옛날, 일장기를 달고 뛰어야 했던 손기정 선수라는 사람의 모습을 보며 한국이 그런 슬픈 역사를 딛고 세계의 스포츠강국으로 부상했다는 사실에 깊은 인상을 받았다. 그리고 자기 또래의 가녀린 어린 소녀가 혼자 넓은 빙판을 스케이트를 타고 가로질러 외로운 자기와의 싸움을 견디며 많은 것을 참고 견뎌서 올림픽 금메달리스트가 되는 과정을 지켜보며 감동도 받았다. 그의 기억 속에 이제 한국은 낯선 지도상의 점 하나 같은 나라가 아니다. 땀과 개척정신으로 스포츠 강국으로 발돋움한 'Excellent(탁월한)' 나라다.

2010년 8월 15일 미국의 CBS TV 황금시간대에 방영된 이 영상물은 많은 이들의 시선을 고정시켰다. 〈한국 스포츠의 탁월함(*South Korea, Focused on Excellence*)〉이라는 제목의 이 영상물은 한국의 스포츠계를 조명하는 의미 있는 프로그램이었다.

작은 나라 한국이 세계 주요 스포츠 종목을 휩쓰는 비결을 파헤친 1시간짜리 다큐멘터리 프로그램이 두 달 동안 NBC, ABC, CBS 등 미 대표 지상파방송을 통해 미국 전역 120개 도시에 방송된 것이다.

한국 스포츠만을 주제로 삼은 프로그램이 미국 전역에 방송된 것은 최초였고, 제작사 측은 총 1억 1,000만 TV시청가구의 90%가 가시청권에 들어 있다고 밝혔다. 1차 지역별 공중파방송이 완료된 2010년 11월부터는 6,000만 시청가구를 확보하고 있는 폭스 스포츠 네트워크(FSN)를 통해 재방송되기도 했다.

이 영상물을 제작한 앤드루 조(한국명 조현준, ISEA Communication 대표)씨는 MLB 각 팀과 PGA 투어 등의 대회에 스폰서십을 주 업무로 하는 스포츠 마케팅 분야 사업을 하면서 뉴욕 맨해튼 미드타운에 한국을 홍보하는 동영상 전광판을 운영하고 있다. 앞 장에서 서경덕 교수가 광고를 띄웠던 그 전광판 중 하나이기도 하다.

조 대표는 한국 스포츠가 해외에서 좋은 성적을 거두고 있고 한국 운동선수들도 유명세를 높이고 있는데 반해 해외에 그들이 한국인이라는 사실이 많이 알려지지 않은 것에 안타까움을 느껴서 이 영상물을 만들게 되었다.

그는 한국 스포츠계의 여건이나 환경이 더 개선되고 발전하려면 한국 스포츠에 더 많은 관심과 지원이 모여야 하고 그러기 위해서 적극적인 홍보가 우선 이루어져야 한다는 생각에서 많은 열의를 가지고 이 다큐를 기획했다. 한국이 어떻게 스포츠계의 강국으로 커가고 있는지를 세계에 보여주고 싶다는 개인적 소망도 있었다.

기획자인 조 내뇨 외에 스포츠 다큐 부문 에미상 수상 경력자인 마이클 셴저 작가, 빌 에번스 촬영감독 등이 참여했다.

한국처럼 작은 규모의 나라가 어떻게 훌륭한 스포츠 선수들을 키우고 스포츠 강국으로 발돋움하고 있는가? 그 저력은 무엇인가에 대하여 이 다큐는 답을 찾아가는 과정을 보여준다. 1936년 일장기를 가슴에 달고 올림픽 금메달을 딴 뒤 시상식장에서 끝내 얼굴을 들지 않았던 마라토너 손기정부터 시작해 월드컵 4강 신화의 주역 박지성과 '볼턴 원더러스'의 이청용, 골프여제 박세리, 쇼트트랙에서 스피드 스케이팅으로 세계를 제패한 이승훈, 타격기계 두산베어스의 김현수 그리고 이미 전설이 되어버린 피겨스케이팅의 여왕 김연아까지 수많은 선수들을 소개하며 국내 스포츠의 많은 성과들을 스케치하고 있다.

제작사인 JPI 측은 이 다큐 제작을 위해 두 달여 간 한국, 미국, 캐나다 등지를 방문해 선수들과 직접 만나 과거 애환과 미래의 꿈을 인터뷰했고, 서울시청 앞은 물론 쇼트트랙 경기장, 잠실 야구장, 심지어 인도어 골프연습장 등지에서 한국의 미래 꿈나무들을 취재했다.[30]

JPI 부사장 겸 감독을 맡은 제이 잘버트는 "우리는 몇 십 년에 걸친 위대한 스포츠 혁명을 보았고, 그 혁명을 이끈 선구자들과 그 혁명이 한국에 어떤 영향을 줬는지에 대한 이야기를 다뤘다"고 말했다.

〈한국 스포츠의 탁월함(*South Korea, Focused on Excellence*)〉은 우리나라의 변치 않는 근면함을 보여주는 대표적인 분야가 바로 스포츠라는 것을 보여주려 하고 있다. 우리나라 사람들이 작은 체구 등 서양인들에 비해 불리한 신체 조건으로도 많은 스포츠에서 뛰어난 성적을 거두고 있는 것은 끊임없이 고통을 인내하며 꾸준하고 성실히 노력한 덕분이라는 것이다. 특히 김연아에 관한 부분이 많은데 피겨 불모지에서 어린 나이에 인내와 희생으로 상상조차 할 수 없는 부담감을 견디고 피나는 연습 끝에 이룬 성공이라는 점에 포커스를 맞추고 있다. 대한민국인의 'unwavering diligence(변함없는 근면함)'가 이룬 쾌거라는 것이다.

이 다큐에서는 일제 강점기인 1936년 베를린 올림픽 마라톤에서 금메달을 딴 손기정 선수에 관한 감동적 에피소드도 등장한다. 일제강점기 당시 한국인임에도 불구하고 한국인으로 뛸 수 없었던 그는 단순히 베를린 올림픽 우승이란 결과를 넘어 세계에 우리나라를 알리고 당시 일제 치하에서 고통을 겪던 모든 국민들에게 희망을 주었다.

이 다큐에 언급된 내용은 아니지만, 최근 손기정 선수 국제올림픽위원회(IOC) 홈페이지에서 그간 잃어버렸던 한국인으로서의 지위를 상당 부분 회복했다는 반가운 소식이 들리는 터라 다큐에서 만나는 손기정 선수의 모습은 더욱 남다른 감동을 선사한다. IOC가 최근 손기정 선생의 약력을 바로잡아 달라는 대한체육회(KOC)의 요청을 일부 받아들여 IOC 홈페이지 선수 소개란에 '한국의 손기정(남한)은 1935년 세계신기록을 세웠다'는 내용을 수정 보완했기 때문이다.[31]

〈한국스포츠의 탁월함(*South Korea, Focused on Excellence*)〉는 외국 프로 팀에서 활약하는 선수들에 대해서도 많은 부분을 할애한다. 특히 박지성 선수에 관한 부분이 인상적이다. 평발의 박지성 신수가 핸디캡을 딛고 세계적인 선수가 된 것은 불굴의 노력이 있었기에 가능한 일이었다. 맨체스터 유나이티드에서 첫 번째 아시아인으로써 뛴다는 것이 한국인들에게 어떤 의미가 될 수 있는지 되새겨보게 한다.

제작자의 인터뷰를 보면, 한국 선수들이 공통적으로 한국을 위하는 마음이 강하고 태극기를 보면 힘이 나서 이를 더 악물게 되더라고 말했다고 한다. 국가를 대표하는 선수들로서 해외에 나가 한국의 위상을 높이는 일에 자긍심과 책임감을 많이 느끼고 있다는 것이다. 사실 스포츠에 대한 열의는 높지만 실제 환경은 매우 열악한 우리나라 스포츠 현실에서 집념과 끈기로 세계 정상에 선 그들은 놀라운 사람들이다.

골프 선수 박세리는 우리나라가 IMF 외환위기로 실의에 빠졌을 때 맨발로 물에 들어가서 친 공으로 위기를 탈출해서 LPGA US 오픈에 우승함으로서 많은 사람들에게 희망을 주고 수많은 '박세리 키즈'들을 만들어냈다.

스포츠에서는 실력과 결과가 다른 무엇보다 중요하기 때문에 편견과 장벽 없이 한국인들이 국가의 위상을 높이고 세계인의 마음을 사로잡기 위한 매우 효과적인 길일 수 있다.

일반적으로 미국의 메이저 지상파에서 다뤄왔던 한국관련 방송은 거의 한국전쟁이나 북한 핵문제 등 부정적인 내용이 많았기 때문에 실제로 한국의 국가 이미지를 상승시키는 데 역할을 하지는 못했다. 또 미국의 스포츠 다큐가 객관적 사실을 전달하는 것에 치중하여 건조한 사실 위주인 경우가 많다.

반면 이 영상물은 한국 선수들이 부족한 여건과 어려운 환경을 딛고 이뤄낸 드라마틱한 과정을 그려내어 진한 인간적 다큐멘터리로 평가되었다. 일제 치하의 아픔을 간직한 손기정 선수의 역사를 가진 한국이 올림픽, 월드컵 등을 치러내는 선진국으로 변했다는 내용이 긍정적인 대한민국의 브랜드를 상당히 제고시켰다는 평가를 받기도 했다.[32] ▶ 사진 6-3, 6-4 (p. 288 다음 페이지)

몸, 정신, 생활의 삼위일체 _태권도

2011년에 조현준 대표는 또 하나의 다큐를 제작했다. 태권도진흥재단이 후원하여 만든

46분짜리 태권도 다큐멘터리 〈태권도 ; 몸, 정신, 생활의 삼위일체(*Taekwondo ; Union of Body, Mind and Life*)〉는 미국 스포츠 전문 방송 ESPN 계열의 MASN 채널을 통해 12월 27일 첫 전파를 탄 후로 NBC 스포츠 계열의 CSN을 통해 미 중서부 지역부터 시작해 2012년 3월까지 30회 이상 방송되었다.

조현준 대표는 "현재 전 세계 7,000만 이상의 인구가 배우고 있고 올림픽과 맞먹는 144개국이 세계 선수권대회에 참여하고 있는 태권도는 인프라 측면에서 결코 놓칠 수 없는 한류의 종목"이라고 프로그램을 제작한 취지를 설명했다.

이어 그는 "이제 태권도는 세계선수권대회와 올림픽 등에서 성적으로 나타나듯이 대한민국만의 스포츠가 아닌 세계인이 공유하는 스포츠가 된 만큼 종주국인 한국의 위상을 제대로 소개할 것"이라며 "태권도야 말로 한국이 세계인에게 만들어준 큰 선물이라는 점을 알리고 싶었다"고 말했다.[33]

총 7막으로 구성된 이 프로그램은 1막에서 한국과 미국의 태권도 인사와 선수들을 통해 태권도 전반을 소개하고, 2막부터 4막까지는 태권도를 사랑하는 특별한 '사람들의 이야기'를 담았다. 세계선수권대회에서 가족 통산 12차례 우승하고 올림픽 메달을 5개나 획득한 미국의 태권도스타 가족의 이야기, 200개가 넘는 미국공립학교가 태권도를 정규 체육과목으로 채택한 동기 등이 소개되었다. 5막부터 7막까지는 태권도가 올림픽 종목으로서 가지고 있는 가치와 의미, 세계인이 즐기는 스포츠가 된 이유 등이 담겨져 있다.

특히 선천성 혈소판 감소증으로 두 팔이 없으면서도 유단자가 된 미국인 쉴라 래지위츠(33, 여)의 아주 특별한 태권도 인생에 관한 부분이 많은 이에게 깊은 인상을 주었다.

선천적으로 양팔이 없이 손 일부만 어깨 부위에 붙은 채 태어난 래지위츠는 무릎의 슬개골이 없어 걸음도 부자유스러웠고 휠체어 신세를 면하려고 10세가 될 때까지 큰 수술을 열 번 넘게 해야 했다. 그런 그녀가 세계태권도연맹이 공인하는 최초의 유단자가 되었다니 정말 기적과 같은 일이 아닐 수 없다.

중학교 때까지 금속 보조 장치에 의존해 걸었던 그녀는 고등학교부터 눈물겨운 노력을 기울여 남들처럼 운동을 하게 되었고, 애리조나 대학에 다니던 2001년 홍보전단을 통해 처음 태권도를 알게 된 후 2007년 메사추세트 피바디에 있는 맥코리 도장에 찾아와 태권도에 처음 입문했다.

이 도장의 태권도 사범인 샌드라 라로사는 "어느날 전화를 하고 체육관을 찾아온 그녀의 모습은 너무도 밝았다. 일주일에 세 번씩 거르지 않은 그녀는 남들과 똑같은 조건에서 훈련을 했다"고 회상했다.

2010년 7월 승단 심사에 당당히 합격해 미 언론의 화제를 모았던 그녀는 이 다큐에서 놀랍게도 손으로 송판을 격파하는 모습을 보여준다. 화려한 발기술과 품새는 물론, 봉과 같은 무기도 어렵지 않게 다룬다. 그녀는 "태권도는 내게 하나의 탈출구였다. 태권도를 통해 자신감과 희열을 느낀다"고 말한다.

다큐 제작을 위해 래지위츠를 만나고 돌아온 조현준 대표는 "놀랍고 감동적이었다. 그녀가 해낸 것이 경이롭고, 그것이 태권도라는 점에서 깊은 자부심을 느끼게 됐다"면서 "다큐멘터리를 통해 태권도가 세계인이 공유하는 스포츠로서 종주국 한국이 세계인에게 만들어준 큰 선물이라는 점을 알리고 싶었다"고 말하기도 했다.

이 다큐멘터리의 제작을 위해 지난 5월부터 미국의 메이저 스포츠 방송물 제작사인 잘버트 인터내셔널은 세계 태권도인의 성지가 될 태권도공원 조성지(전라북도 무주) 및 세계태권도선수권대회 개최지인 경주, 서울 등을 비롯하여 미 스프링필드와 보스톤, 텍사스, 스페인 바르셀로나 등에서 촬영을 진행했다.

기획사 ISEA는 이밖에도 평창 동계 올림픽 유치를 위해 스키 올림픽 메달리스트인 토비 도슨을 주인공으로 한 휴먼다큐멘터리를 제작, 미국과 유럽 등 전 세계에 방송한 바 있다. 이 다큐는 2011년 4월 16일 미국 ABC 방송을 통해 방영되었으며, 3살 때 부산 자유 시장에서 부모를 잃어버린 뒤 미국 콜로라도 스키강사 부부에게 입양됐다가 지난 2006년 토리노 동계올림픽 모글 부분에 미국 대표로 출전해 동메달을 딴 후 한국인 생부를 찾아 미국에서도 큰 화제가 된 토비 도슨(한국명 김수철)의 이야기를 담고 있다.

이 다큐에는 평창 동계올림픽 홍보대사를 맡기 위해 한국을 방문했던 토비 도슨과 정병국 문화관광부 장관이 만난 자리에서 정 장관이 도슨의 이야기를 들으며 눈시울을 붉히는 모습이 들어있기도 하다.

기획사가 밝힌 제작 의도는 "토비 도슨의 인생역정을 휴먼 다큐 형식으로 제작하여 시청자들에게 감동과 볼거리를 주면서도, 주 촬영지를 토비가 어린 시절을 보낸 미국 콜로라도 베일은 물론 서울. 부산과 동계올림픽 유치 신청지인 강원도 평창을 배경으로 해 한국의 인지도와 평창 동계올림픽 유치에 도움을 주기 위한 목적으로 제작했다"는 것이다.

이 다큐의 제목 〈Lost and found〉는 '유실물 보관센터'라는 뜻이지만, 이 프로그램에서는 도슨이 자신의 인생의 의미를 스키를 통해 되찾고 결국 한국인으로서의 정체성도 찾게 되었다는 뜻에서 이런 제목을 붙였다고 한다.

조현준 대표는 '한국: KOREA'라는 이름의 브랜딩을 위해 방송제작을 하면서 국가홍보를 하는 데 있어 스포츠만큼 영원한 콘텐츠도 없다는 생각이 분명해졌다고 강조했다.

닉슨이 중국 등과 이데올로기 대립을 종식시킨 시발점이 탁구로부터 비롯되어 자연스런 물꼬를 틔우며 세계인들을 하나로 묶었듯 태권도가 한국의 브랜딩을 확실히 해주는 것이라고 말하는 그는 앞으로 태권도 관련 영상물을 제작하는 것 외에도 매년 5~6월에 열리는 코리아컵 요트대회를 통해 독도와 동해 알리기 프로젝트를 진행할 생각이다. 그는 2011 코리아컵 국제요트대회가 폐막된 가운데 포항-울릉도-독도 코스를 2위로 돌아나온 캐나다팀 'DIVA'를 촬영한 영상을 중심으로 독도는 우리 땅이라는 사실을 국제적으로 알리기 위해 독도 관련 다큐 제작에 들어가기도 했다. 이 요트대회에 미국 방송사를 참여시키고 기존 외국 팀 외에도 참가국을 대폭 늘려나가 명실상부한 아시아 최대의 요트대회로 발전시키려는 것이 그의 계획이다. ▶**사진 6-5부터 6-7까지 (p. 288 다음 페이지)**

6-1 IOC위원장이 평창동계올림픽 선정을 발표하는 순간

6-2 평창동계올림픽 마스코트

6-3 미국의 다큐멘터리 〈한국스포츠의 탁월함(*South Korea Focused on Excellence*)〉 오프닝 장면

6-4 〈한국 스포츠의 탁월함(*South Korea Focused on Excellence*)〉 중 월드컵 관중들

6-5 태권도 다큐멘터리 'Taekwondo: Union of Body, Mind and Life'중 쉴라 랜지 위츠가 수련하는 모습

6-6 평창올림픽을 위해 프레젠테이션 중인 토비 도슨

-7 코리안컵 요트대회 참가차 온 조현준 대표(맨 왼편)

6-8 Port Kennedy의 태권도장(Taekwondo Oh Do Kwan)에서 수련중인 외국 아이들

6-9 미국 로스앤젤레스 시내 페어팩스고등학교 체육관에서 열렸던 로스앤젤레스 지역 공립학교 태권도교실 수료식 장면

6-10 태권도 자세를 취한 이기수 사범의 모습

6-11 대회에 참가한 이기수 사범과 제자들

6-12 무하마드 알리와 함께한 이준구

6-13 태권도명예의 전당 이준구

6-14 러시아 보리스 옐친대통령과 이준구

6-15 평창동계올림픽 프리젠테이션 중인 김연아

체육 시간에 태권도를 배우는 세계 아이들

바람에 겨울빛
이 도는 12월의 어느 날, 미국 학교 운동장에서 아이들의 힘찬 구
령이 울려 퍼지고 있었다. 하얀 도복을 입고 머리를 단정하게 한
아이들은 초롱초롱한 눈빛으로 앞을 응시하며 침착하게 태권도
동작을 선보였다. 진지한 아이들의 목소리에 귀기울이다보면, 문
득 깨닫게 된다. 그들이 외치는 모든 구령이 우리에게 너무 친숙
한 한국어라는 사실을.

미국 젤레스 시내 페어팩스 고등학교 체육관에서 열렸던 젤레
스 지역 공립학교 태권도 교실 수료식 장면이다. 이날 수료식에
는 12개 초, 중, 고교에 마련된 태권도 교실에서 10주 과정을 이
수한 학생 400명이 노란띠를 받았다.

태권도가 2012 런던올림픽 이후 올림픽 종목 배제 논란이 일고
있는 상황에서 태권도에 대한 다큐가 만들어지고, 세계인들에게
태권도를 알리고 전파하며 태권도의 가치를 알게 하는 일은 매우
중요한 의미를 지닌다.

위의 다큐 내용 중 세계 공립학교에 태권도를 체육 교과 정식
과목으로 채택시키려는 움직임에 대해서 다루고 있기도 하지만,
현재 이러한 노력은 많은 결실을 맺어나가고 있다.

앞에서 한글을 미 학교 정식 교과목으로 채택시키려는 노력을
진행하고 있는 민간단체인 한국문화국제교류운동본부는 바로 이
러한 세계 공립학교 내 태권도 보급도 활발히 추진하고 있다.

한국문화국제교류운동본부는 태권도와 한글이 함께 서로 시너

지 효과를 내는 것을 목표로 하고 있다. 태권도를 통해 육체와 정신을 수련한 학생들은 자연스럽게 한국어를 익힐 기회를 갖게 될 것이고 한국과 한국어에 대한 학습에 관심이 높아져 수강인원이 증가될 것이라는 생각이다.

위의 페어팩스 고등학교의 예도 그런 노력이 결실을 맺은 결과다. 페어팩스 고교 외에도 LA에서는 3가 윌튼 플레이스 코헹가 초등학교와 베렌도 중학교 존 버로중학교 등 LA 통합교육구(LAUSD)와 라카냐다 통합교육구(LCUSD) 소속 12개 학교에서 총 1,600여명의 학생들이 태권도를 배우게 되었다. 태권도가 정식 체육 과목 혹은 애프터, 비포 스쿨(방과후, 방과전) 프로그램에 포함된 것이다. 코헹가초등학교에서만 800명이 넘는 학생들이 태권도에 푹 빠지게 되었으니 그 의미는 매우 크다. 그동안 LA 지역 존 버로우와 베렌도중학교에서 태권도를 배울 수는 있었지만 정규 과정은 아니었다.

태권도가 LA 지역 공립학교 수업으로 처음 채택된 2010년 가을학기엔 8개 학교에서 600여명의 학생들이 태권도 수업을 수강했었다. 그런데 2011년에는 1년 만에 1천 명이 늘어났으니 놀랄만한 증가세가 아닐 수 없다.

또 하나의 큰 변화는 교육구 측에서 태권도 수업에 전폭적 후원을 시작한 점이다. LAUSD 산하 방과후 프로그램 전문기관 '비욘드 더 벨(Beyond the bell)'측에서 문화원과 손잡고 LA지역 학교 태권도 수업을 적극적으로 지지하고 나선 것이다.

태권도는 대한민국의 '국기'이기 때문에 태권도가 학교 안에서 미국 학생들에게 보급되는 것은 한국의 문화와 혼을 알리는 것과 직접적 관련이 있다. 태권도는 단순한 무예가 아니고 한국인의 얼과 기가 서린 고유한 철학을 담고 있기 때문이다. 특히 자라나는 아이들에게 한국에 대해 알게 하고 한국의 정신을 느끼게 하는 일은 그 아이들이 성장했을 때 한국에 대한 좋은 인식을 갖게 하고 양국 관계의 긍정적인 미래까지 만들 수 있기 때문에 더욱 의미가 있다.

미국 학교 정규과정에 포함된 것에 그치지 않고, 태권도는 2010년 미국 영부인인 미셸 오바마의 어린이 비만 퇴치 캠페인에 포함되기도 했다. 미국 어린이 3명 중 1명이 과체중 또는 소아비만일 정도로 어린이 비만 문제가 심각하기 때문에 이를 타개하기 위해 2010년부터 '렛츠무브(let's move)' 캠페인이 미 전역에 전개되고 있는데 이 캠페인에 포함된 태권도는 아이들이 적당한 체중과 건강한 체격을 유지할 수 있도록 돕는 역할을 맡았다.

소아비만 문세를 해결해주는 건강한 방법으로서 태권도가 제시되고, 자연스럽게 태권도를 접한 아이들과 태권도 덕분에 아이들 건강을 지킨 부모들에게 태권도가 고마운 존재로 기억된다면 태권도를 일부러 홍보하지 않아도 태권도가 널리 퍼질 수 있을 것임은 분명한 일이다. 한 가정에 있어서도 아이들의 건강만큼 소중한 것은 없거니와 한 국가의 미래를 위해서도 중요한 일이기 때문에 '태권도=아이들의 건강'이라는 공식을 성립시킨 이번 일은 태권도보급에 매우 다행스러운 청신호가 아닐 수 없다.

국가브랜드 위원회 공식 블로그 '코리아브랜드(blog.naver.com /korea_brand)' 글 중 태권도에 관한 다음과 같은 소개글을 보면 태권도의 가치와 의미를 잘 설명하고 있다.

"태권도는 전신운동으로서, 상대편에게서 공격을 받았을 때 맨손과 맨발로 인체의 관절을 무기화하여 자신을 방어하고 공격하는 무도입니다. 또한 수련을 통하여 심신단련을 꾀하고 강인한 체력과 굳은 의지로 정확한 판단력과 자신감을 길러 강자에게 강(强)하고 약자에게 유(柔)하며, 예절바른 태도로 자신의 덕(德)을 닦는 행동 철학이며, 태권도의 정신은 수련으로 얻어지는 기술의 소산(所産)입니다. 그래서 태권도가 단순한 무술이 아니라고 하는 것이죠."

실제로 외국에서는 태권도를 예절을 배우기 위해 아이들에게 가르치는 경우도 많다. 태권도에는 정신 수련의 의미가 있고 예절을 알고 수신(修身)하는 우리의 고유 전통이 태권도에 녹아있다. 또한 태권도는 서로 예의를 지키고 정중하게 대하는 태도를 바탕으로 하며, 동양 무예의 특성상 도제 관계로 배우면서 사범을 존경하고 동료를 존중하는 방법을 가르친다. 극기, 희생, 봉사 등 태권도에서 중시하는 덕목들은 기본적으로 남을 생각하고 자신을 이겨내는 것을 배우게 한다.

최근 중국이 조선족에게 전파된 북춤과 태권도까지 중국문화로 끼워 넣으면서 '동북공정' 의도를 드러내 우리 국민들의 비판을 산 바 있는데, 태권도 종주국으로서의 위치는 당연히 주어지는 것이라 생각해서는 안 될 것이다.

태권도를 해외에 보급하는 것, 그 자체도 의미가 있지만 더 중요한 것은 태권도를 단순히 육체적 훈련을 통한 무예로서 알리는 것보다 그 안의 전통과 문화를 살려 전파되게 하는 것이다. 태권도와 우리 문화, 전통의 연관성과 그 우수성을 적극적으로 알리고, 지켜나가는 것은 바로 우리 자신의 몫이다. ▶ **사진 6-8, 6-9 (p.**
288 다음 페이지)

스리랑카 태권도의 대부, 이기수

　　　　　　　　사실 K-POP과 한국 드라마
열풍이 거세다고 해도 그보다 더 먼저 한국을 알린 일등공신이며
외국인에게 가장 많이 알려지고 친숙한 것은 바로 태권도일 것이
다. 200여개가 넘는 국가에서 무려 8,000만 명에 달하는 사람들
이 태권도를 수련하고 있다.

　그러나 태권도를 배우는 사람들보다 더 중요한 것은 가르치는
사람이다. 세계적으로 수만 여명의 지도자들이 세계 각지의 사람
들에게 우리말 품새를 가르치고 있다. 그들 모두 태권도 보급을
위해 애쓴 노고를 인정받아야 하지만, 특별히 태권도를 널리 퍼뜨
리기 위해 태권도 불모지나 다름없는 현실을 바꾼 사람들이 있다.

　그중에서 한 명이 필자와 인터뷰를 한 스리랑카의 이기수 사범이
다. 사실 많은 태권도 사범들이 한국국제협력단(KOICA)을 통해 파
견되는 경우가 많은데, 이기수 사범 역시 그 중 하나였기 때문에 '자
발적 활동가'를 위주로 하는 이 책의 범주에서는 살짝 벗어나 있다.

　하지만 개발도상국에서의 한국홍보나 봉사 등의 경우 최초로
오게 된 계기는 보통 파견의 형식을 빌어서 시작되는 경우가 많
고, 임기가 끝난 뒤에도 자발적으로 더 봉사하거나 아예 남아있
는 여생을 바치는 경우도 적지 않기에 다른 경우와는 차이를 두어

생각해야 한다.

생활상 편의나 치안 등이 좋지 않은 개발도상국에서 자리를 잡은 것은 단순히 '파견'과 같은 외적 요인이 아닌 당사자 스스로의 소신과 열정과 같은 내면의 동기가 있었기에 가능했을 것이다. 특히 내전으로 인해 군부가 장악하고 있는 스리랑카는 위험을 무릅써야 하는 순간이 많아 그 여건이 더욱 좋지 않다.

그러나 그는 파견요원 기간이 끝난 후 스리랑카 정부의 강력한 요청으로 국가대표 영구 코치로 자리를 바꾸어 다시 스리랑카 땅을 찾았고 스리랑카 교민과 결혼하여 현재까지 정착해 살고 있다.

"1997년 처음 스리랑카에 파견이 되었는데, 그 당시 태권도의 불모지였습니다. 특수경찰 훈련학교에 파견되었고요. 그 당시 특수경찰학교의 정식 무술과목으로는 가라테가 있었고 체육관에도 일장기가 걸려있더군요. 일장기가 붙어있는 경찰학교 체육관에서 태권도를 수련시키라고 하니 정말 마음이 편하지가 않았습니다." 이기수 사범의 회고다. 일장기가 걸린 체육관에서 태권도를 가르쳐야 하는 아이러니한 상황이 그에게 역사적 자각을 일깨워주었다.

유도나 가라테밖에 모르던 사람들에게 태권도를 가르쳐야 하는 일은 처음에는 맨땅에 헤딩하기처럼 어려운 일이었다. 하지만 자신의 태권도 제자들을 혼신의 힘을 다해 키워냈고, 1998년 전국 경찰 가라데 선수권대회에 그 동안 수련했던 태권도 선수들에게 강도 높은 훈련을 시킨 후 선수들을 이끌고 출전했다. 그 해 우리 태권도 선수들은 가라데 대회에서 당당하게 종합우승을 차지했다.

"이후 특수 경찰대 학교장은 공식 무술은 가라테가 아닌 태권도로 선포 되었고, 체육관에도 일장기를 내리고, 태극기를 붙

였습니다. 그때 제가 국가를 위해 무언가를 했다는 강한 자부심을 처음으로 느꼈었습니다. 지금 생각해 보면 태권도에 대한 열정이 정말 강했던 것 같고, 스리랑카에서 내가 대한민국을 위해 무언가 할 수 있다는 것이 동기 유발이 되었던 것 같습니다. 그 당시 월요일부터 일요일까지 태권도 보급을 위해 하루도 쉬지 않고 협력요원시절을 보냈던 기억이 납니다."

상상만으로도 감격스러운 장면이다. 태권도로 인해 한 나라 최고의 경찰요원들을 길러내는 특수 경찰대 체육관에 태극기가 걸리게 된다는 사실은 매우 강력한 문화 전파의 방법이 된다. 그리고 그들이 공식무술로서 한국의 태권도를 한글 구령으로 외치며 배우게 된다는 것은 그 상징적인 의미가 크다.

필자와의 인터뷰 내내 이 사범은 매우 겸손한 태도로 자신보다 더 많은 일을 해낸 다른 개척자적인 분들에 비해 자신이 이룬 일이 별 것 아니라는 듯 침착한 어조였지만 사실 그의 업적은 감탄

스러운 점이 많다.

　사실 그가 오기 전 스리랑카에서 태권도는 한동안 어려운 시기를 보내고 있었다. 북한대사관이 한국대사관보다 먼저 들어와 있었던 스리랑카에는 원래 소위 북파 태권도라고도 불리는, ITF(International Taekwondo Federation, 북한의 국제태권도연맹)이 먼저 들어와 있었다. 그런데 1971년 스리랑카 반정부 게릴라에게 자금 원조를 했다는 이유로 북한대사관이 강제 철거를 당하면서 태권도가 타격을 입었다.

　1997년 이기수 사범이 처음 파견되었을 때 스리랑카에 태권도를 아는 사람은 거의 없었고, 현지 사범들이 그를 많이 경계하며, 현지 언론을 통해 그의 활동을 방해하기도 했다. 그러나 차츰 이 사범의 주도하에 WTF(World Taekwondo Federation, 세계태권도연맹)가 본격적으로 뿌리를 내리게 되었다. 당시 태권도 보급을 위해 그는 체중도 10kg 정도 빠져가며, 열심히 활동을 했다.

　당시 그가 지도한 특수경찰대가 2년 연속 전국태권도대회 종합 우승을 한 뒤 체육부장관으로부터 국가대표팀 감독으로 임명을 받자, 그때서야 현지 ITF 사범들이 많이 잠잠해졌다. 그의 활동은 탄력을 받기 시작했다. 그는 2000년 국제올림픽위원회 태권도 기술과정과 주재국 경기지도자 연수원에 태권도 지도자 과정을 설치했고, 스리랑카 정부차원의 WTF 태권도 통합을 추진했으며, 기존의 사범들을 대부분 흡수하여 국기원 단증을 발급하고 WTF 태권도로 통합하도록 많은 노력을 기울였다.

　그의 노력 덕분에 태권도는 더 탄력적으로 보급되기 시작했고 이미지도 신장되었다. 현재는 스리랑카에서 ITF는 사라졌고 태권도를 배우는 사람의 수도 매우 늘어났다.

스리랑카 육군 특수부대와 특공대에도 태권도가 정식과목으로 채택되었고, 경찰 및 해군에서도 태권도가 보급되고 있다. 2009년에는 육군 최고의 스포츠로 태권도가 지정되기도 했다. 스리랑카의 태권도 수련인구는 육군, 경찰, 대학교, 초·중·고등학교 등을 통틀어 2만 명에 육박한다.

그 외에도 스리랑카 내 9개 대학교와 54개 초·중·고등학교에 태권도부가 생겼고, 육군 16개 연대와 경찰학교 등 거의 전 지역에서 태권도가 보급되고 있다.

"과거의 냉전시대에는 국제관계에서 작용하는 힘이 군사력이나 경제적 힘을 이용하여 다른 나라의 행동을 움직이는 것이 절대적이었으나, 현대는 자국의 문화를 무기로 국가의 이익을 얻는 유형이 대세라 봅니다. 이런 점에서 볼 때 태권도 지도는 단순한 스포츠를 넘어 '한류' 그리고, '한국의 전통무술'이라는 내재되어 있는 한국의 문화를 전파하며, 국가 브랜드 이미지 제고로 국가의 이익을 향상시키는데 중요한 기능을 수행한다고 볼 수 있습니다. 특히, 후발 개발도상국가에서는 태권도 지도 대상이 대통령 경호원, 군, 경찰 등 정부의 주요 기관이기 때문에 정부 고위급들과의 인적 네트워크를 통한 문화 외교적 수단으로 태권도 보급의 가치는 한국의 국익과 교민들의 안전을 위해서도 큰 역할을 수행할 수 있다고 생각합니다."

이기수 사범은 민간외교의 중요한 방법으로서의 태권도를 이야기했다.

그는 우리나라에 태권도 국제대회를 유치하기 위한 노력도 끊임없이 계속했다. 특히 아시아 최대 스포츠 축제인 아시안 게임을 2014년에 인천에 유치하는 일에 많은 노력을 기울였다. 대회 유치를 위해 인천과 뉴델리가 경합을 하고 있었던 중인 2007년, 이 사범은 쿠웨이트에서 개최된 아시아 올림픽 평의회(OCA)에 갔다. 이 사범과 주 스리랑카 대사는 NOC 위원장에게 적극적인 홍보 활동으로 많은 공을 들였다. 대회 유치를 위한 선거에서 스리랑카 쪽 선거권을 가지고 있는 NOC 위원장은 이 사범과 10년 동안 친구로 알고 지낸 사이였다. 인도와 우리나라가 대회 유치를 놓고 경합하던 중이라 인도 바로 밑에 있는 스리랑카는 매우 중요한 요충지였기에 개최국 결정 선거에서 스리랑카의 1표는 2표의 가치가 있었다.

이처럼 태권도 사범들이 오랜 시간을 통해 각국에서 지역 전문가로 발돋움하고 중요 인물들과의 두터운 인맥을 쌓는 것은 단시간의 봉사활동 등으로 얻을 수 있는 것이 아니어서 그들이 해외에서 바친 오랜 노력은 민간외교의 차원에서도 더욱 귀해진다.

이기수 사범의 노력이 보태진 덕분이었을까. 2014년 제17회 아시안 게임 개최지는 우리나라 인천으로 결정되었다.

이 사범은 이런 민간외교의 역할 외에도 교민사회에서도 많은 역할을 해낸 바 있다. 2004년, 쓰나미 재해로 한국 교민 1명이 실종되어 연락이 두절되었던 적이 있었다. 경찰서까지 바닷물로 잠겼던 피해 지역에 쓰나미가 다시 올까봐 모두가 가기를 꺼려하는 시점이었다. 한국 대사관에서 아무리 스리랑카 정부에 요청을 해도 3만 명의 인명피해를 입었던 스리랑카는 자국민의 피해가 워낙 커서 한국인 1명 실종은 거들떠 볼 겨를도 없었다. 그런데 스리랑카 군대, 경찰에 태권도가 보급된 것이 큰 도움이 되었다.

"태권도를 배운 육군 장성에 부탁해 소속부대원들이 위험을 무릅쓰고, 한국인을 돕기 위해 피해 지역으로 파견을 나갔을 때는, 한국대사관에서도 할 수 없는 일을 태권도 사범이 할 수 있다는 보람을 느끼기도 했었습니다."

정부에서도 할 수 없었던 일을, 한 개인이 자신의 소신과 생애를 바친 결실로서 이루어낸 것이다. 실종된 가족을 찾은 한국 교민 가족은 얼마나 감격스러웠을까. 이기수 사범은 그 일에서 큰 힘을 얻었다.

이 사범은 그 후에도 한국인들을 위해 많은 일을 해냈다. 노사분규로 공격받아 기울어져가는 문 닫기 직전의 한국 기업체에 태권도를 배운 경찰 제자들을 투입하여 한국 근로자들과 한국기업체를 방어했던 적도 있고, 북쪽지역에서 타밀 반군의(LTTE) 폭탄 테러로 갇혀 있던 한국인을 태권도를 지도한 특수 부대요원들을 파견하여 안전한 곳으로 이동시킨 적도 있었다.

민간외교관 태권도 사범,
그들의 삶을 바꾸다

"태권도 지도를 통해 스리랑카인들의 건강증진은 물론 그들이 '친한파'가 되고 있다는 것이 무엇보다 중요하다고 생각합니다. 이런 사람들이 늘어날수록 한국의 국가 이미지가 향상되리라 보고요. 정부나 기업의 정책은 눈으로 보이고, 한시적일 수도 있습니다. 하지만 태권도는 그들의 정신세계를 변화시키고 바람직한 인간을 형성하는데 기여하지요. 이것은 눈에는 크게 보이지 않지만, 장기적이고 그들의 인생을 바꾸어 놓을 수 있습니다. 스리랑카에는 빈부 격차가 심하고, 가난한 사람들이 많이 있습니다. 이런 사람들이 태권도를 통해 자신도 무엇이든 할 수 있는 자신감을 갖게 되었을 때 저도 보람을 느끼곤 합니다." 이기수 사범의 말이다.

"스리랑카 캔디(Kandy) 지역에서 사람들의 돈을 빼앗으며, 폭력을 행사하고 다니던 란지스(Ranjith)이라는 사람이 있었습니다. 체중이 100 kg이 넘고, 한마디로 깡패로 유명했던 사람이지요. 저에게 우연히 태권도를 배우게 되었고, 육군 태권도팀에 사병으로 입대를 시켜 태권도를 수련하도록 했습니다. 열심히 훈련하여 국가대표가 되어 남아시아 대회 등 각종 국제대회에서 메달을 획득, 현재 캔디(Kandy) 지역의 영웅이 되었고, 캔디(Kandy)시 태권도협회장과 육군 특공대 중위로도 승진하였습니다. 깡패였던 그의 정신세계가 변하여 현재는 불우이웃을 돕고, 어려운 이들을 돕는 완전히 다른 생활을 하고 있습니다. 태권도가 그의 인생을 바꾼 것이지요. 란지스(Ranjith)는 저에게 자신의 인생을 바꾸어 주었다며, 한국인들이 어려움에 처해 있을 때 앞장서서 도와주곤 합니다."

현재 스리랑카는 한국의 서울대라고 할 수 있는 명문대학인 콜롬보대학교와 페라데니아대학교 등 9개 대학에서 태권도가 보급되고 있다. 이기수 사범은 장차 스리랑카의 미래를 짊어지고 나갈 이들이 태권도를 통해 한국의 문화를 이해하고, 이들이 사회에 진출했을 때 그들이 태권도 수련을 통해 가지고 있는 한국의 이미지가 장차 한국과의 친선 관계를 위해 직, 간접적으로 기여하리라 확신하고 있었다.

"초창기에 활력소가 되었던 힘은 "나는 한국의 문화를 전달하는 태권도 사범이다"라는 '자부심'이였지만, 후에는 저의 활동을 통해 변화되고 있는 스리랑카 사람들이 더 큰 원동력이 되었습니다. 내가 이런 열악하고 어려운 환경의 사람들에게 조금이나마 도움을 줄 수 있다는 것에 보람을 느끼며 활동해 왔습니다. 사실 스리랑카에서 어려웠던 적은 너무도 많았지요. 스리랑카 정부의 스포츠에 대한 지원이 너무도 열악하여 태권도 선수들의 식단을 보면서 이런 음식을 먹으며 훈련하는 선수들이 불쌍하고 안타까워 눈시울을 붉힌 적이 한두 번이 아니었습니다."

스리랑카 선수들은 무더운 열대지방의 날씨와 영양부족으로 골격이 약해 부상도 심했다. 한번은 타라카라는 선수를 열심히 훈련시켜 크로아티아에서 개최된 세계 군인 태권도 대회에 참가해 동메달을 차지한 적이 있었다. 한국, 이란에 이어 미국과 스리랑카가 미들급에서 동메달을 획득하는 역사적인 순간이었고, 스리랑카의 모든 스포츠를 통합해 세계 군인대회 사상 첫 메달이기도 했다. 당시 타라카의 집안 형편이 너무도 가난했고, 아버지는 병상에 누워 있었다. 세계 군인대회 메달을 획득했음에도 불구하고, 그 당시 스리랑카는 타밀 반군과 내전에 중이라 정부의 포상이나 특별한 혜택이 없었다.

그 후 다음연도에 성남 아시아 선수권 대회에 참가했는데, 아침에 일어나니 타라카가 사라졌다. 국제대회의 메달을 획득하여도 정부의 큰 보상이 없어 성남 아시아 선수권 대회에 참가해서 몰래 이탈해 불법 취업을 했던 것이었다.

"그 후 저는 태권도 보급에 대한 가치관이 많이 바뀌었습니다. 국가대표팀 몇 명만을 지도해서는 언제 또 제 2의 타라카가 발생할지 모른다고 생각한 것이지요. 이 사건이 저에게는 스리랑카 태권도 보급의 방향을 설정하는 전화위복의 계기가 되었다고 봅니다. 그 후 태권도를 전 지역에 보급, 확대하기 위해 나름대로 최선을 다해 노력해 2007년에 전국체전 정식종목에 채택시켰고, 2008년 학교 태권도 연맹을 결성 54개 초,중, 고등학교에 태권도부를 창설했습니다. 2010년에는 전국 대학체전에도 태권도를 정식 종목으로 채택시켰고요. 육군 전국 태권도 대회도 창설해 매년 16개 연대가 참가하고 있으며, 육군 특수부대와 헌병대에 태권도를 필수 훈련과목으로 채택시키는 등 태권도 수련인구를 증가시키는데 온 힘을 기울였습니다."

그도 한때 좌절했던 적이 있는데, 2009년 12월로 코이카(KOICA)에서 태권도 전문가 사업을 폐지한다고 발표했을 때였다. 10년 이상 스리랑카 태권도를 위해 청춘과 젊음을 다 바쳤는데, 너무도 갑작스러웠다. 다행히 모든 사범들이 단합해 코이카(KOICA) 전문가 사업을 문화체육관광부로 이전했지만, 그는 이 문제를 심각히 받아들여야 한다고 했다.

"한국의 자문화 비하의식이 빚어낸 결과라 생각합니다. 태권도를 단순한 스포츠로만 생각을 했던 것이지요. 장기 태권도 사범 파견 사업이 코이카(KOICA)의 '공적개발원조(ODA)'에 맞지 않는다며, 협력요원으로 대체한다는 이유였습니다. 국제원조의 핵심 목적은 '인간의 형편 개선'임에도 불구하고, 태권도의 교육적, 문화적 가치는 생각하지 않은 것 같습니다. 국제 원조는 인도적 차원이 맞습니다. 하지만 선진국가들이 왜 저개발국을 돕지 못해 안달일까요? 그것은 국제 사회에서 자국의 이익을 위한 밑거름이 될 수 있기 때문입니다. 미국, 일본과 같은 국가들과 비교한다면 한국의 ODA 책정 금액은 턱없이 낮은 것이 현실입니다. 이러한 현실에서 우리는 우리의 국익을 극대화 할 수 있는 방향으로 한국형 ODA 정책을 수립해야 하지 않을 지요. 아시아에 한류 바람이 불고 있습니다. 한국의 문화적 가치이지요. 돈으로 수백억을 들여 병원을 후진국에 지어주고, 학교를 지어 주어도 고마움을 느낄 뿐 '한류'의 열풍을 일으킬 순 없습니다. 적은 지원으로도 한국의 문화를 그들에게 심어주고, 한류의 이미지와 브랜드를 높일 수 있는 태권도 지원 사업이야 말로 한국형 ODA에 가장 적합한 대표적인 사업이 중 하나라 생각합니다. 그리고 저도 협력요원으로 태권도 지도를 해 봤지만, 현지어와 그 나라 문화를 배우고 적응하기에도 급급하고, 태권도 지도 이외에 네트워크를 형성하여 태권도를 문화 외교적 수단으로 활용하기에는 2년이라는 기간은 너무도 짧습니다."

그는 간곡하게, 태권도를 한국 문화를 알리고 문화 외교적 수단으로 활용해야 한다는 필요성을 거듭 강조했다.

"참고로, 협력요원 때와 지금 제가 정파사범으로 하고 있는 업무의 격차는 너무 커서 비교조차 하기 힘든 것이 현실입니다. 제가 스리랑카 태권도 보급을 주도하기는 했지만, 이 많은 일들을 결코 혼자 할 수는 없는 것입니다. 대사관, 스리랑카 정부 기관들, 국기원, 세계연맹 등 태권도 관련 기관들, 스리랑카 제자들, 코이카(KOICA) 사무소 직원들과 단원들, 그리고 스리랑카 한인들 등 태권도 보급을 위해 직, 간접적으로 도움을 주었던 기관들과 사람들입니다. 스리랑카 태권도 보급을 위해 조언해 주시고 도와주신 분들이 함께 해주셨기에 가능한 일이였습니다."

그는 이처럼 많은 사람들의 힘이 합쳐져서 큰일을 이루어내는 것이라며, 사람들의 태권도 보급의 중요성에 대해 인식하고 힘을 보태는 일이 꼭 필요하다고 말했다.

그는 민간외교의 가장 중요한 부분은 '마음가짐'과 '태도'라 생각한다고 했다. 정부나 기업 등에서 거대 프로젝트로 진행하는 것이 아닌 개인이 자신의 힘으로 이루어나가는 이러한 활동에서 특히 장점으로 작용할 수 있는 부분들은 '전문적인 지식', '의사소통 능력', '현지 문화의 이해와 인간관계'라고 볼 수 있을 것이라고 그는 답했다.

"저는 어떤 생각으로 업무에 매달리느냐가 가장 중요하다고 봅니다. 사실 스리랑카에 파견되는 사람들의 경우, 파견이 된 기관들은 너무도 열악하지요. 한 기관의 단원은 항상 불만을 토로하며, 일하기를 꺼려합니다. '컴퓨터가 없어, 에어컨도 없어, 지저분해…' 하지만 다른 기관의 단원은 비슷한 환경에서도 어떻게 하면 이 기관에 자신이 도움이 될지를 먼저 생각합니다. 1년 후 후자의 단원은 무에서 유를 창조해 냅니다. 프로젝트를 해서 아무것도 없던 기관에 큰 도움을 줄 뿐만 아니라 활발한 활동을 통해 자신의 근무여건과 자신의 위치까지도 향상시켜 나갑니다. 민간외교는 특별한 것이 아니라 생각합니다. 제3자가 봤을 때 그 사람이 자기 분야에서의 활동과 바람직한 마음가짐, 태도를 통해 한국인의 이미지를 높이고, 해외 주재국 국민들이 그 사람의 활동을 존중하게 된다면 그것이 바로 민간 외교라 생각합니다." 그는 앞으로도 한국의 국익을 우선적으로 생각하면서도 스포츠외교를 통해 국가 간의 친선관계에 기여하며, 스리랑카 전 지역 태권도 보급을 위해 계속적으로 노력할 계획이다. 그리고 만약 기회가 된다면, 그 동안의 해외경험을 바탕으로 해외대학에 태권도학과 설립 또는 국제 스포츠 관련 기구나 저개발 국가를 위해 원조하는 국제기구 등 관련 기관에서 활동해 보고 싶은 생각도 있다.

그는 나라를 사랑하는 건강한 방법이 따로 있다고 생각하지 않는다. "자신의 분야에서 최선을 다하고, 그런 노력들이 사회에 도움을 주고, 다른 사람들에게도 건전하고 바람직한 방향으로 영향을 미칠 수 있다면 그것이 사회와 나라를 위해 자신의 일상생활을 통해 비춰질 수 있는 나라사랑의 건강한 방법이 아닐까요?" 태권도 불모지에서 한국 태권도의 귀한 결실을 맺어낸 '스리랑카 태권도의 대부'는 활짝 웃었다. ▶사진 6-10, 6-11 (p. 288 다음 페이지)

이소룡과 무하마드 알리의 사부,
태권도 영웅 이준구

세계적인 무술 스타이자 절권도를 창시한 고수였던 이소룡, 그가 스승으로 삼았던 사람이 있다. 세계 챔피언을 석권한 전설적인 권투선수 무하마드 알리 역시

이 사람의 제자였다. 미국 의회의 수많은 의원들이 그를 사부라고 불렀고 미국의 수도 워싱턴에서는 그의 이름을 딴 기념일을 제정했다. 숱한 외국인들이 경의를 담아 그에게 'Grand Master'라고 부른다.

한국인 이준구의 이야기다. 미국명 준 리(Jhoon Rhee). 그는 무하마드 알리, 이소룡의 태권도 스승이었고 스포츠계의 노벨상이라 불리는 '이 세기 최고의 무술인'으로 선정되기도 했다. 아인

이준구 (81)

- 태권도 무술인. 세계 공인 태권도 검은띠 10단. (검은띠 명예의 전당에 2번 입성)
- Southwest Texas Teachers College 수료, 경남대 명예 이학박사 학위수여
- 현재「JHOON RHEE 태권도 협회」,「세계무술협회」창설자이자 의장.「대한민국국회태권도클럽」상임고문. 영산대 석좌교수 .「국제10021클럽」제창자이자 총재. 무하마드 알리, 이소룡, 잭 앤더슨, 조지 알렌 Sr, 밥 리빙스턴, 토니 로빈슨, 잭 발렌티와 300명 넘는 미 상 · 하원의원들의 태권도 스승
- 미 국방부 관리 모임/ 미 재무성 비밀 국방부, 미 해병대 태권도 지도자. (1965~현재)
- 1976 미국독립200주년「세기의 무술인」으로 선정.
- 1983 〈Black belt Magazine〉 선정「올해의 인물」
- 1992 백악관에서「Daily Point of Light」상과「Excellence in Community Service」수상.
- 1993 범 아시아 상공회의소「Excellence 2000 Award」수상.
- 1985~1991 미국 레이건/ 부시대통령 체육. 교육 특별고문. 미 정부「Asian American 정책」국가위원회 임원으로 지명.
- 1991~ 1993 구 소련 체육. 교육 특별고문.
- 2001~2004 미 대통령 "아 · 태 정책자문위원회"임원으로 지명.
- 1998「A Vision for the 3rd Milennium」선언문 미국 국회의사록 기록
- 1999 〈Professional Martial Arts Magazine〉 선정「A Life Time Achievement Award」수상 · 미국「올해의 이민자상」수상
- 2000 미 정부 발표「미국 역사상 가장 성공한 이민자 203인」에 선정.
- 2003 워싱턴 D.C가 매년 6월 28일을 준리의 날(Jhoon Rhee Day) 로 선포
- 2007 러시아 세계평화의회「2007 세계평화상」수상/ 한국 5.16 민족상 재단으로부터「5.16 민족상(사회부문)」수상.
- 2007 미주동포후원재단으로부터「자랑스런 한국인상」수상.
- 2009 백범문화상 수상

코리아브랜드, 세계를 매혹시키다

슈타인, 키신저 등과 함께 미국에 공헌한 이민자 203명 중 하나로 선정되었으며, 미국 땅에 최초로 태권도를 전한 사람이다.

그는 미국뿐만 아니라 남미, 소련에 가서도 태권도를 알렸는데 특히 공산국가 소련에서 이룬 놀라운 일화가 유명하다. 당시 소련에서는 무술을 배우는 것만으로도 위법이었는데, 이준구 사범이 옐친 대통령과의 만남을 통하여 이틀 만에 태권도를 합법화하며 소련 내 97개의 도장을 열었다. 기적같은 일이 아닐 수 없다. 그는 이후에 구소련 외무부가 주는 '가장 훌륭한 기사'상을 받기도 했다.

지금 미국 땅에는 수많은 태권도장과 사범 그리고 수련생들이 있고, 한국 하면 태권도를 연상하는 사람도 적지 않지만, 그가 미국 땅을 밟았던 1956년도만 해도 태권도는 그렇게 많이 알려져 있지 않았다. 당시 25세였던 그는 한국으로 다시 돌아갔다가 큰 뜻을 품고 미국으로 건너왔다.

1962년 6월 28일, 그는 '태권도를 통해 인성교육을 시켜 우등생으로 만들어줄 것이다'는 내용의 편지를 자필로 써서 189개국 주미대사에게 발송하고 워싱턴에 태권도 도장을 열었다. 이로써 그는 미국에 태권도를 최초로 정식으로 알린 사람이 되었다.

그 과정은 험난했다. 일본 가라테의 텃세와 방해공작이 끊이지 않았기 때문이었다. 그러나 그들의 정면 무술 도전에 맞싸워 이기면서 그는 성공적으로 미국에 태권도를 정착시켰다.

이준구 사범은 1965년 미하원에 태권도장을 설치한 것을 비롯, 1968년 한국과 미국의 애국가에 맞춰 예술적인 '태권무'를 만들기도 했다.

이준구 사범에게 가장 큰 유명세를 선사한 사람들이 바로 무하마드 알리와 이소룡이었다. 특히 세계 헤비급 챔피언 무하마드 알리를 위하여 그는 '애큐펀치(Accu-Punch)'를 창안해 알리가 영국 챔피언 리차드 덕, 일본 레슬러와의 싸움에서 이기고, 세계 챔피언 벨트를 지키는 데 큰 역할을 했다. 그의 지도로 알리는 태권도 검은 띠를 따기도 했다.

이준구는 이소룡과는 특히 막역한 사이였다. 의형제보다 더 가까운 관계로 무술 교환은 물론 영화에 같이 활동하여 오늘날 무술 액션 영화가 할리우드에 정착하는데도 기여를 했다. '전미 태권도 챔피언 토너먼트'에 나란히 시범자로 초청되면서 만나 알게 된 두 사람은 이심전심으로 가까워졌다. 이소룡의 죽음과 함께 이 사범의 존재가 국내에 알려지기도 했다.

이소룡이 이준구 사범으로부터 태권도를 배웠으며, 특히 이준구 사범은 오랫동안 수련한 발차기심득을 그에게 전수해주었다. 이소룡이 태권도의 발차기를 영화에서 씀으로써 모든 액션 영화에 태권도의 발차기가 포함되게 된 사실은 안타깝게도 그리 잘 알려져 있지 못하다.

이소룡이 공공장소에서 종종 보여주었던 발차기로 송판을 격파하는 기술은 바로 이준구 사범에게서 배운 것이다. 그런데 외국인들뿐 아니라 우리나라 사람들조차도 그 사실을 모르는 경우가 많다. 대부분의 사람들이 원래 가라테나 우슈에 발차기가 포함되었다고 생각하기 쉽지만 그것은 사실 태권도의 고유한 기술이었다.

이준구 사범의 회고에 의하면, 이소룡은 손이 능했고 이준구

사범은 발차기가 능했다. 서로가 서로를 존중했으며 깊은 교류가
있었다. 이 사범이 쓴 『이소룡과 나』라는 책에는 이소룡이 〈그린
호넷〉을 촬영할 때 이소룡이 그가 묵던 호텔로 초대하여 교류하
던 추억부터 그와 주고받은 편지, 또 사망하기 전날 통화했던 내
용까지 자세히 적혀있다.

이준구 사범은 이소룡을 뛰어난 무술가이자 좋은 벗으로 기억
하고 있으며, 비록 그가 이소룡보다 9살 연상이기는 했지만 두 사
람은 서로의 집을 왕래해가며 깊은 우정을 나누었다. 이준구 사
범 역시 영화인으로서 이력이 있다. 황풍 감독의 〈흑권〉에 출연
해서 한복을 입고 고품격 태권도를 보여주며 영화인으로 데뷔했
고 박우상 감독의 〈돌아온 용쟁호투〉에 출연하기도 했다.

1986년 10월 미국에서 '스승의 날'이 이준구 사범의 제창으로
제정됐을 만큼 그의 영향력은 크다.

이 사범은 레이건, 부시 대통령의 교육자문위원, 체육 특별고
문직을 맡기도 했고 2001년 부시 대통령에 의해 백악관 직속 아
시아·태평양계 자문위원에 임명됐으며, 과거 한국 정부의 홍보
대사로 위촉되기도 했었다. 레이건 대통령 시절부터 교육자문위
원, 체육자문위원을 거쳐 아시아, 태평양 자문위원에 이르기까지
3대 대통령으로부터 차관보급에 해당된 위원으로 줄줄이 임명을
받았다. 그는 미 대통령으로부터 '자원봉사상(Daily Point Light)'
과 '탁월한 지역 봉사상(Excellence in Community Service)'을 수상하
기도 했고 범아시아 상공회의소에 의해 「Excellence 2000 Award」
를 수상하기도 했다. 그는 1999년에 미국 「올해의 이민상」을 받았
고 2000년에는 미 정부 발표 '미국 역사상 가장 성공한 이민자

203인'중에 선정되기도 했다.

이 사범은 미 재무성 비밀 국방부, 미 해병대 태권도 지도자이며, 1965년 미국 의회 체육관에서 태권도클럽을 설립한 이후 50년 가까이 미 의회 체육관에서 태권도를 무료로 가르쳐 왔다. 전미 하원의장이었던 탐 폴리를 비롯하여 리빙스턴 의원 등 350여 명의 상, 하원 의원들이 그에게 태권도를 배워 검은 띠가 되었다. 미국 역사상 최초로 벌어졌던 공화당의원과 민주당의원들 간의 태권도 대전은 CNN방송 등을 통해 미 전국에 중계되기도 했다. 이는 태권도의 위상을 높이고, 한국의 이미지를 신장하는 데 큰 영향을 미쳤다. 그의 이런 노력을 인정받아 한국에서 '5·16 민족 상'과 미주동포후원재단에 의해 '자랑스런 한국인상'을 수상하기도 했다.

더 나아가 2003년 6월 28일 미국 워싱턴시가 이 사범의 태권도 학교 설립 40주년을 기념해 3만 명이 운집한 축구광장에서 '준리 데이(이준구의 날)'를 선포하기에 이르렀다.

이 사범은 또한 철학이 없는 태권도는 "무의미한 깡패에 불과하다"고 강조해왔고, 진정한 태권도에는 철학이 숨 쉬고 있어야 한다는 믿음으로 자신의 정신세계를 발전시켜와 많은 미국인들의 영적 스승이 되기도 했다. 그의 철학을 담은 「A Vision for the 3rd Milennium」 선언문은 1998년 미국 국회의사록에 기록되기도 했다.

그는 모든 인류가 진실된 마음으로 서로 사랑하는 행복한 유토피아, '트루토피아(Trutopia)'를 강조하고 있다. 그는 유엔에서 '10021 행복론'을 강의해 2007년 러시아 평의회로부터 '세계평화상'을 수상한 바 있기도 하다. '10021'은 '100세의 지혜로서, 21세의 젊음으로 행복한 삶을 살자'는 뜻을 담고 있으며 이 사범이 주창한 이론이다.

그는 72세 되던 해 뇌졸중이 왔지만 3년 만에 재기해 62초 만에 팔굽혀펴기 100개를 할 정도로 건강을 회복했다. 지금도 매일 1천 번씩 팔굽혀펴기를 하고 있을 정도로 젊음을 유지하고 있는 그는 아직도 활발히 강연 및 활동을 하고 있다. 그는 평생을 태권도 해외 보급에 바치고 한국의 무예와 정신문화를 알린 업적을 인정받아 국내에서 2009년 6월 25일 백범문화상을 받기도 했다.

그는 또한 우리 문화에 새로운 것을 더해 신(新) 문화를 창조하기도 했다. 태권도가 단순한 무예뿐이 아니라 종합예술이 될 수도 있다는 것을 보여주었다. 그는 태권도를 음악과 접목시킨 최초의 사람인데 그것을 1973년 대중에게 첫 공개하였다. 세계 최초 태권무예발레를 창안한 것이다.

워싱턴 심포니와의 하모니카 협연을 하기도 했던 자신의 음악적 재능을 살려서 그는 음악에 맞춰 태권도를 하는 'martial ballet(무예발레)'를 고안해 냈는데, 그의 제자가 이 태권무예발레로 전 미국에 인기리 TV 방영된 〈댄스피버 대회(*Dance Fever competition*)〉에 3년 연속으로 우승하는 기록을 세우기도 했다.

태권도에 음악을 도입한다는 생각만도 독특한데, 발레와의 만남은 획기적인 것이다. 그보다 앞서 애국가에 태권도를 접목시킨 태권무를 만들기도 했던 이 사범이지만 발레는 전혀 다른 차원의 장르다. 발레와 태권도의 조합은 동서양의 조우이자 강약, 즉 부드러운 것과 강건한 것의 조화를 보여주는 예술적인 창조다.

처음 이 사범이 무예 발레를 만들었을 때 사람들은 '춤 선생으로 나가라'며 비웃었지만 지금은 태권도 시범을 음악에 맞춰 벌이는 것이 자연스럽게 여겨진다. 그가 1970년대 초반에 태권도 안전장치를 만들어 보급했을 때도 사람들은 '사이비 태권도 사범'이라면서 지탄했지만 지금은 그 장치들이 올림픽에서 사용하는 안전장치의 원형이 되었고, 안전장치를 몸에 전부 걸친 채 하는 것이 오히려 당연한 것이 되었다. 그는 이처럼 전통문화도 변화에 맞추어 거듭나는 것이 중요하다고 강조한다.

열세 살 소년시절부터 태권도 세계화를 꿈꿨던 그는 자신의 꿈 그 이상을 이루었다. 그래도 그의 도전은 계속된다. 그는 태권도를 세계적으로 보급시키려 '단군', '화랑' 등과 같은 태권도 서적을 영문으로 집필하여 태권도 대중화에도 힘쓰고 있다. ▶사진 6-12부터 6-14까지 (p. 288 다음 페이지)

은반 위의 요정 김연아와 '오마주 투 코리아'

2011년 8월 15일 저녁, 은반 위에 아리랑이 울려 퍼졌다. 피겨 여왕 김연아 선수의 '오마주 투 코리아'는 많은 사람들에게 감동을 선사했다.

제66주년 광복절에 열린 '삼성 갤럭시하우젠 올댓 스케이트 서머 2011'은 김연아 선수의 '오마주 투 코리아' 연기로 더욱 빛났다. 올림픽 체조 경기장의 1만 220석이 매진된 이 아이스쇼는 2018년 동계 올림픽 평창 유치 장면으로 시작되었다.

이 쇼의 백미는 김연아 선수가 최선을 다해 준비한 '오마주 투 코리아'였다. 국내에선 처음으로 선보인 프로그램이었다. '오마주 투 코리아'는 2011년 4월 러시아 모스크바에서 열린 ISU 세계 피겨선수권대회 프리스케이팅 연주곡으로, 김연아 선수가 처음 선보여 찬사를 받았던 그녀의 2010~2011 시즌 프리스케이팅 새 프로그램 이름이기도 하다.

그녀는 이 쇼를 통해 국내 팬들에게 브라운관이 아닌 현장에서 '오마주 투 코리아'를 다시 연기함으로서 광복 66주년을 빛내는 의미를 담았다.

이 프로그램이 주목을 끌었던 것은 '오마주 투 코리아'라는 말 그대로 '대한민국에 대한 존경'이라는 의미가 담겨있었기 때문이

김연아 (23)
- 고려대학교 체육교육학과 재학 중
- 2010 제21회 밴쿠버 동계올림픽 피겨스케이팅 금메달리스트 (기타 수많은 국제대회에 국가대표로 참여)
- 2006 대한민국 국회대상 스포츠부문 대상, 제1호 글로벌인재상 수상
- 2007 국정홍보처 다이내믹 코리아 홍보대사, 제45회 대한민국체육상 수상
- 2009 한국방문의 해 홍보대사 2010 서울시 글로벌 홍보대사, G20 서울 정상회의 홍보대사, 한식세계화 홍보대사. 유니세프 친선대사
- 2010 미국 타임지 세계에서 가장 영향력 있는 100인 선정
- 스포츠 일러스트레이티드 가장 인상적인 스포츠 선수 10인
- 미국 여성스포츠재단 올해의 스포츠우먼, 미국 스포츠아카데미 올해의 여자 선수
- 제5회 자랑스런 한국인상 수상
- 평창동계올림픽대회 조직위원회 유치 홍보대사 및 선수위원회. 집행위원회 위원 (2011.11~2018), 평창동계스페셜올림픽 글로벌 명예 홍보대사(2013)
- 2011 제12회 대한민국 국회대상 올해의 공로상, 제2회 한국관광의 별 특별공로상
- 2012 제1회 동계유스올림픽 홍보대사, 인스부르크 동계청소년올림픽 홍보대사
- 2012 국민훈장 모란장 수여

제6장 한국 스포츠의 힘

다. 국내에서 많은 사랑과 관심을 받아온 김연아 선수가 감사를
표시하고, 대한민국을 높이며 그 자랑스러움을 전 세계에 알리기
위해 기획한 것이었다.

'오마주 투 코리아' 연주곡은 김연아 선수의 안무가인 데이비
드 윌슨과 음악감독 슈이나드가 제작, 편곡하였으며 드라마틱한
곡 구성을 특징으로 하고 있다. 특히 '오마주 투 코리아'는 작곡가
지평권의 '아리랑'이 모티브로 사용되고, 노르웨이 출신 재즈 보
컬리스트 잉거 마리의 곡 '아리랑' 일부분이 차용되어 그 특별함
과 의미를 더했다.

김연아 선수는 "그동안 안무가 윌슨이 프로그램 음악으로 아리
랑을 추천했었지만 그 때마다 아직은 적당한 시기가 아니라고 해
서 미루어왔다"면서, 올림픽을 성공적으로 마친 지금 드디어 아
리랑을 선택할 때가 왔다고 생각해서 이 곡을 선정했다고 말한 바
있기도 하다.

2010 밴쿠버 올림픽 금메달을 거머쥔 그녀에게 아리랑은 자신
을 응원해준 조국 대한민국을 향한 감사의 뜻이자 우승 세레모니
와 같은 것이었을 것이다. 소중한 의미를 담고 싶었기에 올림픽
을 우승한 다음으로 미루었다는 그녀의 '오마주 투 코리아' 아리
랑 선율은 가야금과 창이 어우러져 웅장한 느낌을 선사한다. 퓨
전 국악그룹 여울, 국악인 이주은 등이 연주와 판소리 구음에 참
여했다.

한국에 대한 존경심을 담은 이 곡은 한국의 민족 정서인 한(恨)
을 표현한 애절한 느낌의 창이 흐른 후 은반 위로 울려 퍼지다 선
율이 강렬하게 바뀐다. 외국인에게도 친숙하게 다가갈 수 있고,

한국에 대한 '오마주(존경, 경의)'를 더 잘 표현하기 위해 아리랑의 슬픔보다는 감동스러움을 주로 표현했다고 한다. 또한 이 강한 선율로의 변화는 세계 속에 높이 부상하는 한국을 표현하기 위한 목적도 있다. 그런 장치들로 인해 이 곡은 매우 장엄한 느낌을 주며, 전쟁의 폐허와 IMF 경제위기 등을 딛고 일어선 강인한 한국의 민족적 발전을 상징하는 의미를 담았다고 한다.

모스크바세계선수권대회 당시에도 4분 10초간의 '오마주 투 코리아'에 맞추어 연기한 김연아 선수의 모습에 1만 3,000여 관중이 넋을 잃은 바 있다. 당시 대회에선 아쉬운 실수로 은메달에 머물렀으나, 경기 결과는 중요하지 않았다.

곡조뿐 아니라 김연아 선수의 연기 자체도 한국적 느낌을 짙게 표현했다. 부드러우면서도 역동적인 몸짓은 한국 전통춤 동작을 떠올리게 했고, 그녀의 손동작과 스케이팅은 세계로 뻗어가는 한국의 모습을 그린 것으로 해석되기도 했다.

특히 아리랑 선율에 맞춘 김연아 선수의 스파이럴 시퀀스(한 다리를 들고 빙판에서 활주하는 피겨스케이팅 기술)는 이 프로그램의 하이라이트였다. 모스크바의 빙상에 태극무늬를 그리며 스파이럴을 하는 그녀의 모습은 전 세계 시청자들에게 깊은 인상을 주었다.

서울에서 다시 펼쳐진 '오마주 투 코리아'. 그녀가 바치는 대한민국에 대한 헌사와 같은 이 프로그램에 담은 감동은 관객들에게도 그대로 전달되었다. 장내에 모인 많은 관중들은 손에 든 태극기를 힘껏 흔들었다.

그녀가 이 곡에 담고자 한 뜻이 세계인들에게도 전해졌던 것일까. 모스크바에서 있었던 그녀의 이 프로그램은 외국인들에게도 가슴뭉클하다는 반응을 이끌어냈다. 해외 피겨 전문가들에게도 인정을 받았다.

김연아 선수의 세계선수권 복귀에 "할렐루야!"를 외쳤던 미국의 유명 피겨 블로거 앤트 조이스는 자신의 블로그에 '오마주 투 코리아' 영상을 올린 뒤 "I die"라는 말로 전율을 표현했다. 뉴욕타임스와 헤럴드트리뷴의 스포츠 칼럼니스트 크리스토퍼 클래리는 자신의 트위터에 "1년 넘게 대회에 나오지 않았는데도 김연아의 실력은 전혀 녹슬지 않았다. 두 프로그램(쇼트, 프리) 모두 역사에 남을 만하다"고 감탄했다. 이어 "김연아는 자신의 프리스케이팅은 한국팬들을 향한 '러브레터'라고 했다"라는 말을 남겼다.

'오마주 투 코리아'는 그녀의 프로그램 사용곡을 모아놓은 '더 퀸 온 아이스' 앨범에 포함되기도 했다. 이 앨범에는 김연아 선수의 평창 동계올림픽 유치활동을 담은 사진과 여행 중 촬영한 사진들이 화보처럼 들어 있는데 밴쿠버동계올림픽 금메달 획득과 평창동계올림픽 유치 등 일련의 활동을 통해 느낀 한국에 대한 김연아 선수의 개인적 마음도 담겨져 있다.

그녀는 평창 동계올림픽 유치의 일등공신 중 하나로, 우리나라에 동계올림픽을 유치하기 위해 많은 노력을 기울인 것으로 알려져 있다.

김연아 선수는 2011년 7월 6일 남아공 더반 국제올림픽위원회(IOC) 총회에서 열린 동계올림픽 개최지 선정 최종 프레젠테이션에서 다섯 번째 연사로 나서서 좌중을 사로잡기도 했다.

그녀는 "10년 전 평창이 동계올림픽 유치를 꿈꾸기 시작했을 때 나는 서울의 아이스링크 위에서 저만의 올림픽 드림을 꿈꾸는 작은 소녀였다"는 말로 이야기를 시작했다.

어릴 때 나가노올림픽 미셸 콴을 보면서 피겨 선수의 꿈을 키웠다는 말로 젊은 한국 선수들의 꿈과 'drive the dream(강원도가 겨울스포츠를 즐길 수 없는 지역 청소년들을 대상으로 마련한 프로그램)'에 대해 소개한 그녀는, 이 프로그램을 통해 정부가 동계스포츠 시설과 연습시설 지원을 시작했으며 그 덕분에 한국은 밴쿠버올림픽에서 14개의 메달을 획득해 82개국 중 7위라는 훌륭한 업적을 이루었다고 강조했다.

김연아 선수는 "내가 바로 한국정부가 동계 스포츠 수준을 높이기 위해 쏟아 부은 노력의 결과물이며 살아있는 유산"이라고 역설하면서 "내가 그러했듯 성공과 성취의 가능성을 세계 젊은이들이 누릴 수 있길 바란다"며 "나와 같은 사람에게 꿈을 이룰 기회를 주고 다른 이들에게 희망을 줄 수 있도록 도와준 올림픽위원회에 대해 진심으로 감사한다"고 말했다. 그녀의 이야기가 IOC 위원들의 마음을 흔든 것일까, '동계올림픽 유치'라는 평창의 꿈은 실현되었고, 평창이 개최지로 최종 확정되자 김연아는 감격의 눈물을 쏟았다.

애국가가 울려 퍼질 때 눈물을 흘리던 김연아의 모습, 평창 동계올림픽 선정 소식에 눈시울을 붉힌 그녀를 보며 많은 이들이 한국인으로서의 자부심과 나라 사랑의 감정을 되새겼다.

'한국 방문의 해' 홍보대사로 위촉되기도 하고 '2011 한국 관광의 별 어워드'에서 특별공로상을 수상한 그녀는 한복을 입은 화보를 촬영하고 기자회견에서 한복을 입기도 한다. 앞서 언급했던

〈한국 스포츠의 탁월함(*South Korea, Focused on Excellence*)〉을 촬영할 당시 밴쿠버 올림픽 경기 준비 기간 중에 바쁜 시간을 내어 별도의 개런티 없이 무료로 출연하기도 했다.

그녀가 한국을 대표하는 문화적 아이콘으로서 자신의 정체성을 지키는 일은 그 자체로도 의미 있는 일이고 한국의 이미지를 높이는 데 큰 역할을 할 수 있다.

스포츠 스타가 전달할 수 있는 '메시지'와 사회적 역할은 스포츠가 국경을 초월할 수 있는 힘을 가졌기 때문에 더욱 중요해진다. 스포츠가 가질 수 있는 많은 저력과 가능성을 보여주고 세계 속에 한국인의 꿈을 실현시키기 위하여, 지금도 많은 스포츠 선수들이 보이지 않는 곳에서 귀한 땀방울을 흘리고 있을 것이다.

▶사진 6-15 (p. 288 다음 페이지)

국제봉사의 꿈

국제봉사의 꿈
나눔과 공존으로 세계를 품다

받는 나라에서 베푸는 나라로

2011년 5월, 청와대 사랑채에서 아주 특별한 사진전이 열렸다. 국경, 인종, 종교, 문화를 초월한 하나의 가치, 바로 '인간에 대한 사랑'을 보여주는 사진들이었다. 이 사진들은 60년간 한국이 어떻게 나눔을 받았고, 베풀었으며 사랑을 실천해왔는가를 보여주는 감동적인 기록이었다. 제목이 'World Friends Korea 사진전'이듯 세계인을 진정한 친구로 삼아온 이들의 모습이 담겨져 있다. 60년 전 한국이 받았던 해외원조 모습부터, 각국 현지에서 활동하는 봉사단원들의 활동상등이 담긴 사진들은 우리나라가 '원조를 받는 나라'에서 '주는 나라'로 변모한 최초의 국가라는 사실을 상기시킨다.

또 이 사진전에서 발견할 수 있는 것은, 우리나라의 봉사자들이 개발도상국에서 단순히 물자의 원조, 의료봉사 등을 넘어서서 컴퓨터, 간호, 축산, 농업, 미용 등 다양한 분야의 지식을 공유하며 그들이 진정으로 자립할 수 있는 길을 마련해주고 '나눔과 배움을 통한 인류의 공동번영'이란 비전을 이룩하려 노력하며 우리나라 국가 브랜드를 높이고 있다는 사실이다.

해외 봉사는 그들의 삶의 질을 높이고 어려움에 처해있는 지구촌 이웃들의 생명을 구하기도 하지만 각 나라와 우리나라간의 우호협력 및 상호이해를 증진시키는 민간외교의 역할도 해내고 있다.

대학생들이 해외봉사 활동을 하는 WFK(한국대학생해외봉사단)의 경우 여름 및 겨울방학 기간 중 2~3주간 활동하는 단기프로그램과 5개월간 활동하는 중기프로그램을 운영하고 대학 자체에서 운영하는 해외 봉사 프로그램도 지원한다. 그 내용은 한국어 및 한국 문화 교육, 태권도 교육 등의 교육봉사뿐 아니라 로봇, 농업, 의료 및 보건 교육 등 특화 봉사로 파견되어 활동하기도 하고 그 외 현지 대학생들과의 문화 교류, 체험활동도 진행하고 있다. 1997년부터 파견되어 연평균 2,300명의 대학생들이 파견되고 있다니 그 참여 열기가 뜨겁다.

V원정대(한국대학생자원봉사원정대)는 1인 1봉사 주체로, 반크, 김장훈 씨와 함께 독도 콘서트에 참가하고 연평도 사건 때에도 활동하기도 했다.

2011년 MBC에서 창사 특별기획으로 방송한 〈코이카의 꿈〉은 연예인, 의사, 일반인들로 구성된 해외봉사단이 5개국(페루, 파

라과이, 스리랑카, 에티오피아, 세네갈)에서 코이카 해외사무소
와 함께 봉사활동을 하는 과정을 담아낸 특별 기획 방송이었는데
프로그램 방영 전 봉사단 지원자 90명 남짓을 뽑는 데 자그마치
7,070명이 모였다고 하는 것을 볼 때 해외 봉사활동에 대한 사람
들의 적극적인 참여 의지가 놀라울 정도다.

고작 60여년 만에 받는 나라에서 원조하는 입장으로 바뀐 것은
전례가 없는 일이고, 매우 성공적인 발전 사례로 꼽힐 뿐 아니라
작은 규모의 나라에서 이처럼 많은 사람들이 열정적으로 봉사에
참여하는 국가 역시 많지 않다.

이런 특별함을 인정받은 결과로, 2011년 11월 29일 부산에서
는 세계개발원조총회가 열리기도 했다. 이 회의는 국제개발 원조
분야의 최대, 최고 권위의 회의로서, 세계의 개발원조에 대한 주
요 이슈를 논의하고 세계 규범을 정하는 자리다.

이번 부산총회는 2003년 로마, 2005년 파리, 2008년 아크라
(가나)에 이어 4번째로 개최되는 세계개발 원조총회였다. 전세계
빈곤퇴치와 인류의 공동 번영을 목표로 한 세계개발 원조총회가
우리나라에서 개최된 것은 많은 의미가 있다. 아시아에서 처음으
로 개최되는 회의이면서 원조 수혜국에서 공여국으로 변모한 최초
이자 유일한 국가에서 치러지는 첫 회의라는 두 가지 성격을 동시
에 지니기 때문이다. 더불어 세계빈곤 퇴치를 위해 유엔이 2015
년까지 도달하기로 한 새천년개발목표(MDG)의 성취 시점 전에
열리는 마지막 총회이기도 했다.

더욱 흥미로운 점은 개최되는 도시가 부산이라는 것이다. 과거
우리나라가 해외 원조 물자를 받던 항구가 있는 도시이기에 더 특

제7장 국제봉사의 꿈

별한 상징성이 있다. ▶사진 7-1부터 7-4까지 (p. 324 다음 페이지)

세계로 펼치는 사랑의 손길

　　　　　　해외 봉사를 하는 뜻있는 사람들
과 단체는 매우 많지만, 그 중에서도 몇몇 예를 들자면 우선 눈에
띄는 것이 의료봉사와 관련된 단체들이다. 일단은 생명이 달린
경우가 가장 위급하게 도움을 요하는 것이기 때문에, 아무래도
식량지원 다음으로는 의료봉사가 가장 절실하고, 또 많이 이루어
진다.

　순수 민간단체 중, 외국 단체의 한국 지부가 아닌 국내의 인도
적 의료 봉사단체로는 '굿뉴스의료봉사회', '열린 의사회' 등을 꼽
을 수 있다.

　'굿뉴스의료봉사회'는 2008년 7명의 의사들의 봉사활동으로
시작하여, 2010년 256명의 의료진이 참여하는 큰 규모로 성장하
였고, 2만 2천 명의 아프리카 현지인들에게 진료를 해 주고 있다.
말라위의 경우 대통령이 직접 함께 하는 등 정부나 아프리카 현지
의과대학과 함께 현지 병원 설립을 추진하고 있기도 하다.

　'열린 의사회'는 1997년 의사 5명과 자원봉사자 2명의 뜻을 모
아 조촐하게 만든 자원봉사 단체였다. 그 후 나날이 발전해 현재
의료진(의사, 치과의사, 한의사, 약사, 간호사) 700여명과 자원
봉사자가 500여명 후원회원 등 1,400여명이 회원으로 있는 국내
최대의 순수 민간의료 봉사단체로 성장했다.[34]

코리아브랜드, 세계를 매혹시키다

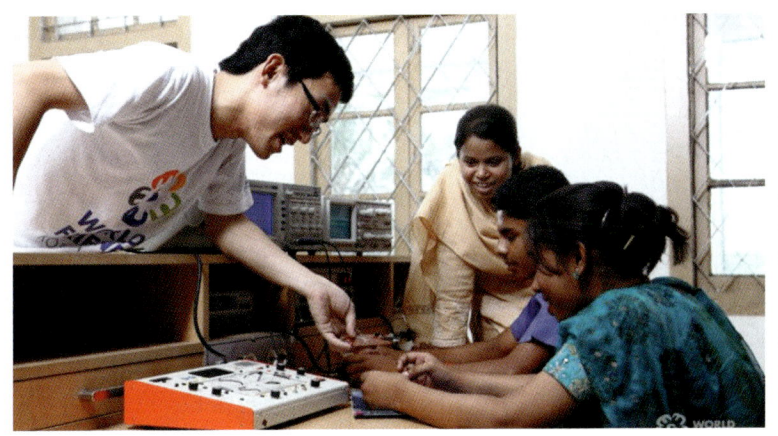

7-1 World Friends Korea 사진전에 전시되었던 사진들

7-2 방글라데시에서 그들의 자립을 위해 기술 교육을 하고 있는 대한민국 해외 봉사단 단원

7-3 21기 한국대학생봉사단 (베트남에서)

7-4 부산 세계개발원조총회를 찾은 힐러리 클린턴 미 국방장관

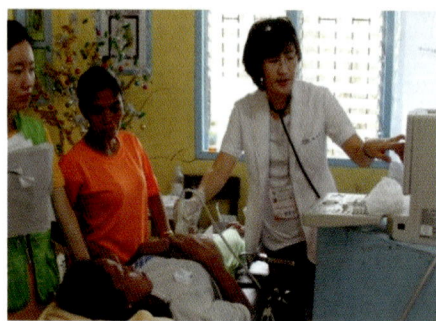
7-5 태국 수해지역의 환자들을 진료 중인 열린 의사회

7-6 지구촌모두하나스쿨 창단 기념 (가나 마을 청소년 돕기)

7-7 아이티에서 봉사 중인 굿뉴스의료봉사회

7-8 아이티 어린이를 안고 있는 굿뉴스의료
봉사회 회원

7-9 이태석 신부

7-10 다큐 〈울지마 톤즈〉의 이태석 신부

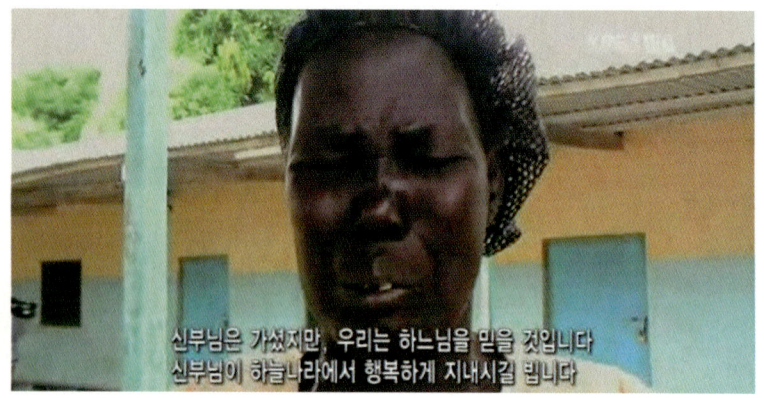

7-11 〈울지마 톤즈〉 중 이태석 신부를 회상하며 울먹이는 원주민의 모습

7-12 이태석 신부가 만든 35조 브라스밴드

열린의사회는 종교, 정치를 떠나 인도주의에만 입각해 사랑의 의술을 펼치고 있는 것을 목표로 하고 있다. 이 단체는 그동안 몽골을 비롯해 남아프리카공화국, 아프가니스탄, 에티오피아, 러시아, 중국, 우즈베키스탄, 스리랑카, 미얀마, 필리핀, 인도, 콜롬비아 등 해외 각국의 어려운 이들을 찾아 연간 10회 이상의 해외 진료를 하는 등 적극적인 해외봉사 활동을 벌여왔다.

순수하게 한국에서 만든 국제구호개발 NGO로는 굿네이버스(GoodNeighbors)가 있다. 1991년 한국인에 의해 설립되어, 국내 최초로 유엔경제사회이사회(UN ECOSOC)로부터 포괄적 협의지위(General Consultative Status)를 부여받은 굿네이버스는 빈곤과 재난, 억압으로 고통 받는 세계 이웃들이 희망을 갖고 자립적인 삶을 살아갈 수 있도록 돕는다. 국내 및 북한과 해외 27개국에서 종교와 인종, 사상을 초월하여 전문사회복지사업을 수행하고 있다. 후원자가 현재 30만 명을 넘어섰고, 후원금 등도 연간 800억 원(2011년 기준 전체 결산액 83,351,014,220원)이 넘을 정도로 규모가 커졌다. 2007년 유엔이 주는 새천년개발목표상(MDGs Award)도 수상했다. 이일하(64) 굿네이버스 회장은 1973년부터 18년간 국제구호단체 등에서 일하다 1991년 동료 7명과 함께 굿네이버스를 설립했다. 1991년은 한국 정부가 해외 원조를 시작한 시점으로, '토종 구호단체'가 필요하다고 생각했기 때문이었다. 20년이 넘은 지금 굿네이버스는 아프리카 차드(Chad)에 희망학교 'YONA SCHOOL(요나스쿨)'을 건립했고, 아프리카 말라위 치오자 지역에 최초의 병원을 여는 등 많은 결실을 거두었다.

이외에도 특별히 전문 지식은 없지만 해외 봉사에 대한 열정으로 모인 소규모 단체도 많다.

특히 눈에 띄는 것이 최근에 만들어진 '지구촌모두하나스쿨'이라는 단체다. 물론 그보다 더 규모가 크고, 더 활동이 활발하거나 봉사 성적이 좋은 단체들이 있음에도 이 단체가 눈에 띄는 점은, 평범한 개인들이 뜻을 모아 만든 특별한 비영리 봉사단체이기 때문이다.

'지구촌모두하나스쿨'은 수원 수성고의 스승과 제자가 한마음으로 아프리카 어린이들을 돕는 단체다. 2011년 1월 7일에 정식 출범한 이 단체는 스승 멘토 30여 명과 수성고 출신 교원 10여 명 수성고 동문 등이 모인 국제봉사단체로, 정식 NGO 인가도 받았다.

수성고 교사로 재직했던 최정숙 씨를 비롯한 '스승 멘토' 30여 명과 수성고 출신 교원 10여 명, 그리고 수성고 동문 등이 모여 시작했으며, 2008년 처음 활동을 시작해 약 2년 6개월의 준비기간을 거쳐 정식 설립되었다. 주요 활동 테마는 교육을 통해 아프리카 아이들에게 꿈을 심어주는 '코리안스쿨 새마음 봉사'와 가나에 우리나라 물품을 전달하는 '희망의 그루터기 봉사'다.

특히 '희망의 그루터기 봉사'는 우리나라에서 기부를 받은 물품을 가나로 보내 현지 재생조립공장에서 자신들의 필요에 맞게 다듬어 쓸 수 있게 수선작업을 한 뒤 주민들에게 무상으로 나눠주는 새로운 방식으로 눈길을 끈다. 단순히 '전달'하고 사진을 찍기 바쁜 천편일률적인 봉사 방식에서 벗어나 일자리 창출 효과까지 마련하고, 그들의 자립을 돕고 있다.

반기문 유엔 사무총장은 "아프리카인들은 동정심이나 기부가 필요한 게 아니라 일자리와 안정된 사회를 만들기 위한 도구가 필요할 뿐"이라고 했다.

불과 반세기 전만 해도 원조 수혜 국가였던 대한민국이 이제는 발전모델의 모범사례가 되고 원조 공여국가로서 부상했다. 국제봉사는 우리나라의 이미지를 신장하고 발전상을 알릴 수 있을 뿐 아니라 국가와 국가 간의 마음을 나누고 함께 공존한다는 점에서 의미가 있다.

우리나라는 개발도상국들이 벤치마킹할 수 있는 롤모델이 될 수 있고, 우리나라의 매우 드문 성공 사례는 그들에게 동기부여와 힘을 북돋아줄 수 있다. 김성환 외교통상부 장관의 말을 인용하자면 "아프리카 진출에 있어 우리의 최대 강점은 빈곤을 극복하고 아프리카의 개발에 대한 염원을 가장 잘 이해할 수 있기 때문에 개발도상국과 선진국 간의 가교 역할을 할 수 있다"는 것이다.

▶ 사진 7-5부터 7-8까지 (p. 324 다음 페이지)

이태석 신부의 〈울지마 톤즈〉

최근 〈울지마 톤즈〉(2010)라는 휴먼 다큐멘터리 영화의 개봉과 함께 아프리카 수단 톤즈에서 병원과 학교를 설립하여 원주민을 위해 헌신하였던 고 이태석 신부의 일대기가 널리 알려지며 사람들에게 깊은 울림을 주었다.

이태석 신부는 1987년 인제대학교 의과대를 졸업하고 군의관 복무 후 1991년 살레시오 수도회에 입회하였고 1992년 광주 가톨릭대학교 신학대학에 입학하여 성직자의 길을 걸었다. 1994년 1

월 30일 첫 서원을 받고 3년 뒤 이탈리아 로마에서 유학하였다가 2001년 6월 24일 서울에서 사제서품을 받았다. 신부가 되자 그가 가장 먼저 한 일은 바로 아프리카로 떠난 것이었다. 그가 간 곳은 아프리카에서도 가장 오지로 불리는 수단의 남부 톤즈.

그는 초등학교 시절 동네 성당에서 하와이의 몰로카이 섬에서 한센병 환자들과 산 다미앵 신부의 일대기를 다룬 영화를 보고 다미앵 신부와 같은 삶을 살겠다고 다짐했었고, 신부가 되자마자 그 꿈을 실행에 옮긴 것이다.

아들이 의대에 입학한 것이 대통령이 된 것만큼이나 좋았다는 80이 넘은 노모도 신부가 되어 아프리카로 가겠다는 아들의 숭고

한 뜻을 말릴 수는 없었다.

그곳은 오랫동안 수단의 내전(內戰)으로 폐허가 된 지역이며 주민들은 살길을 찾아 뿔뿔이 흩어져 폐허가 되어가고, 말라리아와 콜레라로 죽어가는 주민들과 나병환자가 가득한 지역이었다.

이태석 신부는 이곳에서 흙담과 짚풀로 지붕을 엮어 병원을 세웠고, 병원까지 찾아오지 못하는 주민들을 위해 험난한 길을 다니며 오지마을까지 찾아가 순회 진료를 했다.

그의 병원이 점차 알려지며 환자들이 모여들자 원주민들과 함께 벽돌을 만들어 병원건물을 직접 지어 확장하기도 했다. 매번

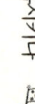

창궐하는 콜레라가 오염된 톤즈 강물을 마신 탓이라는 것을 알고 톤즈의 여러 곳에 우물을 파서 식수난을 해결하고 깨끗한 물을 공급하려고 노력했다. 거의 굶다시피, 하루 한 끼를 겨우 먹는 사람들의 가난을 개선해주려고 농사도 지었다.

이태석 신부는 이처럼 많은 의료 봉사 활동과 구호운동을 펼쳤지만, 그가 했던 숱한 일들 중에서도 그가 특히 중요시하고 〈울지마 톤즈〉 영화를 본 많은 사람들에게도 깊은 인상을 주었던 활동은 교육에 관한 것들이었다.

그는 톤즈의 아이들을 위해 건물을 재건하고 교사들을 영입하여 학교를 세웠다. 처음 초등교육으로 시작한 학교에 중학교와 고등학교 과정을 차례로 개설하였다. 그가 세운 돈 보스코 초중고등학교는 수단 남부에서 가장 실력 있는 학교로 알려졌다.

음악적 재능도 남달랐던 이태석 신부는 학생들에게 음악을 가르쳤으며 브라스밴드(brass band)를 구성했다. 그는 "장기간의 전쟁으로 건물뿐만 아니라 아이들의 마음도 상처받고 부서져 있었다. 음악을 가르치면 상처받은 아이들에게 기쁨과 희망의 씨앗을 심을 수 있을 것 같았다"고 자신의 저서 『친구가 되어 주실래요』(2010)에서 말하기도 했다. 이 브라스 밴드는 뛰어난 실력으로 수단 남부에서 유명세를 떨치며 정부행사를 비롯한 각종 행사에 초청되어 공연을 했다.

하지만 타인을 돌보느라 자신의 건강을 챙기지 못했던 그는 2008년 11월 한국에 휴가차 잠시 입국하였을 때, 대장암 4기를 진단받아 톤즈로 돌아가지 못했다. 그리고 2010년 1월 14일 서울성모병원에서 새벽 5시에 48세를 일기로 영면하였다.

그러나 그는 자신이 한 많은 일들에도 불구하고, 고맙다는 인사를 받아야 할 사람은 자신이 아니라 그들이라고 했다.

"나로 하여금 소중한 많은 것들을 뒤로 한 채 이곳까지 오게 한 것도 후회 없이 기쁘게 살 수 있는 것도 주님의 존재를 체험하게 만드는 나환자(한센인)들의 신비스러운 힘 때문이다. 그것을 생각하면 그들에게 머리 숙여 감사하게 된다." (『친구가 되어 주실래요』 중에서)

그의 이런 말은 많은 감동을 전해준다. 이렇게 겸손하고 따뜻한 그의 마음은 지극히 인간적인 사랑으로 톤즈의 사람들을 변화시켰고, 그 마음이 전해져 그들의 마음까지도 울렸다. 제목이 〈울지마 톤즈〉이듯, 이 다큐에는 눈물을 흘리는 수단 사람들의 모습이 많이 등장한다. 그런데 사실 수단인들은 우는 것을 수치스러운 일로 여기기 때문에, 아무리 오랜 내전과 많은 고통에도 울지 않았다고 한다. 그런 그들이 이태석 신부님의 사진을 안고 울고 있는 것이다.

영화 〈울지마 톤즈〉에서 이태석 신부의 감동적인 일화가 많이 소개되었지만, 필자에게 특히 기억에 남던 부분은 돈 보스코 학교의 학생들이 돌아가신 이태석 신부님을 기리며 불렀던 노래였다.

'사랑해, 당신을. 정말로 사랑해~~' 그들이 이 신부에게 바치기 위해 부르는 한국말 노래는 감동적이었다. 이 신부가 그들을 진정으로 아끼고 그 마음을 열기 위해 현지어를 배워 그들과 소통하고 그들 중 하나가 되었듯 아이들도 이 신부에 대한 자신들의 감사와 그리움을 더 간곡히 표현하기 위해 이태석 신부의 모국어인 한국말로 노래를 불러 준 것이다. 이런 교류, 진심이 오고가는 교류가 나라와 나라 간의 다리를 잇는 것이 아닐까.

영화로 인해 널리 알려진 이태석 신부 외에도, 잘 알려져 있지 않지만 평생을 가난하고 어려운 세계인들과 마음을 나누고, 그들을 보듬고 돕는 데 바친 한국인들은 생각보다 훨씬 많다. 이 장에서는 고 이태석 신부와 같이 나눔과 공존으로 세계를 품은 한국인들을 만나보도록 할 것이다. ▶ **사진 7-9부터 7-12까지 (p. 324 다음 페이지)**

쓰레기 마을의 아이들에게
온 선생님, 김숙향

필리핀 마닐라 국제공항에서 20여 분 가면 나타나는 톤도 파롤라 마을은 빼곡한 판자촌이다. 이 마을에는 자물쇠조차 없이 판자나 양철 판 몇 개를 덧대어 허술하게 만든 좁디좁은 집이 3만여 채나 있다.

세계 3대 도시 빈민 지역 중 하나인 톤도에서도 파롤라는 특히 심각한 빈민촌이다. 사람들은 먼저 정착한 주민들이 수십 년간 내다버려 단단하게 쌓인 쓰레기 위에 집을 지었다. 폭우로 마을 옆 파식 강이 폭우로 범람하면 온 동네는 '쓰레기 강'으로 뒤덮이고 만다. 대부분 식구 일곱 명 이상이 함께 사는 집은 겨우 두세 평. 너무 좁아 앉기도 힘들고 온 가족이 다리 뻗고 잘 공간이 없어네 명, 세 명 이런 식으로 나누어 교대로 잠을 잔다.

전기가 들어오지 않아 대낮에도 앞이 보이지 않을 정도로 어두운 집에 사는 아이들은 공부할 생각조차 하기 어렵다. 필리핀 정부는 이런 사정을 잘 알지만, 미관상 보기 좋지 않다며 높은 벽으로 외부와 차단시켜 가려놓았을 뿐 사실상 그대로 방치하고 있다.

너무 가난한데다 빽빽이 집을 지어놓고 모여 사는 탓에 도둑도 들끓는다. 매일매일 사건이 일어나지 않으면 평범한 날이 아니라는 이곳에서는 하루에도 수십 건씩 강력범죄가 발생한다. 봉사하러 온 사람들조차 대부분 두 손 두 발 들며 활동을 포기하고 돌아가기 십상이다. 필리핀 사정을 좀 아는 사람들은 톤도에 간다고 하면 모두 위험하다며 말릴 정도다. 거리 한 복판에서 총을 난사해 소년들이 죽어간 끔찍한 사건도 크게 이슈 거리가 되지 않았을 정도로 암울한 곳이다.

12년 동안 이 지역에서 봉사하고 있는 김숙향 씨는 "부모들은 살아가는 일이 막막해 어쩔 수 없이 아이를 동원해 돈을 벌거나 이들을 그냥 버려둔다"며 "아이들은 바깥세상이 어떤지 알 기회조차 얻지 못한 채 마을에 갇혀 빈곤을 그대로 물려받고 있다"고 말했다.[35]

벌레가 우글대는 이 '쓰레기 바닥' 위에서 맨발로 뛰어노는 파롤라 마을 아이들은 김숙향 씨를 '샤론 선생님'이라고 부른다.

그녀는 필리핀 현지어인 타갈로그어를 유창하게 구사하며 아이들에게 공부를 가르치고 꿈을 심어주는 빈민촌 아이들의 소중한 선생님이다. 그녀는 마을 외곽에 세운 '톤도센터'에서 초등학생과 하이스쿨(중고교를 합친 개념) 학생을 대상으로 방과 후 교실을 운영하고 식사를 무료로 제공하고 있다.

무상으로 교육을 하고 있는 이 센터를 그녀는 '러브톤도'라고 부른다. 희망을 잃은 아이들에게 꿈을 주고, 힘든 현실에서도 서로 사랑하는 법을 가르치기 때문이다. 그녀 자신도 그들을 통해 진정한 사랑을 배웠다.

한국에 있을 때, 유복한 집에서 남부럽지 않게 자란 그녀는 중학생이 되던 해 집안의 사업이 망하고 뒤이어 아버지, 어머니를 차례로 잃는 시련을 겪자 우울증에 빠졌다. 마냥 세상을 탓하고 싶던 시절, 우연히 읽기 시작한 책이 그의 삶을 송두리째 바꿔 놓았다.

1800년대 영국에서 고아 수천 명을 거두어 교육시켰던 영국인 사회사업가 조지 뮬러에 관한 책이었다. 그 책에 큰 감동을 받은 그녀는 마음을 다잡고 봉사의 길을 걷기로 했다.

1990년 1월 신학대에 진학해 교수가 되길 꿈꾸던 그녀는 학업을 포기하고 31세에 혈혈단신으로 필리핀으로 향했다. 현지 보육원에서 청소와 빨래 등 허드렛일을 하며 3년을 지냈다. 평생 독신으로 살면서 봉사하겠다고 마음먹은 그녀에게 뜻하지 않은 사랑이 찾아왔다. 보육원에 봉

김숙향(53)
* 1990년 1월, 31세의 나이로 신학대학 진학을 포기하고 홀로 필리핀으로 향해 현지에서 12년째 선교 및 교육봉사를 하고 있음.

사활동을 오던 필리핀인 목사와 결혼하게 된 것이다. 함께 나눔의 길을 걷기로 한 그들은 1993년 결혼해 딸 셋을 낳은 뒤 2000년부터는 빈민촌으로 집을 옮겼다. 마을 외곽에 있는 건물 일부를 빌려 아이 100명을 교육시키고 밥을 먹이며 봉사하던 김숙향 씨에게 엄청난 불행이 닥쳤다. 2008년 톤도 센터가 세워지기 바로 전, 난데없이 교통사고로 남편을 잃은 것이다.

모든 것을 포기하고 싶고 하늘에 대한 원망도 들었지만, 다행

히 2008년 '기아대책'의 후원을 받기 시작했고, 자신이 돌보고 있는 수많은 아이들의 미래를 생각하며 그녀는 다시 마음을 추슬러 센터를 설립하는 일에 박차를 가했다.

31세에 필리핀 땅을 밟고 나서 톤도 아이들을 위해 봉사한지 20여년, 어느새 53세가 된 '샤론 선생님'의 톤도 센터 앞은 늘 아이들로 붐빈다. 예산이 부족해서 아이들을 다 받지 못해 공부할 날을 기다리고 있는 아이들이다. 하루치 기름과 물을 사기 위한 50페소(약 1,300원)를 벌려고 하루 종일 마늘을 까는 아이들. 이마저도 수도와 전기가 없는 탓에 기름등에 넣을 하루치 기름과 물을 사고 나면 남는 게 없다. 아이들이 가장 필요한 것은 영어책, DVD 등의 학습교재와 학용품들이지만 늘 부족하기만 하다.

그녀는 교육 봉사뿐만 아니라 구호 활동도 함께 하고 있다. 2009년 9월 26일 몰아친 최악의 태풍 켓사나의 영향으로 마닐라와 필리핀 25개 지역에 재난이 발생해서 그녀가 있는 지역도 약 90%가 침수되었던 때, 그녀는 수재민을 돕고 200개의 긴급구호 키트를 전달하기도 했다.

또한 그녀는 매일 센터에서 150명~200명 정도의 아동들에게 무료 점심식사를 제공한다. 한번은 식사로 닭요리가 제공되었는데 한 아이가 닭은 먹지 않고, 닭에서 나오는 국물을 빨아 먹으면서 밥을 세 번씩 갖다 먹었다. 한 번으로도 충분한 양인데, 굳이 이따가 먹겠다고 하며 세 번 먹을 양의 닭고기를 들고 아이는 집으로 갔다. 가족을 가져다주려는 것인지, 하루 한 끼도 겨우 먹는 가난한 아이라 음식을 챙겨두려는 것인지 알 수 없었지만 김숙향 씨는 아무 말도 묻지 않았다. 충분한 식사를 해본 적 없는 아이들, 누군가밥 한 끼 챙겨주는 것만으로도 환하게 웃는 아이들을 보면 가슴이 아프면서도, 착한 아이들의 눈망울을 보며 그녀는 힘을 낸다.

그녀의 꿈에 동참하는 사람들도 생겼다. 특히 그녀의 봉사 활동과 파롤라 마을의 참담한 현실에 대한 기사를 읽고 연락해 온 작가 이지성 씨는 그녀의 든든한 동지가 되었다. '꿈꾸는 다락방', '리딩으로 리드하라', '독서 천재가 된 홍대리' 등 자기계발서 세 권으로 일약 베스트셀러 작가가 된 이지성 씨는 현장에 다녀온 후 적극적으로 파롤라 마을 아이들을 돕기로 결심했다.

"톤도의 아이들을 만났을 때 그곳의 모든 현실이 거짓말 같았어요. 그 아이들이 사는 세상은 작가인 제가 어떤 말과 글로 표현할 수 없을 정도로 비참했죠. 아이들은 벌레가 우글거리는 쓰레기 바닥을 맨발로 뛰어다니고 쓰레기 강에서 잡은 '기괴한' 물고기를 먹고 있었습니다. 쓰레기를 맨손으로 뒤져 돈이 될 만한 걸 찾는 아이도 많았어요. 정오가 한참 지난 시간인데도 '한 끼도 못 먹었다'는 아이들이 대부분이었죠"[36] 이지성 씨의 회고다.

이지성 작가와 그의 팬클럽 부산 폴레폴레 회원들은 다양한 행사와 팬클럽카페를 통해 모금운동을 벌여 '이지성 드림프로젝트(빈민지역에 학교를 짓는 프로젝트)' 후원금을 조성해 4,750만 원을 기부했다. 기부금을 전달받는 자리에서 김숙향 씨는 "저는 그저 필리핀아이들과 함께 있었을 뿐인데, 많은 사람들이 도와주셔서 진심으로 감사하다"며 눈물을 흘리기도 했다.

그녀는 교육을 통해 그들을 자립시키고, 희망과 자존감을 선물해주려고 한다. 이처럼 단순히 돕는 것이 아니라 스스로 일어나도록 하는 것은 더욱 의미 있는 봉사가 된다.

우리나라가 전쟁의 폐허를 딛고 재기하도록 도왔던 세계의 손길을 이렇게 금방 다른 나라에게 다시 베푸는 나라로 성장한 것은 놀라운 일이다. 단순히 다른 국가를 돕기보다는 그들이 우리처럼 다시 일어날 수 있도록 그들의 자립을 도모해주는 것이 중요하다.

수혜자에 대한 단편적인 관심과 일회성의 도움으로 그치는 봉사활동의 수준을 넘어 상대 국가의 자립을 발판을 만들어주어 실질적인 도움을 주어야 하는 것이다. ▶사진 7-13, 7-14 (p. 362 다음 페이지)

하늘을 날아서 온 의사선생님, 박형동

어떤 부부가 있었다. 남편은 가톨릭 병원 외과 과장이었고 부인은 성남병원 정신과 과장이었다. 다른 사람들은 의사 부부인 그들을 부러워했고, 그들의 앞날은 보장되어 있는 것처럼 보였다. 두 자녀를 둔 다복한 가정이었고, 안정된 생활이었다.

그런데 어느 날 그들의 주변 사람들이 모두 깜짝 놀랄 소식이 날아들었다. 그들이 폭탄선언을 한 것이다. 모든 것을 그만두고 아프리카 탄자니아로 떠나겠다고.

30대 중반의 창창한 나이, 아직 어린 아이 둘까지 데리고 그들은 미련 없이 아프리카로 갔다. 킬리만자로 밑 인구 80만 명의 아루샤 기독병원에서 무료 봉사하려고 떠난 것이다.

자녀 교육 때문에 서울 강남 8학군으로 이사까지 하며 온갖 사교육을 시키고, 더 나은 환경과 더 나은 생활 여건을 꿈꾸는 사람들 사이에서, 남들이 부러워할만한 모든 것을 포기하고 애들을 데리고 돌연 아프리카 오지로 떠난 그들은 그야말로 신선한 충격을 선사했다.

박형동 씨와 그의 부인 서미라 씨의 이야기다. 박형동 씨는 '날아다니는 의사선생님'으로 유명하다. 탄자니아의 도로 사정이 여의치 않자 그는 직접 경비행기인 세스나기를 운전해서 하늘을 날아다니며 병자들을 찾아다녔다. 외과의사가 없는 지역을 순회 진료하며 환자를 수송하는 데 활용하기도 했다.

박형동 씨는 이처럼 '날아다니는 의사'로서 한국항공선교회의 일원이기도 하다. 한국항공선교회는 국제항공선교회의 13번째 가입국으로써 1989년 4월 5일에 조직되었다. 한국항공선교회에는 '비둘기'로 불리는 총 2대의 비행기가 있는데, 그 중 하나인 비둘기 1호는 국내 454개의 낙도와 173개의 무교회 섬을 대상으로 국내의료사역을 펼치고 있고, 비둘기 2호는 바로 박형동 씨가 1995년부터 6년간 탄자니아 의료봉사에 사용했던 세스나 185기다.

문명과 동떨어진 오지는 차량으로 접근하기 힘든 곳이 대부분이라서, 경비행기가 최선이었다. 경비행기는 이착륙거리가 짧고 간단한 장치로서 강이나 바다에 내려앉을 수 있는 장점이 있었기 때문이었다. 대부분의 오지에는 바

박형동(56)
• 가톨릭대학교 의대에서 일반외과를 공부하고 가톨릭병원 일반 외과장을 지내다 1991년부터 탄자니아에서 의료선교를 펼침. 한국항공선교회 회원.

서미라(55)
• 가톨릭대학교 의대에서 정신병과를 공부하고 성남병원 정신과장을 지내다 1991년부터 탄자니아에서 의료선교를 하였음.

위, 산악, 잔디 밖에 없기 때문에 이들에게 식량과 의료품을 전달
해주고 급한 환자의 수송 등을 도울 수 있는 것은 오직 소형 비행
기만이 가능했다.

당시 브룬디와 르완다의 내전과 부족간 전쟁으로 백만 명으로
추정되는 난민들이 집결해 있던 탄자니아의 사정은 매우 급박했
고 구호가 절실한 상황이었다. 그는 그 절박한 시기에 탄자니아에
있는 난민들에게 더없이 귀한 의사였다. 그의 비행기는 의료의 손
길이 닿을 수 없는 곳에 '하늘에서 온 천사'처럼 내려앉곤 했다.

탄자니아에서 환자들을 진료하는 일은 결코 쉽지 않았다. 매우
가난한 나라였기에 약품과 의료기기가 부족한 것은 물론이고 전
력 공급도 무척 불안했다. 수술하다 불이 나가서 랜턴을 키고 수
술을 한 일도 부지기수다. 심지어는 병원의 재정난으로 마취약이
없어 수술이 불가한 상황이라 응급 수술만 실시한 일도 있었다.
동료 의사들은 잘 협조하지 않았고 워낙 죽어나가는 사람이 많다
보니 생명을 소중히 생각하는 문화도 아니어서 갈등이 있었다.
부패와 비리도 만연해서 약품을 몰래 팔아넘기거나 금품을 받는
일도 허다했다.

그러나 그는 꿋꿋이 진료를 계속했고, 탄자니아에서 최초로 최
신식 의료시술을 선보였다.

부인 서미라 씨는 탄자니아에서 찾아보기 힘든 신경정신과 전
문의로 아프리카에서는 더욱 귀한 존재였다. 특히 아프리카에는
잘못된 문화적 관습과 기생충 등으로 인한 뇌질환 환자가 많았다.
가정불화, 전쟁 등의 환경적 영향으로 마음의 병을 앓는 사람도
많았다. 정신분열증, 조울증, 불안장애, 공황장애, 치매, 파킨슨

증후군 등 다양했다. 간질로 불리는 뇌전증 환자도 탄자니아 인구 중 약 백만 명 가량으로, 선진국보다 환자수가 2~3배 이상 많을 것으로 추정되었다. 그러나 투약을 받고 있는 환자 수는 그 중 1%에 지나지 않았고 그나마도 약효가 떨어지는 페노바비탈에 의존하고 있었다.

그러나 중증 정신질환자 수용 시설 및 훈련 인력, 정신과 약품 등이 턱없이 부족했다. 교통 시설이 열악한 아프리카에서는 의료진의 도움을 받지 않고 가정 분만하는 경우가 대부분이라 신생아 분만시 뇌손상 후유증도 매우 많았다. 여성할례 등의 관습으로 인한 산도손상도 큰 원인이었다.

그녀의 존재는 이런 탄자니아의 실정상 매우 필요한 인력이었다. 그녀는 정신질환자에 대한 인식이 바로잡히도록 많은 노력을 기울여서 탄자니아 최초로 정신과를 개설하기도 했다.

두 부부는 같은 대학에서 공부했고, 평생의 동지였다. 그들은 서로에게 의지와 힘이 되어주며 많은 봉사를 했다. 그들은 지금은 탄자니아를 떠났으나, 킬로만자로 모쉬 지역에 교회를 세우고 지속적인 후원을 하고 있다.

박형동 씨가 탔던 비둘기 2호는 현재도 필리핀, 사이판, 인도네시아 등지를 돌며 사랑을 실천하고 있지만, 안타깝게도 해외 항공유의 유가 상승으로 인해 큰 어려움을 겪고 있다는 소식도 들려온다. 매일 일정한 비행을 하지 않으면 위험한 상황에 빠질 수 있는 지역이 대부분인데다 오지에서 사역하고 있는 수천 명의 선교사, 의료진 등이 항공선교회의 소형 항공기에 의존하고 있는 경우가 많아 우려된다. 그러나 많은 어려움 속에서도 '비둘기'는 비행을 계속하고 있다. 지금도 어디선가 그 작은 비행기는 환자를 구호하고 의약품과 생필품을 전달하기 위해 제일 가난하고 낮은 곳으로 평화의 상징인 비둘기처럼 내려앉을 것이다. ▶사진 7-15, 7-16 (p. 362 다음 페이지)

스리랑카의 '침의 신(神)', 한의사 한규언

　　　　　　　　　　　　서양의학 뿐 아니라 동양의 의학을 전파하며 한국문화를 알리고 환자들을 치료한 사람들도 있다. 인류애를 실천하면서도, 동시에 우리 한의학을 세계에 알리는 홍보대사 역할을 수행한 셈이다.

　그 중 한 명인 한의사 한규언은 스리랑카에서는 '침의 신(神)'으로 불린다. 스리랑카는 열대지방이라 연중 날씨가 고온다습하고 땀띠와 피부병, 모기 때문에 발생하는 열병이나 풍토병과 싸워야 하기에 우리나라 사람이 견디기 매우 힘든 여건이다. 한규언 씨는 도시의 병원뿐만 아니라 의료시설이 더욱 열악한 시골 오지를 정기적으로 며칠씩 돌며 치료봉사를 시행했다.

　그는 제자들을 중심으로 벽지순회 진료를 펼치는 의료봉사단체 SAMST(Sri Lanka Acupuncture Medical Service Team)를 구성하기도 했다.

　한규언 씨는 스리랑카 국립 아유르베딕 교육병원에 코리안 클리닉을 열고 한의학에 관심 있는 스리랑카 전통 의사들을 대상으로 침구학 교육을 실시하고 있기도 하다. 그는 침구경혈학 교육을 통해 우리 한의학을 널리 전파하려는 소명의식을 가지고 있다. 아유르베딕 의학은 스리랑카의 전통의학으로 인도로부터 영향을 받은 고유한 그들의 의술이다. 하지만 주로 한약을 이용하고 있고 침술이 없기 때문에 그들은 한의학의 침구술에 많은 관심이 있다고 한다. 2011년 12월 20일부터 3일간 열린 '아유르베다 전통의학 박람회'에서 그가 준비한 한국 침 전시관이 특별 전시되기도 했다.

그는 MBC프라임 〈韓의학, 한류의 날개를 달다〉편에 소개되기도 했다. 이 다큐를 제작한 김성일 PD와 정진규 감독은 "스리랑카에서 한규언 한의사는 마치 '신적인 존재'였다"며 "한규언 한의사가

> **한규언**
> * 경희대학교 한의학과 졸업하고 에티오피아, 알바니아, 라오스 등지에서 봉사활동을 했다. 스리랑카 콜롬보 보렐라의 국립 아유르베딕 교육병원에 부임했다가 일시 귀국 후 대한 한방 해외의료봉사단(KOMSTA) 등의 도움으로 스리랑카에 다시 돌아가 계속 의술을 펼치고 있다. 2008년 제3회 대한민국 해외봉사상 수상.

침을 놓으면 많은 사람들이 몰려들어 취재가 어려울 정도였다"고 회상하기도 했다. 김성일 PD는 또한 이렇게 해외에서 한의학의 위상이 높은데도 국내에서 그만큼 인정을 받지 못하는 것이 안타깝다며 대한 한방 해외의료봉사단(KOMSTA)가 의료봉사를 펼쳤던 동티모르 오에쿠시의 경우 한의진료를 받으려고 4~5시간을 걸어오는 사람이 태반이었다고 밝혔다. 진료를 시작한 지 3일째 되던 날부터는 오에쿠시 거리를 지나는 대다수의 사람들이 이침 스티커를 붙이고 다녔을 정도라고.

스리랑카는 오랜 식민생활로 인해 외세에 대한 저항의식이 있

는 나라였는데 특히 2006년 민족해방전선 열기가 강해지면서 한
규언 씨에게도 거센 압박이 들어왔다. 겨우 고심 끝에 찾아낸 타
협안은 한약처방을 최소한으로 하고 침 시술에 주력한다는 것이
었다. 하지만 이는 오히려 한규언 씨에게 기회로 찾아왔다. 스리
랑카 인들의 전통의학에는 존재하지 않는 한국 전통의학의 침구
술만이 가진 강점을 보여줄 수 있었기 때문이었다.

한의학을 못마땅하게 생각하던 민족해방전선에서 파견된 병원
관리가 갑자기 가슴이 꽉 막히는 증세를 호소하면서 한규언 씨의
진료를 받게 되는 일이 발생했다. 물론 그는 그 관리를 만족스럽
게 치료해주었다. 20년 동안 쉬지 않고 심한 딸꾹질을 하여 고통
을 받던 환자가 그의 침술로 치료를 받고 완치되자 그 자리에서
그간의 한 맺힌 세월을 생각하며 엉엉 한참 소리를 내어 울었던
적도 있다고 했다.

한규언 씨는 스리랑카에서 식생활 개선 건강 증진 캠페인을 벌
이고 매년 2만 명이 넘는 환자들을 진료했다. 그가 직접 훈련하고
육성한 스리랑카 전통의사 36명을 중심으로 '스리랑카 침구의료
봉사단'을 조직하기도 했다. 2008년 4기 수료자들에게는 스리랑
카 전통의학부 아유르베딕 청장이 수료증을 인증함으로서 텃세
심한 스리랑카에서 한의학의 정식 토착화, 제도화에 성공한 것으
로 인정받기도 했다.

그는 사상의학과 체질, 침을 포함하며 한국침구학의 우수성을
알리는 한의학 침구서적 『Acupuncture in Oriental Medicine』
을 영문으로 저술하기도 했는데 이 책에서 한국식 영어 명칭을 우
선적으로 표기했고, 한의학을 체계적으로 소개하고 있다. 이 교

재는 우즈베키스탄에서도 교재로 사용되고 있다. 그는 이외에도 한의학에 대한 많은 논문도 발표했고, 중국의학의 아류로 여겨지며 평가 절하되던 한의학의 위상을 높이는 데 많은 노력을 기울였다.

2009년 동의보감이 유네스코 세계기록유산으로 등재되었고 한의학은 새로운 한류의 한 가능성을 보여주고 있다. 서양의학이 이미 한계에 도달했다는 의견이 많은 요즘 시점에서 한의학은 그 돌파구로 주목받고 있다.

이처럼 해외봉사는 단지 어려운 사람들을 돕는 것뿐만 아니라 한국을 알리는 한국문화 전도사로서의 역할까지도 할 수 있다. 인도주의와 박애정신에 입각하여 세계인을 하나로 품을 뿐 아니라 국제 사회에서 한국의 위상을 제고하고 민간 외교의 한 축을 담당할 수 있는 것이다. ▶사진 7-17, 7-18 (p. 362 다음 페이지)

성악가에서 헝가리 노숙자의 아버지가 되다, 신성학

부다페스트 서부역 앞 지하도, 노숙자들이 삼삼오오 모이기 시작하더니 금방 긴 줄이 늘어섰다. 수십 명의 노숙자들이 거처하는 이곳에 매주 금요일이면 어김없이 나타나는 한국인 부부가 오늘도 어김없이 왔기 때문이다.

노숙자들에게 반갑게 인사하는 부부의 양손에는 헝가리 전통 수프인 구야쉬가 가득 든 국통이 들려있다. 신성학 목사와 부인 최성옥 씨다.

노숙자들이 기다리는 것은 음식이기도 하지만, 그들이 '신어띠여'라고 부르는 신 목사의 노래 소리이기도 하다. 신 목사는 부인의 신시사이저 연주에 맞춰 그들의 마음을 어루만져줄 노래를 부른다. 그의 멋진 중저음의 목소리는 지나가던 행인들의 걸음도 멈추게 한다. 노숙자들의 남루한 옷처럼 낡아가는 먼 기억을, 희망이 바래져가던 삶을 되살리는 노래다.

신성학 목사의 노래가 특별한 데는 다 이유가 있다. 그는 원래 촉망받는 성악가였다. 오스트리아 비엔나음악가협회의 성악과정 졸업 후 비엔나 국립음대에서 성악과 및 오페라 과정을 수학한 재원으로 총회신학교 종교음악과 교수를 지내기도 했으며, 앨범도 발표한 음악가다.

그러나 그는 그 안정된 길을 버리고, 돌연 신학을 공부하여 선교사가 되어 2000년 헝가리로 왔다. 오스트리아 유학 중에 헝가리를 들렀을 때 흉물스러운 낡은 건물과 어두운 사람들의 표정 등을 보면서 '회색 사람들이 사는 유령의 도시' 같다고 느꼈던 기억 때문이었다. '회색 사람들에게' 빛을 가져다주고 싶은 마음이었던 것일까.

신성학 목사는 선교사로서 헝가리 땅을 밟았지만 노숙자들을 보는 순간 어떤 복음보다 그들에게 필요한 것은 그저 '일용한 양식'이라는 것을 깨달았다.

처음엔 하루에 샌드위치 20개로 시작했지만 신 목사의 선행에 공감한 주변의 사랑이 모아져 40개, 80개, 130개로 점차 늘어났다. 점점 더 많은 사람들에게 따뜻한 끼니를 대접할 수 있게 되었다. 메뉴도 지금은 고기와 야채가 듬뿍 든 구야쉬와 소시지로 바뀌었다.

원래 정통 성악가였던 그는 처음 헝가리에 오기 전엔 자신의 재능을 잘 활용할 수 있게끔 현지 음악인들과 교류하며 상류층을 대상으로 해서 선교할 생각이었다. 그러나 헝가리에 도착하고 나니 노숙자들이 눈에 들어왔다. 버스 정류장에도 지하철 지하도에도 노숙인들은 정말 너무나도 많았다. 가난하고 헐벗고 굶주린 이들이었다. 그들의 처절한 모습이 자꾸 머릿속을 떠나지 않았다. 그는 음악을 통해 상류층을 전도하겠다는 계획을 접고 거리로 나갔다. 직접 만든 샌드위치 한 바구니를 들고서.

헝가리에 처음 온 2000년부터 신 목사 부부는 함께 봉사를 시작해서 지금까지 계속하고 있다. 처음에는 낯선 음식, 언어, 향수병이 끊임없이 그들을 괴롭혔지만 밥 한 끼에 행복한 표정을 짓는 노숙자들이 오히려 그들에게 도리어 기쁨과 힘을 주었고, 이제는 헝가리가 제2의 고향인 듯 편안하다.

순수 헝가리인 공동체인 케젤렘 교회, 헝가리에서 가장 많은 집시들이 집단 거주하고

신성학(50)

- 오스트리아 빈 음악가협회의 성악과정 졸업.
- 빈 국립음대에서 성악과 및 오페라과정 수학 후 독창회 및 다양한 음악활동을 하였음
- (전) 총회신학교 종교음악과 교수
- 감리교 협 성신학대학원 졸업
- 기독교대한감리회 헝가리 선교사로 헝가리 땅을 밟아 현재까지 거리전도와 노숙인 사역을 펼치고 있음. 케젤렘교회, 부다페스트 한인은혜교회, 떠떠반여 집시인교회 개척.
- '유럽집시비전센터' 개관

있는 떠떠반여의 집시마을 교회, 노숙인들의 공동체인 거리의 교회, 한인 공동체인 부다페스트 한인은혜교회 … 그가 개척해서 사역하고 있는 교회들이다.

신 목사는 몸이 여러 개였으면 좋겠다 싶을 정도로 바쁘다. 주일은 이 교회들에서 사역을 하고, 월요일엔 양식 나눔을 위해 장을 보고 음식을 만든다. 화요일엔 거리찬양집회를 하고 130명의 가난한 이들에게 양식을 나누어주고 목요일엔 집시마을에 간다. 그리고 금요일에는 부다페스트 서부역으로 노숙자들에게 끼니를 대접하러 나가고, 토요일엔 집시센터에 나가 그들의 자립을 돕는다.

일주일간의 스케줄은 매우 빡빡하지만 그는 하루도 어기지 않는다. 그를 기다리는 사람들을 생각해서다. 수년 전 겨울, 매일 만나 국을 퍼주던 절친한 노숙자가 "코트가 필요하다"고 했다. 그는 "갖다 주겠다"고 말해놓고 바쁜 일이 많아 미루었는데 며칠 뒤 그 노숙자가 추위에 얼어 죽고 말았다. 큰 충격을 받은 신 목사는 "사랑은 절대 미뤄서는 안된다"는 생각을 가지게 되었다.

그는 추위에 떠는 노숙자들에게 해 줄 일을 고민하다가 교회 성도들이 모은 사랑의 헌금으로 귀한 130벌의 방한복을 사서 나누어주기 시작했다. 그렇게 2006년 겨울부터 시작한 일이 2012년에 벌써 7년째를 맞았다.

노숙인들에게 있어서 방한복은 한 겨울 추위와 싸워 이겨낼 무기이고 방패다. 유럽의 겨울은 뼈 속까지 스며오는 추위가 11월부터 시작되어 3월까지 계속된다. 특히 헝가리의 겨울은 유독 춥다. 눈도 많이 내릴 뿐 아니라 뼈가 시리는 바람이 분다.

정부에서 발행한 노숙인(Hontalan[혼 떨런]: 집이 없는 사람)이라는 증명서를 들고서 방한복을 받기위해 줄을 선 사람들은 얼굴은 설레고 들떠 보였다. 새 옷을 받기 위해 기다리는 어린아이들처럼 환한 얼굴이었다.

그런데 방한복을 받았던 사람 중에 며칠이 지나도 옷을 입지 않는 사람들이 있었다. 이유를 물어보니 너무 아까워서 그렇다고 했다. 자신이 가지고 있는 단 한 벌의 새 옷이었던 것이다. 대수롭지 않은 옷 한 벌이라고 생각했지만, 그 옷을 받은 사람에게는 더없이 소중했던 것이다. 사람들이 기뻐하는 모습을 보고, 그들이 덜 추운 겨울을 보낼 수 있다는 사실에 그는 뿌듯했다.

그러던 중 신 목사는 어느 날 우연히 방문한 부다페스트 근교의 집시 마을에서 집시들의 힘겹고 참담한 삶을 목격하고 그들의 어려운 생활을 돕기로 결심했다. 환기통도 없는 폐허가 되다시피 한 창고에서 7~8명씩 쪼그려 자는 사람들, 한겨울에도 벗은 발로 지내는 집시 어린이들을 보니 가슴이 아팠다. 세상 사람들이 괄시하고 꺼리는 데 익숙한 집시들은 신 목사를 처음에는 받아들이지 않았다. 외부인에 대한 불신이 강해 자동차를 긁어놓거나 타이어 바람을 빼 놓기도 했다. 달리는 차에 돌을 던지거나 화약을 터뜨려 위험천만한 일을 겪기도 했다. 그러나 신 목사의 꾸준한 방문과 도움이 계속되고 그의 진심을 알게 된 집시들은 이제 그를 믿고 의지하게 되었다.

지난 2003년 초, 집시들을 도울 방법을 고민하던 끝에 그는 자선음악회를 열기로 했다. 유럽인은 음악에 관심이 많기 때문에 음악을 통해 쉽게 마음을 열 수 있다는 것을, 그는 노숙자들에게 밥을 주고 거리에서 노래하며 경험으로 체득했다.

출연자들을 모으기 위해 백방으로 도움을 청하러 다녔고 놀랍게도 그의 열성에 감동한 세계 정상급 음대 교수들이 연주자로 나서주었다. 한국에도 많이 알려진 헝가리 리스트 음대의 피아니스트 쏘콜라이 벌라쉬 교수와 바이올니스트 라쇼니 레일리어 교수 등이 참여했다. 신 목사는 2003년과 2004년 두 차례 자선 음악회를 열었다. 이 음악회에서의 수익으로 그는 두 군데의 집시 마을 사람들 1,500명에게 생활에 꼭 필요한 물품들을 지원할 수 있었다.

2006년 10월에 열린 세 번째 음악회를 통해 그는 더욱 놀라운 일을 해냈다. 단순히 생필품 지원에 머무른 것이 아니라 '유럽집시비전센터'와 중고교생들을 위한 직업학교를 설립하기로 한 것이다. 집시들이 모여 사는 마을에 이들을 위한 전문 교육 기관이 들어서는 것은 처음이었다. 집시들에게 미래의 희망과 기술을 제공할 세계 최초의 신앙과 교육의 장이 생긴 것이다.

신 목사는 일용할 양식과 방한복, 자립할 수 있는 기반 등 그들이 가장 필요한 것을 주려고 노력했다. 거기에 더해 그는 힘들어하는 사람들의 가슴에 쌓인 이야기를 들으려했다. 처음에는 낯선 한국인을 어색해하고 퉁명스레 대하던 사람들도 그가 그들의 이야기를 성의를 다해 들어주고, 상처 나고 피고름 난 곳까지 붙잡고 진심으로 기도하는 모습을 보자 마음을 열기 시작했다.

그의 이 모든 행보의 곁에는 늘 묵묵히 옆에서 걸어주는 아내가 있었다. 두 아이들을 데리고 헝가리로 와서 음식을 만들고, 신시사이저를 연주하고, 어려운 사람들을 함께 돕는 아내는 평생의 귀한 동반자이다.

그가 최근 발간한 책 『한 뭉치 무화과』(2011)의 제목이기도 '한 뭉치 무화과'는 이사야서 38장 21절에 나오는 말이다. 보잘 것 없는 한 뭉치 무화과지만 죽을병에 걸려 신음하던 히스기야왕을 소생시키고 생명을 연장시키는 능력의 도구가 되었듯, 그는 자신이 하늘의 뜻에 따라 초라한 힘이나마 다하면 어렵고 병든 이들에게 치유와 회복의 기적을 이룰 수 있음을 믿는다. 그런 마음으로, 헝가리 노숙자들과 집시들의 아버지인 신성학 목사는 앞으로도 계속 배고픈 사람들에게 밥을, 희망이 없는 사람들에게 꿈을 주고 소외된 이들에게 친구가 되어주려고 길을 나설 것이다.

▶ 사진 7-19, 7-20 (p. 362 다음 페이지)

라디오는 전 세계인의 사랑을 싣고

우리나라 라디오에서 아랍어 노래나 몽골어 노래가 흘러나온다면? 이것이 그다지 놀랍지 않게 느껴질 만큼 한국은 점차 다문화 사회로 접어들고 있다. 여러 나라의 모국어로 방송하는 다문화 방송국이 개국하였을 정도로 이제 한국에는 다양한 문화가 스며들어 새롭게 융합되고 있다.

우리나라에 거주하고 있는 재한 외국인은 2008년 기준 197개국 116만 명을 기록했다. (외국인정책본부 발표, 2008년 12월 31일 통계 참조) 전체인구의 2%를 넘어 선 것이다. 인구비례로 볼 때 일본보다도 많은 것으로 대개 1% 이상이면 다문화사회로 분류되고 있음을 고려할 때 우리나라는 이미 다문화사회의 문턱을 넘은 것으로 보아야 한다. 우리 사회의 새로운 소수자로 등장한 그들은 한국 사람들이 '우리나라에 살고 있는 외국인'으로 바라보지 않고 그저

다 같은 '주민'이고 '이웃'으로 여겨주기를 바란다. 우리나라의 다문화 현상은 국제결혼 이민자, 이주노동자 외에도 재외 동포 자녀, 다문화가정 자녀, 이주노동자 자녀의 수가 증가하는 것에도 원인을 찾을 수 있으며 이렇게 이민자 2세가 늘어나는 것은 앞으로 그들이 적지 않은 부분을 차지하며 한국사회에서 살아가게 될 것임을 짐작하게 한다. 통계청은 오는 2020년쯤에는 우리나라 전체 인구의 5%가 이주민으로 구성될 것으로 내다보고 있다.

2009~2011년 동안 전국 초·중·고교에 재학 중인 다문화가정 학생은 92.8%나 증가한 것으로 나타났다. 2011년 기준 총 학생 수는 3만 8,890명으로, 초등학교에서 점차 중고교까지 확대되고 있으며 농어촌지역에서 점차 도시지역까지 확대되고 있는 만큼 다문화가정을 고려한 맞춤 교육의 필요성도 대두되고 있다. 현재까지는 주로 적응교육의 차원에서 이루어진 경우가 많았으나 이제는 단편적인 한국 사회 적응 교육을 넘어 소수자 정체성 교육에도 관심을 기울이는 등 다문화 학생이 우리나라의 일원으로 살아나갈 수 있도록 하는 보다 깊이 있는 다문화 교육이 필요하다.

특히 우리나라 재한 외국인의 56%(2007 법무부 통계)가 이주노동자이고 미등록 이주노동자의 수도 꽤 많다는 것을 생각할 때 이주노동자의 한국에서의 삶과 인권에 대한 사회적 고려가 필요할 때이다.

이주노동자들을 돕기 위한 봉사단체는 1992년에 처음 만들어졌다. 외국인 노동자들을 지원하기 위한 최초의 시민운동단체인 '외국인 노동자 인권을 위한 모임'이 서울 자양동 성당에서 결성되었고 1993년 초부터 상담소 형태의 지원단체가 전국적으로 설립되었다. 주로 그 성격상 종교단체가 많은데, 서울의 외국인 노동자 피난처, 각 지역 외국인 노동자의 집. 외국인 노동자 상담소, 갈릴리교회 외국인 노동자 상담소, 회년선교회, 중국동포 사랑의집 등이다. 그 외에도 중국 노동자 센터, 부산 외국인 노동자 인권을 위한 모임 등이 있다. 이 단체들은 이주노동자들의 쉼터 및 커뮤니티를 제공하고 산업재해나 임금체불 등의 문제를 상담하거나 의료, 법률 등 서비스를 제공하는 등 이주 노동자들이 취업과 일상생활에서 겪는 문제를 해결해주기 위한 여러 활동을 전개하고 있다.

이 중 하나인 민간단체 '시흥이주노동자 지원센터'는 2002년 6월 처음 만들어졌다. 이주노동자의 복지를 향상시키고 인권을 보장하기 위한 것이었다. 2002년 설립 당시에는 법률, 의료, 노동 관련 상담이 주된 활동이었고 2003년 1월부터 매주 일요일 한국어 교육을 실시하고 6월부터는 컴퓨터 교육을 제공했다. 한국 체험학습을 실시하고 각종 강좌나 문화제, 체육대회 등을 개최하기도 했다. 이 센터에서는 자원봉사, 환경, 반전평화, 국제연대를 주제로 한 '이주노동자 NGO교실'을 운영하는데 센터 운영에 참가했던 자원봉사들이 '정이함께'라는 모임을 만들어 각종 교육과 캠페인을 실시하고 뉴스레터를 발간하기도 했다.

보건, 의료 지원 활동을 하는 이들도 많이 있다. 주로 인근 지역의 의료 전문가들이 자원봉사를 하고나 의료 서비스만 지원하는 단체도 있다.

특히 미등록 이주노동자들의 경우 단속이 무서워 병원을 찾는 것도 두려울 뿐 아니라 건강보험 미적용으로 인한 과다한 진료비를 내지 못해 병을 안고 살거나 심지어 사망하는 경우가 허다하다.

서울시 금천구에 있는 회년의료공제회는 월 5,000원의 회비를 내면 가입 후 3개월 이후부터 의료보험수가 100%로 협력병원 160여 군데의 진료를 받을 수 있다. 서울 중구의 중국동포의료공제조합도 비슷하게 운영하고 있으며 환자들을 위한 쉼터도 함께 운영한다.

서울 라파엘클리닉은 서울의대 가톨릭교수회가 대한적십자사 서울지사와 공동으로 설립해 이주노동자들을 대상으로 무료진료와 구호활동을 하는 의료봉사단체로 1997년 첫 진료를 시작해 매월 약 1,000명의 환자를 진료하고 있다. 의료 전문 인력은 물론이고 통역과 안내를 함께 하는 봉사자들, 구호활동과 인권상담, 쉼터 알선까지 돕는 많은 봉사자들이 있다.

이 단체는 2007년 세계 이웃들을 위한 라파엘 인터내셔널을 설립해 국외 의료지원 활동도 진행하고 있다.

재한 외국인의 복지를 위한 이런 여러 단체와 개인의 활동들은 한국 문화의 다문화 현상과 그에 따른 문제점들을 잘 해결하고 다문화가족과 한국에 정착한 외국인들이 사회의 일원으로 잘 살아갈 수 있도록 하는 공동체적 의미가 있기도 하지만, 다른 측면에서의 기회가 되기도 한다. 재한 외국인들을 통해 그들의 모국에 있는 사람들에게 한국에 대해 알리는 역할을 할 수 있기 때문이다.

이주노동자들이 본국에 돌아갔을 때나, 한국에 정착한 재외 한국인들이 본국의 가족과 연락하거나 모국에 방문했을 때, 혹은 이민자 자녀들이 뿌리를 찾는 등 여러 가지 상황에서 그들은 한국과 세계 사이의 연결고리가 될 수도 있고, 한국을 알리는 홍보대사가 될 수도 있는 사람들이다. 재외 한국인들의 한국에 대한 이미지 제고와 삶의 질 증진을 위해 노력하는 일이 바로 곧 한국의 국가브랜드를 향상시키는 일이 될 수도 있다는 말이다.

한국으로 온 이주민들이 출신국과 끊임없이 연결되어 소통하는 것을 통해 한국 사회에 대한 좋은 이미지를 구축하고 문화 외교적 역할을 하는 것은 우리 모두에게 매우 중요하고 의미 있는 일이다.

그런 의미에서 결혼이민자 외국인노동자, 유학생과 관광객 등 200만 명에 가까운 국내 거주 외국이주민들과 그들의 모국을 이어주는 채널을 열어주기 위한 노력도 진행되었다.

꾸준히 재한외국인을 위한 많은 복지산업과 봉사를 벌이고 있는 웅진재단은 2008년 다문화가족 음악방송(WMCB)을 개국했다. WMCB는 세계 최초로 8개 언어로 24시간 정규 방송(방송언어별 1회 90분의 본방송과 3회 재방송)을 진행해왔다.

주로 국내거주 외국이주민들의 외로움과 생활불편을 덜어주기 위해 중국어, 베트남어, 필리핀어(영어), 태국어, 아랍어, 러시아어, 몽골어, 일본어 8개 언어권 선동음악과 유행기요를 주로 소개해왔는데, 모국과 한국의 문화와 뉴스를 전달하는 한편 한국사회 적응에 필요한 각종 지식과 생활정보를 제공하고 한국말을 배울 수 있게 하며 각국의 전래동화 10편씩을 모국어와 한국어로 방송하는 등 특히 결혼이주여성을 위한 프로그램에 신경을 써왔다.

다문화가족 음악방송은 장기 국내거주 외국인들의 모국어와 모국 음악으로 그들의 외로움과 향수를 달래주면서 한국사회와의 이해와 소통의 장을 마련해 주는데 주력해 와서, 웅진재단 웹사이트로만 청취하는 다문화가족이 하루 평균 2만 명에 달할 정도이다.

히잡을 쓰고 아랍어 방송을 진행하는 DJ 자흐란 씨는 카이로의 아인샴스대 한국어과를 졸업하고 한국에 왔다. 그녀는 한국과 이

제7장 국제봉사의 꿈

집트의 가교가 되고 싶다는 꿈을 밝히기도 했다. 그녀는 아랍어권 22개 국가와 한국의 거리를 좁히고 싶다는 포부가 있다.

'다문화가족 음악방송(WMCB)'의 설립을 이끈 웅진재단 신현웅 이사장은 '외국 사람들이 자기 나라 문화와 언어를 마음껏 즐길 수 있도록 도우면 우리 문화 전체가 풍요로워진다'고 말하기도 했다. 그는 이주민들을 보듬으며 돕는 것이 중요하며, 한국사회에 다문화가정이 제대로 뿌리내려야 진정한 선진국가로 갈 수 있다고 강조했다. 특히 신 이사장이 방송을 하며 중점을 두는 것은 의료나 교육 정보로, 무료진료를 받을 수 있는 병원을 많이 알리고 한국어가 서툴러 자녀교육에 어려움을 겪는 외국인들과 이민자 2세 자녀들을 위한 교육정보도 많이 다루고 있다.

문화적 갈등과 충돌을 줄이고 다른 문화에서 상호 이해와 친선을 도모하기 위해서는 다양한 문화적 접근이 필요할 것이다. 이주민들이 한국 땅에서 한국문화를 익히는 것과 마찬가지로 우리 역시 그들의 문화를 서로 알고 이해하려는 노력이 필요하다.

지금도 우리나라에서 함께 살아가는 수많은 이주민들은 한국 음식을 먹고, 한국 사람들과 한국어로 대화하고. 한국어 교육을 받는다. 향수를 달래려 한국에서 모국어 방송을 듣기도 하고, 그 방송은 사랑을 싣고 전 세계로 퍼진다.

이주민들은 이 땅에서 머무르는 손님이 아닌 이웃이다. 그들과 더불어 살아가는 것은 우리에게도 그저 자연스러운 '일상'이 되어야 한다. 그리고 그들을 통해 우리는 세계인과 소통할 수 있는 창문을 열 수도 있다.

마다가스카르의 성자,
'부시맨 닥터' 이재훈

아프리카의 넓은 초원과 숲속에는 여전히 많은 사람들이 산다. 문명이 손길이 거의 닿지 않은 자연 속에 사는 그들은 병마와 사고, 맹수의 위협에 자신을 드러내놓고 살고 있지만, 변변한 병원 건물은 고사하고 한 칸 진료실조차 없다. 그저 넓은 하늘과 들판과 그 안의 작은 자기 자신의 존재뿐인 거대한 자연 속에서 그들의 손을 잡아준 한 사람이 있다.

그는 우리나라의 명문 의과대학을 나왔다. 자랑스러운 아들이자 미래가 촉망받는 젊은 의사였던 그가 다른 사람들의 빈 곳을 채워주려 모든 것을 놓고 가벼운 몸으로 떠났다. 아프리카의 섬나라로.

아프리카 마다가스카르에서 의료봉사를 하고 있는 외과전문의 이재훈 씨에게 사람들은 '부시맨 닥터'라는 별명을 지어주었다. '부시맨' 영화에서 원주민이 드넓은 초원을 맨발로 걷듯 이재훈 씨도 들판, 숲 속에서 사람들을 수술하고 치료하기 때문이다. 마다가스카르는 병원 하나 없는 마을이 2만여 곳에 달한다. 대부분 지역이 도로조차 없다. 손에 칼과 가위, 실과 바늘만 들고 열대우림을 헤치고 가서 수술을 하는 경우도 많다.

어린 시절부터 아프리카 의료봉사를 꿈꿨던 이재훈 씨는 고려대 의대를 졸업하고 2001년 처음으로 간 아프리카, 르완다에서 의료봉사를 시작했다. 국제 이웃 사랑회(Good neighbor international)라는 NGO에서 활동하고 계신 분에게 "제 꿈이 아프리카에서 봉사활동을 하는 것"이라고 소개해서 가게 된 것이었다. 당시는 봉사활동보다 아프리카 의료 상황을 정확히 살펴보기 위해 갔다. 아프리카를 다녀온 후 확실하게 마음을 굳힌 그는 2003~2005년 영국에서 신학 공부를 마쳤다.

르완다에서 그는 너무 다양한 환자를 만났고, 자신이 배운 외과분야만으로는 부족하다는 생각이 들어 일시 귀국해 연세대 세브란스병원에서 위장·간·대장·갑상선·소아외과 등 여러 분야의 전임의 과정을 밟기도 했다. 이후 마다가스카르에 정착한 그는 본격적인 의사활동을 하기 전 1년 동안 언어를 배우는데 전념했다.

식민경험 때문에 외국인에 대한 두려움이 있는 이들에게 다가가기 위해서 그는 현지어를 열심히 배웠다. 그리고 수도 타나 근처의 이토시 병원에 근무하며 진료가 없는 시간에

이재훈(45)
- 고려대학교 의대 졸업(1986~1993년)
- 연세대 의과대 전문의(2001년)
- 연세대 의과대 외과학 석사(2003년), 연세대 세브란스병원에서 다양한 전임의 과정 수료
- 영국 신학대학 유학(2003~2005년)
- 아프리카 마다가스카르에서 의료 봉사 및 선교 활동 중
- 마다가스카르 이톨로시 병원 외과 전임의(2006년~현재)

는 무의촌 의료봉사에 나섰다.

남들이 선망하는 의사라는 직업, 고려대학교라는 명문사학의 학벌, 젊은 나이와 가족의 높은 기대를 뒤로 하고 가장 낮고 험한 곳으로 혼자 들어간 그의 고귀한 선택은 물질만능주의와 성과주의에 젖어있는 현대인들에게 경외와 감탄을 불러일으킨다. 그는 이러한 업적을 인정받아 2011년 외교통상부가 고 이태석 신부를 기리기 위해 제정한 '이태석 상'의 첫 수상자로 선정되기도 했다.

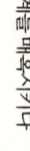

그는 받은 상금도 전부 아프리카 환자들을 위해 썼다.

그러나 필자와의 인터뷰에서 그는 자신의 이런 대가를 바라지 않는 헌신에 대해 너무나 겸손한 태도로 답했다. 이런 일들을 지속적으로 할 수 있었던 원동력이 무엇인지에 대해 물었을 때 그는 매우 대답하기 어려워했다. 그 답변도 천편일률적인 답과는 거리가 멀었다.

"저도 제가 왜 이런 일을 계속하고 있는가 생각해 봅니다. 심리학에서 배운 대로 '나는 원래 굉장히 나쁜 놈인데 잠재적으로 그것을 보상하기 위해 이러한 일을 하고 있는가' 생각해 보았습니다. 이러한 가능성이 전혀 없다고 말하기는 어렵다는 생각을 합니다. 어려서부터 그렇게 착한 아이도 아니었고 지금도 여전히 나쁜 것이 마음속에 가득한 것을 보면 제 속에서 스스로 우러나온 선한 동기에서 시작되었다고 말씀드릴 수는 없겠습니다."

당황스러울 정도로 겸허한 대답이었다. 듣는 사람을 더 부끄럽게 할 정도였다. 사실 정말로 악한 사람들도 자신의 과오를 부정하고 자신을 합리화하기 급급한 경우가 얼마나 많은가. 작은 선행도 부풀려서 자신을 포장하기 좋아하는 사람들이 가득한 세상에서 오히려 자신을 낮추는 그의 말은 더욱 빛났다.

그는 뒤이어 "또 하나는 제가 혹시 단순 무식한 저돌적인 인간형이 아닌가 생각해 봅니다. 어려서부터 목표를 정했기 때문에, 그것을 이루기 위해 주변을 살펴볼 겨를도 없이 그저 내가 세운 목표이기 때문에 이루어야 한다는 당위성으로 스스로에게 최면을 걸면서 지금까지 오지 않았나 생각해 봅니다"라고 말했다.

그렇게 스스로의 삶을 바치며 수많은 생명을 구하면서도 그는 이처럼 자기 자신을 한없이 낮은 시선으로 바라본다. 심지어 자신의 내면적 결함, 부족함에 대해 말한다. 이런 대답이 역설적으로 그를 더 순수하고 선하며, 내면이 투명하고 자아성찰적인 면모를 가진 사람으로 느껴지게 했다.

그의 겸손한 말과는 달리, 그는 어려서부터 남을 돕기를 원하는 선량한 학생이었다. 그는 학생 때부터 의료봉사에 대한 꿈이 있었으며 의사 중에도 외과 의사가 돼야 그 일을 가장 잘할 수 있을 것이라는 생각에 자연스레 일반 외과를 택했다고 했다. 그는 자신과의 약속을 지켰고, 2000년 외과 레지던트 과정을 마친 뒤 바로 투치족과 후투족의 인종청소 전쟁을 겪은 지 얼마 안되는 르완다로 의료봉사를 떠났다.

물론 그런 선택에는 인간적인 고뇌도 있었다. 연로한 노모를 한국에 두고 있으면서도 마다가스카르에 남아서 계속 일을 하고 있고, 심지어 몇 년 전 돌아가신 부친이 병환 중에 있을 때에 물론 그가 손 쓸 수 있는 영역은 아니었지만, 이곳에서 다른 사람들은 치료해 주고 있으면서도 아버지를 돌보기 위해 귀국하지 않았다는 사실 때문에 그는 마음 한 구석 깊은 죄책감을 가지고 있었다.

이재훈 씨는 '그럼에도 불구하고 이 일을 계속할 수 있는 이유는' 아마도 이미 이곳 사람들과 정이 들어버렸기 때문이라고 담담하게 말했다.

"이 '정'이라는 것은 이상해서 주변에 아끼는 사람들이 생기고 그들이 행복해 하면 나도 행복하고 또 그들과 함께 있으면 무엇을 하든지 재미있고 즐겁게 만드는 것입니다. 그리고 무엇보다도 그들 곁을 떠나고 싶지 않게 만듭니다. 그들 곁을 떠나지 않기 위해

이 일을 계속하고 있는 것, 그것이 하나의 이유입니다. 둘째는 이 곳에서 환자들을 치료하면서 이들이 질병에서 낫는 것을 보면서 금전적인 보상은 아니지만 마음속에 뭔가 희열을 느끼게 하고 보람을 느끼게 하는 무엇이 있어서 그것이 저를 이 일을 지속하도록 하는 것 같습니다. 사실 이것은 마약과 같이 강한 유혹입니다. 한국에서 의료 활동을 할 때는 나의 봉사가 금전과 연결되어 봉사의 수준만큼 보상을 받았습니다. 사실 많은 사람들이 자신이 공부한 세월이나 투자한 것에 비해 보상이 적다고 생각합니다. 그런데 의사에게 진짜 보상은 환자가 낫는 것입니다. 내가 수술한 환자가 아무런 합병증 없이 낫는 것을 보고 환자와 보호자는 모르지만 내가 치료하지 않았다면 죽었을 수도 있었을 환자가 생생하게 걸어 나가는 것을 보는 것은 돈으로 환산할 수 없는 진짜 보상입니다. 이곳에서는 돈으로 보상해 줄 수 없어서 오히려 진짜 기쁨을 얻게 하는 것 같습니다."

"의사에게 진짜 보상은 환자가 낫는 것입니다"라는 그의 말은 깊은 인상을 준다. 물질적 보상이 당연시되는 현대의 자본주의 사회에서 더없이 귀하게 들리는 말이다.

"그리고 또 하나는 처음보다 좀 더 커진 비전 혹은 꿈, 바람입니다. 그 동안 저는 우리나라 마다가스카르의 지극히 적은 지역을 다니며 의료 봉사를 해왔습니다. 앞으로 남은 생애 동안에 마다가스카르 동쪽 끝에서 서쪽 끝까지 남쪽 끝에서 북쪽 끝까지 다니며 저의 도움이 필요한 환자를 만나고 또한 저와 같은 일을 할 수 있는 말라가시 의료인들을 교육하는 일을 하고 싶다는 생각을 합니다."

그는 자신이 아직 마음은 청년과 같다며, 이렇게 새롭게 생긴 꿈을 이루어 보고 싶은 소망에 이 일을 지속하게 되는 것 같다고도 했다. 마다가스카르는 섬이지만 남한의 6배나 큰 면적을 가진 넓은 땅이다. 이렇게 넓은 곳에서 홀로 1년에 수천 건 진료를 하면서도 그는 더 많은 곳을 다니지 못하는 것이 아쉽고, 자신이 가보지 못한 곳까지 다 가서 치료를 하는 것이 '꿈'이라고 말한다. 그는 자신의 손길을 필요로 하는 곳이라면 사흘이 걸려서라도 갔다. 1년 평균 이동거리가 1만 2,000㎞나 됐다. 진료 때마다 400여명을 진찰하고, 20여 명을 수술했다. 그는 마다가스카르의 2만여 개 마을은 아직도 의사가 없는 '무의촌'이며 그의 의료팀이 갈수 있는 마을은 1년에 10곳에 지나지 않는다며 아쉬워했다. 그래서 그는 현지인 의사 100명을 길러내는 일이 앞으로 중요한 과제라고 말했다.

그는 충실한 신앙인이지만, 자신의 신앙에 있어서도 매우 겸허한 자세를 보인다.

"제 나이가 이제 40대 중반인데 그동안 넘어지고 쓰러지면서도 기독교인이라는 이름으로 살아오면서 내가 그렇게 지키려고 하는 기독교 신앙을 전파해야겠다는 생각은 감히 두려워서 하지 못합니다. 저는 너무 자주 쓰러지는 기독교인입니다. 이런 일을 하면서 바라기는 제가 죽을 때쯤이면 그래도 괜찮은 신앙인이었다고 평가받을 정도였으면 좋겠습니다. 지금은 아직 아니기 때문에 죽기도, 평가 받기도 두렵습니다."

'부시맨 닥터'라는 그의 별칭은 흥미롭게도 네덜란드 방송사에서 처음 지어준 것이라고 했다.

"지난 2007년 네덜란드 방송팀이 와서 며칠간 의료 봉사하는 모습을 촬영해간 뒤 TV에 방송됐는데 그 후 네덜란드에서 제가 '부시맨 닥터'로 알려졌다는 얘기를 들었습니다." 그 후로 그는 '부시맨 닥터'로 불리기 시작했다.

7년간 오지를 돌아다니며 1만 명도 넘는 환자를 홀로 치료한 그는 들판에서 파리떼와 모기를 피하기 위해 모기장을 치고 수술을 했다. 그의 의료진이 베이스캠프를 차려서 이용할 수 있는 온갖 교통수단을 이용해서 가능한 먼 곳까지 환자를 찾아가기도 하고, 베이스캠프로 사람들이 찾아오기도 했다. 심지어 베이스캠프까지 100km를 걸어서 오는 환자도 있었다.

문명에 노출되지 않은 사람들이 대부분이라 생기는 해프닝도 많았다.

"처음에 헬리콥터를 타고 갔을 때 그 동네 아이들이 무서워하며 다 도망가더라구요. 그런네 도망치다기 갑자기 풀을 베어서 가져오길래 '왜 풀을 가져오니?' 하고 물어보았더니 큰 새한테 먹이겠다고 하더라고요. 헬리콥터가 이상하게 생긴 새인 줄 아는 거죠."

의사라고는 없고, 심지어 의사를 본 적조차 없는 사람들이 수두룩한 오지에서 그는 모든 분야의 진료를 혼자 해결해야 했다. 심지어는 수백 건의 치과치료까지 했을 정도였다.

"외국인이 현지어로 인사를 하고 말을 하니까 사람들이 좋아해요. 불어를 쓰지 않고 자기네 말을 써주는 걸 고마워하고요."

현지인들의 마음에 다가가려고 열심히 언어를 배운 그의 진심은 그들에게도 전해졌다. 차츰 원주민들은 그에게 마음을 열어갔다. 이제는 원주민들이 그를 '아들'이라고 부를 정도로 친근하게

대한다. ▶사진 7-21, 7-22 (p. 362 다음 페이지)

베풂이 아니라 '서로 나눔'으로, 다른 문화를 끌어안다

그의 인터뷰에서 가장 인상 적인 부분 중 하나는 그들의 문화를 이해하고 받아들이려는 노력 이다. 사실 봉사에 관해 대부분 '시혜'의 관점으로 보기 때문에 타 자의 문화를 인정하는 문제는 간과하기 쉬울 수 있다. 베푼다기 보다는 '서로 나눔'이 되어야 하고 일방적인 시혜가 아니라 같은 사람으로서 그들을 알고, 인정하고, 상처를 보듬어 안는 것이 되 어야 한다는 진리를 그는 깊이 이해하고 있었다. 나눔과 배려, 문 화교류에 대한 화두는 의료봉사에 있어서도 아주 중요한 것이다. 이에 그는 성경에 있는 한 일화를 예로 들어 설명했다.

"성경에 보면 예수와 제자들이 길을 가다가 날 때부터 소경으 로 태어난 환자를 만나는 장면이 있습니다. 그런데 의사인 입장 에서 보면 정말 특이한 질문을 제자들이 예수님께 하는 것을 봅니 다. 제자들은 예수님께 '이 사람이 소경으로 태어난 것이 이 사 람의 죄 때문입니까? 이 사람의 부모의 죄 때문입니까?'라는 질 문을 합니다. 현대 의학을 배운 저는 이 사람이 날 때부터 소경이 된 것은 시신경의 약화를 가져오는 그런 질환을 가졌는지, 눈에 종양이 있었는지, 아니면 임질 같은 성병이 있었는데 치료를 안 했는지 … 그런 종류의 생각을 먼저 했습니다. 하지만 예수의 제 자들은 왜 그것을 죄와 결부시켰을까요? 선천적으로 어떤 질병을

코리아 브랜드, 세계를 매혹시키다

7-13 필리핀 톤도 쓰레기마을 전경

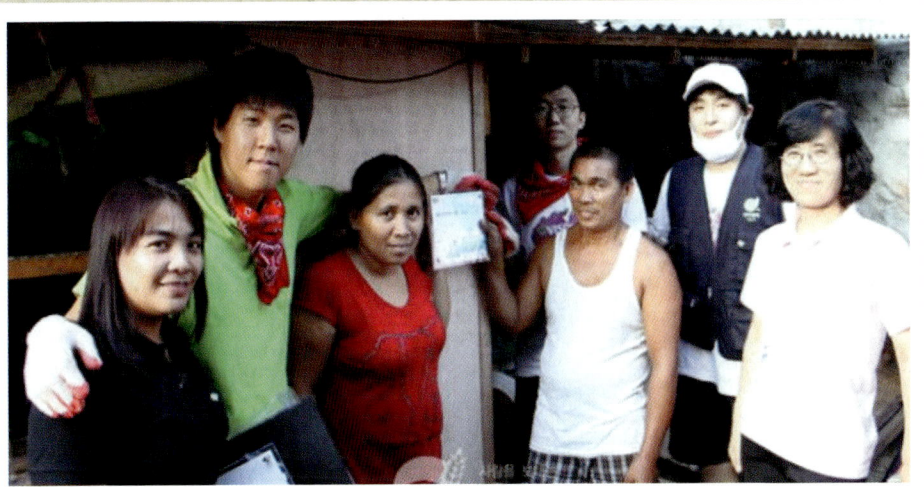
7-14 김숙향 씨(맨 오른쪽)와 마을 사람들, 관계자들

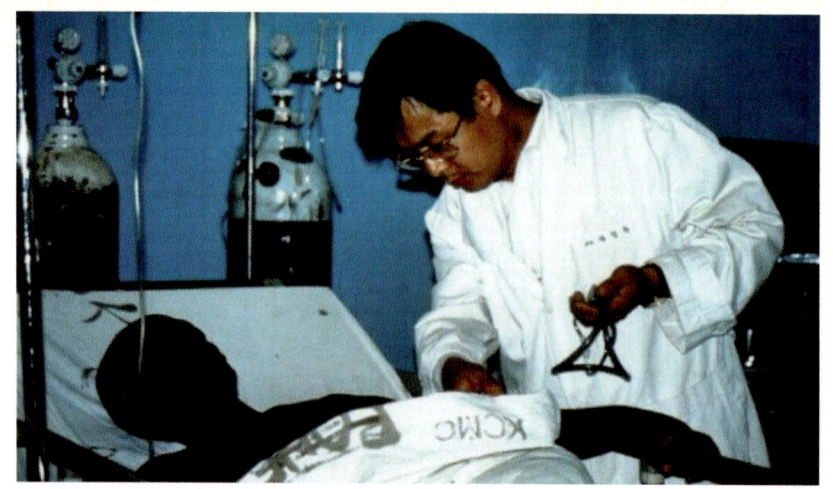

7-15 KCMC 중환자실에서 환자를 돌보는 박형동 씨의 모습

7-16 박형동 선교사와 사랑의 정형외과 음악회에 참석한 탄자니
아팀이 한국어로 찬양을 부르는 장면

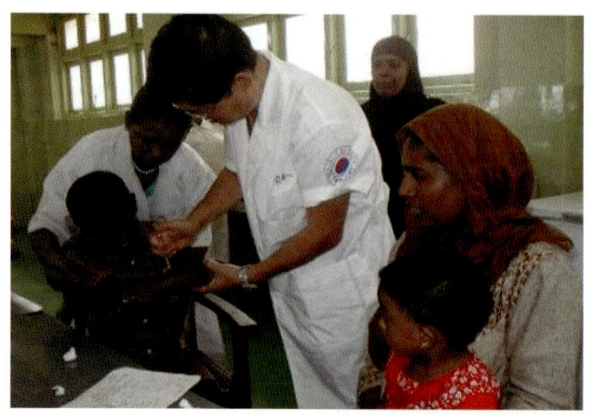

7-17 한의사 한규언의 진료 장면

7-18 한의학연수를 위해 한국을 방문한 스리랑카인들

7-20 거리찬양 중인 신성학 씨

7-19 자신의 저서를 들고 있는 신성학 씨

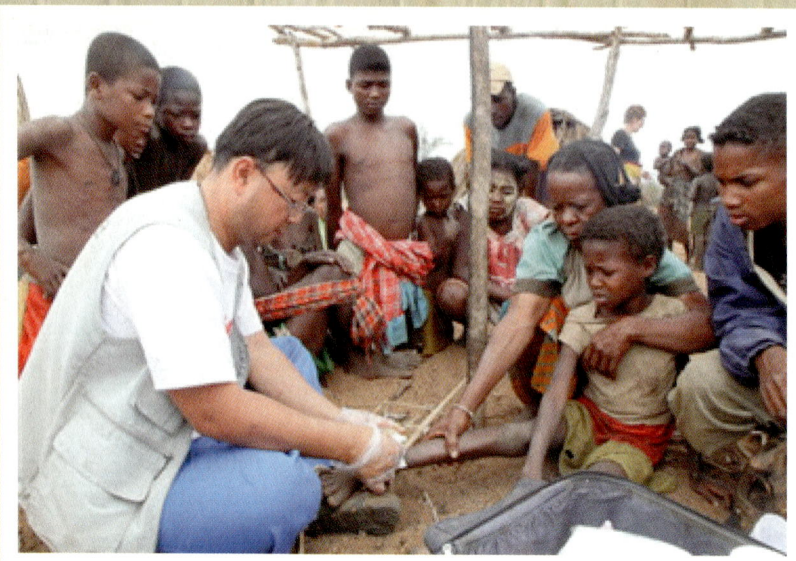

7-21 진료 중인 이재훈 씨

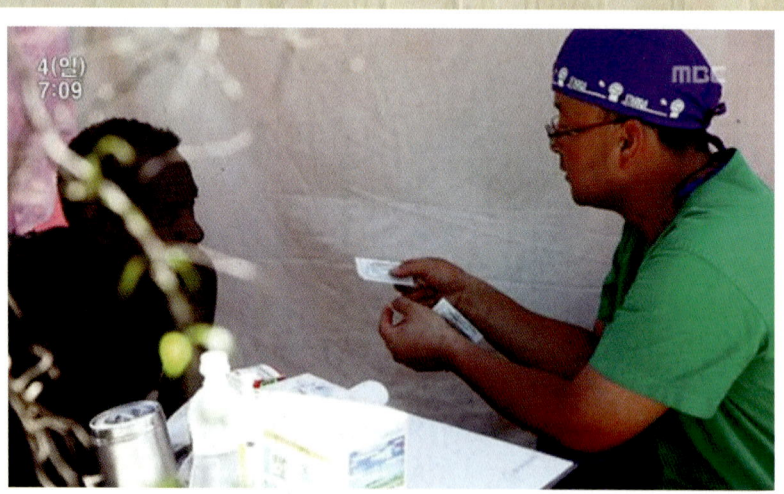

7-22 이재훈과 원주민

가졌다는 것은 '죄 때문이다'라고 생각하는 세계관 속에 살고 있었기 때문에 그 현상을 그렇게 밖에 해석할 수 없었던 것입니다. 그런데 이 때 예수님이 '누구의 죄 때문이 아니라 아버지의 영광을 위하여다'라고 또한 알 수 없는 대답을 하십니다. 예수님은 모든 일을 아버지 하나님의 영광을 위해 해야 한다는 세계관을 가지고 있었던 것입니다."

그는 잠시 숨을 고르고 이번에는 마다가스카르 사람들의 예를 성경의 일화와 연결하여 들려주었다.

"이와 같이 마다가스카르의 말라가시들은 어떤 사람이 병에 걸리면 그 사람은 조상들이 만든 타부를 어겼다거나 악한 영의 노여움이나 저주를 받았기 때문에 그런 병이 생겼다고 생각하는 세계관을 가지고 있습니다. 그러니까 이들은 병에 걸리면 의사를 찾아서 병을 고치는 것이 아니라 무당을 찾아가서 저주를 풀어야 하는 것입니다. 그리고 그렇게 태어나면서부터 죽을 때까지 살아오고 있었습니다. 이들 중에 상당히 많은 사람들은 저와 같은 의사를 평생 처음 보는 사람들이었습니다. 그래서 처음에 이들이 의사라는 개념을 알기 전에는 저를 병을 고쳐주는 외국에서 온 무당이라고 생각했습니다."

처음에 '미케아'라는 숲 이름을 딴 미케아 부족들 사이에 그는 무당으로 불렸다. 부족 사람들은 그동안 병이란 조상신이 금지한 것을 어겼거나 악한 영의 저주를 받아 생긴다고 믿고 무당을 찾아갔다. 그런데 무당도 고칠 수 없는 병이 나왔다. 특히 병 중에서도 탈장, 언청이, 맹장염 등 외과수술을 필요로 하는 병은 결코 무당의 힘으로 고칠 도리가 없는 것이었다. 그는 외과 전문의로서 전공을 살려 숲 속 나무 아래에서, 들판 위에서 수술을 했다.

수술 후 환자가 치료되는 것을 보고 어떤 이들은 크게 두려움을 느꼈다고 했다. 외국에서 온 무당이 믿는 신이 병을 고쳤는데 자신들이 그 신을 섬기지 않아서 저주받으면 어떻게 하느냐는 걱정 때문이었단다.

눈에 종양이 생겨 눈알이 콧구멍까지 내려온 중년 여성, 혀의 종양이 자라 혀가 입 밖으로 15㎝나 나온 여섯 살 아이 등 많은 원주민들이 모두 그의 손을 거쳐 회복됐다.

"저희가 만난 환자 중에 음낭 수종이라는 고환에 물이 차는 병에 걸린 환자가 있었습니다. 물론 많은 원인이 있겠지만 그 사람이 사는 마을은 필라리아시스라는 기생충이 만연하는 그런 마을이었습니다. 그래서 저는 이 병이 필라리아시스로 인해 생길 수 있다는 것을 생각하고 필라리아시스가 모기에 의해 전염되므로 모기에 물리지 않도록 주의하라고 설명하여 주었습니다. 저는 나름대로 환자 병도 고쳐주고 또 질병을 예방할 수 있도록 교육해주는 '참 좋은 의사다'라고 자부하고 있었는데 환자와 그 주변에 있는 사람들이 키득키득 웃으며 제 말에 어이 없어하는 것이었습니다. 제가 왜 웃느냐고 물으니 자기 병은 자기 두 번째 부인이 자기에게 화가 나서 저주를 해서 생긴 것인데 그깟 모기란 놈이 용사인 자기를 이렇게 할 수는 없다는 것이었습니다. 이런 분들에게 모기에 물리지 말도록 교육하려면 상당한 시간과 노력이 필요합니다. 많은 NGO 단체들이 마다가스카르에서 말라리아 퇴치 사업을 하면서 모기장을 나누어 주었습니다. 그런데 그 작은 모기가 어떻게 용사인 나를 죽게 할 수 있느냐 생각하는 많은 마을들에서는 사람들이 모기장을 사용하지 않고 고기를 잡는 족대 같은 것을 만들어 사용하였습니다. 모기장을 잘 사용하는 마을은 그래도 보건지소 같은 것이 있고 이곳에 근무하는 의료인들이 어린아이들과 젊은이들 여인들에게 수년에 걸쳐 말라리아 교육을 시키고 약을 주고 모기장을 나누어 주고 하면서 겨우 정착한 결과로 모기장 사용이 활성화된 것입니다."

이처럼 우리에게 너무 당연하게 여겨지는 작은 상식도 문화가 다른 곳에서는 전혀 다른 논리로 이해되고, 그것을 전파하는 데만도 오랜 노력과 시간이 필요하다. 의료 봉사 역시 서로 다른 문화가 만나는 접경에 있으므로, 문화적 차이를 고려하여 접근되어야 한다.

"언청이 환자를 여러 명 치료했는데 특히 기억에 남는 두 사람이 있습니다. 한명은 27세 여인이었고,(사실 이곳에서 27세 여인은 아주 노처녀입니다.) 다른 한명은 60세가 넘은 할아버지였지요. 이 둘의 공통점은 둘 다 결혼을 못했다는 것입니다. 날 때부터 언청이였던 이 사람들은 이들의 세계관 속에서는 부모나 본인의 죄 때문에 이렇게 된 것으로 여겨지고, 타부를 어긴 부정한 사람들로 보기 때문에 이 부정함이 전파될까봐 아무도 이들과 결혼을 해주지 않은 것이지요. 그런데 수술을 받은 후에 둘 다 결혼했고 젊은 여인은 아이를 낳게 되었습니다. 이 여인의 동무들은 보통 13~14세부터 아이를 갖기 시작하여 7~10명씩 아이를 가진 사람도 있습니다. 30대 초반에 할머니가 되는 경우도 많습니다. 이들은 결혼하지 않은 여인이 아이를 낳는 것이 전혀 부끄러운 일이 아니며 오히려 자랑스러운 조건입니다. 이런 사람이 생산능력을 증명하였기에 시집도 잘 갑니다. 이런 세계관 속에서 이 언청이 여인은 얼마나 부끄럽고 힘겨웠겠습니까? 우리의 치료는 이 환자의 질병만 치료해 준 것이 아니라 사회적 질병, 정신적 질병까지도 치료해 주는 역사가 된 것입니다."

그는 문화적인 이야기를 하려면 끝이 없을 것 같다고 했다.

"베루루하라는 지역은 '배가 크다'라는 뜻을 가진 동네입니다. 우리 생각에는 배가 크다는 것은 잘 먹고 잘 사는 것이라고 생각하는데, 사실은 달랐습니다. 제가 이 지역에 가서 발견한 것은 지역주민들이 빌하지아시스라는 기생충에 걸려서 복수가 차서 배가 큰 사람들이 많다는 것을 알게 되었습니다. 그래서 이 지역은 빌하지아시스 창궐지역이라고 생각하게 되었습니다."

빌하지아시스 감염은 사람의 대변이나 소변에 있는 기생충이 고여있는 물이나 흐르는 물이라도 은어와 같은 각종 물고기 혹은 달팽이 등에서 번식하여 다시 물로 나와 그 물을 마시는 사람들에게 감염을 시키거나 그 물에서 일하거나 노는 사람들의 피부를 뚫고 들어가 감염을 시키기도 하는 무서운 질병이다.

"이 감염 루트를 끊으려면 대소변을 가릴 수 있도록 화장실을 만들어 분비물을 잘 처리해야 합니다. 그래서 저희가 화장실을 만들어야 한다고 가르치고 화장실을 만들어 사용하는 시범도 보여주었습니다. 그랬더니 마을 어른들이 모여서 우리를 비난하고 비웃었습니다. 우리는 더러운 것을 한 곳에 모아놓는 야만인들이라는 것입니다. 문화와 세계관의 차이입니다. 이들은 더러운 것은 땅에 흩어 버리거나 흐르는 물에 흘려보내야 합니다. 이렇게 생각하는 사람들이 3년이 지나자 이제는 차츰 화장실을 만들어

달라고 부탁을 하기도 합니다."

무당은 부적 같은 약을 주지만 그의 의료진은 항생제나 진통해열제 같은 약을 주었다. 그런데 그가 무당이 도저히 낫게 할 수 없었던, 외과적 수술을 요하는 병을 치료해 주자 부족민들은 '저들이 모시고 있는 어떤 영적 존재가 우리들의 신보다 세다'라고 생각하게 되었다.

"이제는 무당들이나 주민들이 '외국인 무당이 주는 약을 받자' 하면서 우리를 찾아옵니다. 자기네 무당이 주는 약보다 우리가 주는 약이 더 영험하다고 생각하는 것이지요. 그런데 그런 사람들 중에 간혹 우리가 주는 약을 먹어야 하는데 먹지 않고 무당이 만들어준 부적처럼 목이나 허리 가슴 등에 두르고 있는 사람도 보았습니다. 이러한 측면에서 문화연구가 아주 중요합니다."

이씨의 말에 따르면 꼭 수술이 필요한 응급환자들이라도 무당이 수술을 받지 말라고 하면 수술 받기를 포기하는 사람들이 종종 있다고 했다. 생명을 잃을지라도 무당의 말을 거역하지 못하는 문화의 세계관 속에서 살고 있기 때문이다.

그는 단순히 '봉사'가 아니라 그들의 문화를 존중하고 그들을 이해하려고 노력하고 있었다. 이곳 사람들과 정이 들어서 떠나지 못한다고 말했듯 그는 한없이 낮은 자세로 그들의 친구가 되어주려 하고 있었다.

문화적 차이를 바로 이해하는 일, 그리고 그들의 낯선 문화를 존중하며 수용하는 일은 쉽지 않은 일이다. 그러나 이러한 문화적 간격을 좁히는 큰 사랑의 힘으로 그는 마다가스카르의 원주민들의 벗이 되었다.

동해물과 백두산이 마르
고 닳도록 … 우리나라의 국가인 애국가. 모든 이의 마음속에 우
리나라를 상징하는 노래로 깃들어 있고, 국제대회에서 우리나라
선수들이 소중한 메달을 딸 때마다 시상식장에서 울려 퍼져 감동
을 주며, 해외에서 끝없는 향수를 불러일으키는 노래다.

하지만 우리나라의 자라나는 꿈나무들은 가사를 끝까지 알지
못했다. 선행학습이 '기본'인 아이들, 제 학년보다 높은 수준의 수
학문제도 풀고, 영어 단어도 줄줄 외는 요즘 아이들이지만 애국
가를 불러본 적은 별로 없기 때문이다.

2012년 3·1절을 맞아 조선일보에 실린 한 기사가 사람들의
눈길을 끌었다. 서울의 태권도장 5곳(용산구·서대문구·송파구
·강북구·서초구)을 무작위로 고른 뒤 남녀 초등학생 100명을
대상으로 애국가를 불러보게 하고 가사를 적게 했는데, 그 결과
가 충격적이었다. 4절까지 적어낸 학생은 단 한 명도 없었고, 1절
이상을 적어낸 학생은 100명 중 36명에 불과했다. 그나마 맞춤법
이 조금 틀려도 정답으로 인정한 결과였다.

나머지 64명은 1절도 제대로 알지 못했고 그 중 18명은 백지
상태로 답안을 제출했다. 저학년뿐 아니라 고학년 중에서도 1절
조차 모르는 아이들이 많았다.

애국가의 작곡가가 누구인지도 대부분 몰랐다. '안익태'라고 정답을 맞힌 학생은 100명 중 7명이었다. 93명의 학생이 백지 혹은 오답을 적어냈다. 절반 이상이 백지 답안을 냈고, 일부 학생은 '대통령' '이율곡' '세종대왕' '신사임당'이라고 적어냈으며, 한 3학년 학생은 '베토벤'이라고 썼다.[37]

초등학교에선 1학년 학생들에게 애국가를 가르치고 있지만 사실상 아이들이 애국가를 부를 기회가 거의 없다. 그 누구도 애국가 교육을 철저히 시키려는 의지가 없고 애국가를 알아야 한다는 필요성조차 희박하기 때문에 벌어진 현상이다. 뿌리교육의 부재가 낳은 충격적인 일이 아닐 수 없다.

위 기사에서 홍후조 고려대 교육학과 교수는 "공교육의 가장 중요한 목적 중 하나는 공동체 의식을 높이고 국가와 사회에 대한 정체성을 확립하는 것인데도 미래 주역들이 애국가조차 모른다는 건 너무나 충격적인 일"이라며 "이는 우리 스스로 미래에 대해 아예 손을 놓고 있는 것과 마찬가지"라고 했다.

이 기사는 3·1절이란 국경일과 맞물려 신문 1면에 나간 후 하루만에 SNS를 통해 400건 이상 공유되는 등 사람들의 큰 반응을 불러일으켰다. 공휴일임에도 조선닷컴에서 20만 건이 넘는 조회수를 기록했고, 네이버 등 포털사이트에도 '주요 기사'로 옮겨져 200개가 넘는 댓글이 달렸다. 각종 포털사이트에서는 이날 오후 '애국가', '애국가 가사', '애국가 작곡가' 등이 잇달아 인기검색어 순위 상위권을 차지했다. 트위터에도 이날 오후 우려와 반성의 글이 1분당 1개꼴로 올라왔다.

댓글 중 'rev1****' 아이디를 쓰는 한 네티즌은 "애국가를 모르는 것보다 더 심각한 문제는 모르는 것을 하나도 이상하게 생각하지 않는 것과 그것을 가르쳐주려고 하는 사람이 없다는 것"이라고 했다.

자라나는 아이들에게 정체성 확립은 매우 중요한 문제이며, 국가 정체성을 바르게 확립하는 것은 나라의 미래가 달린 일이라고 해도 과언이 아니다.

이 책은 우리나라를 알리는 일을 위해 삶의 소중한 시간들과, 열정과 헌신을 바쳐 우리나라의 국가브랜드 향상에 힘을 쏟은 사람들에 대한 이야기를 다뤘다. 수많은 사람들을 직접 만나고 이야기를 듣고 그들이 걸어온 발자취를 더듬었다.

하지만 우리나라를 잘 알리기 위해서는 먼저 '잘 아는' 것이 더 중요할지 모른다. 그리고 '왜 잘 아는 것이 중요한가?'를 인식해야 한다.

이 책에 나오는 사람들을 통해 우리는 우리나라를 바르게 알리는 일이 얼마나 시급하고 중요한지 깨달을 수 있다. 이 책에 등장하는 많은 이들이 우리나라와 세계를 잇는 커넥터가 되기 위해 애쓰고 있는 모습을 보여주었다. 그리고 한 가지 더 남은 이야기가 있다면, 바로 우리 스스로가 국가정체성을 바로 세우기 위해 쏟아야 하는 노력이다.

'네이버지식사전'에 등재된 '국가정체성'의 사전적 의미를 보면 '한 개인이 국가 구성원으로서 국가를 사랑하고 믿고 일체감을 느끼는 상태'를 의미한다고 되어있다. 한 국가의 모든 국민들을 결속시키는 유대감이기도 하다. 한 개인의 '자아정체성'이 '내가 누구인가를 일관되게 인식하는 것'이듯 국가정체성 역시 내가 속해 있는 국가를 알고 바르게 인식하는 것이 중요하다. 사람들의 국가정체성이 안정적으로 확립된다면, 여러 가지 면에서 긍정적인 변화를 가져 올 수 있고 우리나라를 알리는 일 역시 더 활성화될 수 있다.

자아정체성이 잘 확립된 사람들은 고난을 접해도 꿋꿋이 버틸 수 있듯이, 중국의 동북공정이나 일본과의 독도, 일제시대 관련 갈등, 해외의 한국에 대한 잘못된 지식과 역사의 오류 등 수없는 어려움에도 흔들리지 않을 수 있는 힘은 안정된 국가정체성에서 나온다고 해도 지나친 말이 아닐 것이다. 이 '뿌리 깊은 나무'와 같은 국가정체성의 확립은 이 책에 등장한 사람들의 공통점 중 하나이기도 하다.

사람은 관계를 통해 살아가도록 만들어졌기에 나의 정체성이 무엇이고 내가 서 있어야 할 위치를 정확하게 안다면 흔들림 없이 정체성을 지킬 수 있다. 그 이후에 올바르게 나를 알리고, 사회적 관계를 잘 맺는 일도 가능해진다. 국가도 마찬가지일 것이다. 국가도 관계를 맺고 서로 공존해야 하는 지구촌 시대에 국가 정체성을 알고 지키는 일, 국가를 바르게 알리는 일은 바람직한 국제 관계를 위해서 중요한 일이 된다.

길은 처음부터 길이 아니라는 말이 있다. 수많은 사람들이 다니면 길이 되는 것이다. 그렇지만 길이 없던 곳에 길이 나기 위해서는 일단 첫 걸음을 내딛는 누군가가 필요하다. 이 책에는 이처럼 '첫걸음을 내딛기 위해' 선구자적 역할을 한 사람도 있고 남들이 가지 않는 곳에 가거나 남들의 무관심을 딛고 일어난 사람들의 이야기가 많다.

그러나 특이했던 점은 그들이 그것을 희생이나 헌신과 결부시키지 않았을 뿐만 아니라 자신들이 한 일을 놀랍고 대단한 일로 여기는 것을 불편하게 생각할 만큼 겸손했다는 사실이다. 더욱 인상적이었던 것은 자신들이 그 일을 한 원동력이 어떤 사명감이나 소명의식, 거창한 대의명분이라고 말하지 않았다는 점이다. 그들은 그저 '즐거워서, 재미있어서, 기쁨이 있어서'라고 대답했다.

이전 시대에는 주로 어떤 강력한 사회적 요구나 대의가 그 이유가 되는 경우가 대부분이었던 것에 비추어볼 때 '즐거움'이나 '재미' 혹은 '기쁨'이라고 대답한 것은 놀라움으로 다가온다. 활동을 시작한 계기 역시 국가나 기업의 주도나 지원 등과는 무관하게, 실리나 금전적 보상을 바라지 않음으로 상식이나 경제논리에도 위배되는 방식으로, 자신의 자유의지와 순수한 내적 동기로 시작된 경우가 많았다.

그렇기에 잘 다니던 선망 받는 직장을 그만두고, 학벌과 사회적 지위와 안정된 생활을 버리고, 맨손 맨발로 심지어는 자신의 재산을 모두 털어 활동을 시작해서 수많은 어려움을 이겨내고도 그들은 그저 웃으며 '즐거워서, 재미있기 때문에 했다'라고 대답할 수 있다. 성공해도 개인적 이익이 없는 일이지만 '기쁨이 있기 때문에' 그들은 외로운 길을 걸어왔고, 이제 그들 곁에 점점 더 많은 이들이 함께 하고 있다.

물론 이전 시대에도 늘 자발적 활동가는 있어 왔고, 그 자체로는 어떤 새로운 현상은 아니다. 그러나 이 시대의 혁신적인 변모라고 할 만한 것은 이런 자발적 활동가의 수가 급증하고 그들의 활동이 속도가 빨라지고 다양해졌다는 것이다.

이 책은 온라인 네트워킹이 비약적으로 발전한 정보화 시대,

살아있는 생물처럼 지속적으로 변화 생장하는 시대, 거시담론이 몰락하고 미시담론이 우세하며 개인과 일상성이 중요한 화두가 되고, 개인이 자기 행동의 주체가 되려 하는 소위 'SNS 시대' '1인 미디어 시대'가 도래한 것 등 사회적 패러다임의 변화에서 그 이유를 찾아보기도 했다. 이유가 무엇이든 이는 다행스럽고 긍정적인 변화이고, 많은 것을 가능하게 하는 힘이 내재되어 있다.

그들의 활동은 국가의 개입과 지원에서 자유롭기에 주체가 '개인'이 되며, 국민이란 이름으로 단일화, 획일화되었던 이전 시대의 '강요된 애국'과는 달리 민족 구성원의 개별성이 망각되지 않는다. 개인적인 동력에 의해서 능동적으로 이루어지기 때문이다. 그렇기에 그들은 자기 안에서 힘을 끌어내어 더 단단하고, 더 열정적이고 무엇보다 더 즐겁다.

그들은 우리나라와 국민들이 국가브랜드 향상을 위해 해야 할 일, 갖추어야 할 일에 대해서도 살아있는 조언을 들려주었다.

현 시대의 국가 홍보는 이전과는 다른 방식으로 진행되어야 할 것이다. 끊임없는 변화에도 신속히 대응해야 하며, 새로운 방식을 꾸준히 모색해야 하고 글로벌 마인드를 갖추고 세계인과 눈높이를 맞추도록 노력해야 하며 무엇보다 '이미지 메이킹'의 중요성을 깨달아야 한다. 국가의 소프트파워를 증진시키기 위해 문화산업 발전과 고유한 우리 문화의 홍보도 중요하고, 우리나라에 대한 오류를 수정하고 바르게 알리는 일도 물론 중요하지만 국가도 하나의 브랜드라는 인식을 갖추고 끝없이 이미지를 만들어나가고 스토리텔링하려는 노력이 필요하다.

이 책에 등장하는 사람들이 가장 어려웠던 점으로 공통적으로

코리아브랜드, 세계를 매혹시키다

언급한 것이 하나 더 있다. 바로 사람들의 무관심이다. 사실 다른 어떤 것보다 중요한 것은 이 무관심을 깨는 일이다.

'꿈과 감성의 시대, 문화와 이야기의 시대'라는 '드림소사이어티'가 도래한 세계의 흐름 속에서 각국은 지금 '국가브랜드 전쟁 중'이라는 말이 무색하지 않을 정도로 좋은 이미지, 다양한 컨텐츠를 갖추기 위해 노력하고 세계인에게 많이 노출시켜 국가 인지도를 높이는 일에 총력을 기울이고 있다. 지금 이 시점에도 보이지 않는 전쟁이 세계적으로 벌어지고 있는 지금, 다른 무엇보다 관심과 협조가 절실한 것이다. 그런데 무관심은, 자발적인 활동가들의 활로를 닫아버리는 가장 큰 난관이다.

애국가 가사를 알지 못하고, 한복 입는 것을 창피하게 생각하고, 한글을 촌스럽게 생각하는 작은 생각들이 모여 자발적 활동가들을 좌절시키는 큰 무관심이 된다.

2012년 3월, 제주도 가마오름평화박물관이 매각될 위기에 처했다는 소식이 들려왔다. 이 평화박물관은 일제 강점기, 일본군 진지가 있었던 곳이며 일본군이 저지른 참상을 보여 주며 역사적 교훈을 일깨워 주고 있는 곳이다. 하지만 사람들의 관심 밖에 밀려나 수학여행 오는 학교에 의존하는 실정으로 전락했다가 그나마 몇 년 간 신종 플루와 구제역 등의 유행으로 수학여행을 오는 학교가 급감하자 운영비가 부족해 매각될 상황에 이르렀고, 일본의 보수정당인 공명당과 기독교 관련 단체가 매입을 추진하여 역사적 과오를 덮고자 한다는 이야기까지 들렸다.

이 소식을 듣고 전국 각지에서 900명의 개인 후원자들이 후원금을 보내왔고 인터넷 다음 아고라 등에서 모금운동이 진행되는

등, 여러 사람들의 도움의 손길로 다행스럽게도 일본으로의 매각
은 일단 중지되었다. 그러나 이러한 사태를 초래한 사람들의 무
관심에 대해 진지하게 되짚어볼 필요가 있다.

"우리의 역사와 문화는 우리 스스로가 지켜나가야 합니다. 지
구 반대편에서 일어난 일도 실시간으로 알 수 있는 글로벌 시대에
진정한 글로벌 리더가 되기 위해서 우리의 문화, 우리의 역사를
알아야 합니다." 이 사태와 관련, 서경덕 교수가 한 말[38]이다. 그
는 독도 문제도 마찬가지라며, 일본 망언과 같은 어떤 사태가 벌
어질 때만 분노하고 대응할 것이 아니라 꾸준한 관심이 필요하다
고 다시 강조했다.

개인의 마음속에서 일어나는 의미 부여가 씨앗이 되고, 주변의
관심과 협조가 물과 양분이 되며 그런 씨앗들이 많이 자라 뿌리가
얽혀 서로 단단히 붙잡으면 어떤 바람에도 흔들리지 않는 힘이 될
것이다. 튼튼한 뿌리를 가진 나무들이 많은 산은 홍수가 나도, 산
사태가 나도 안전하다.

앞서 반크의 박기태 단장은 '겨자씨'를 들어 자주 인용하곤 했
다. 가장 작은 씨앗인 겨자씨가 자라면 숲에서 가장 키 큰 나무도
될 수 있다는 그의 말처럼 지도상에 손톱보다 작게 표기되어 있는
나라지만 큰 가능성을 가지고 있다는, 그런 믿음과 애정을 가지
고 오늘도 자발적 활동가들은 세계와 한국을 잇는 징검다리를 놓
고 있다. 더 많은 사람들이 시내를 건너가도록 서로 나서서 힘을
모아 징검다리를 놓던, 옛 사람들 같은 마음으로.

주

1) '개인 인과(Personal causation 1968)'라는 개념을 강조한 미국의 사회심리학자

2) 1973년 민간외교단체 허가사무 처리규칙을 외교통상부 상부 소관 비영리법인의 설립, 감독에 관한 규칙으로 바꾸면서 민간외교단체 보조금 교부 규정을 비영리법인 보조금 교부 규정으로 바꾸지 않음으로써 지급 규정이 있었지만 사무처리 규칙이 폐지돼 예산편성에서 보조금이 빠져있었다.

3) 『주간조선』, 〈한식, 우리 문화 고스란히 녹아 있어 … 세계화가 가장 중요한 한류〉, 2012. 4월 4째 주 기사 참조.

4) 1980년대 초 스위스 네슬레의 연구실에서는 양배추 소금절임 식품인 사우어크라우트의 맛을 개선하기 위한 연구를 하던 중, 양배추를 1.0 중량% 내지 4.5중량%염의 존재 하에서 발효시킬 때 닭고기의 가수분해 단백질을 첨가하면 발효된 야채에서 치킨풍미가 나는 것을 발견했다. 이는 한국의 배추김치 제조시 젓갈류를 넣어 풍미를 좋게 하는 기술과 매우 유사한 것이다.

5) 박기태, 『청년 반크, 세계를 품다』(랜덤하우스 코리아, 2011), pp. 318.

6) 위키백과 (온라인 대백과사전 위키디피아 한글판 http://Ko.wikipedia.org)에서 인용. 이후 이 단어에 대한 설명은 따로 주석 없이 이 백과사전에서 인용한 것으로 밝힘)

7) 장윤희, 『나를 차별화시키는 이미지의 힘』(원앤원북스, 2009), p. 31.

8) "한류 관광객 맞기에는 한국의 한옥 호텔들 디테일 약해", 오윤희, 『조선일보』 2012. 5. 10 기사 참조 및 인용.

9) 따뜻한 남쪽지방은 남쪽으로 집을 일자로 지어 겨울에는 햇볕이 잘 들게 하고, 무더운 여름날을 견디기 위해 바람이 잘 통하는 구조로 만들어졌다. 추운지방은 바람이 잘 통하지 않는 ㅁ자형 집이고 부엌바닥은 흙이지만 정주간에는 온돌을 깔아 놓았다.

10) 새로 포함되는 한국 관련 내용에는 고대사 부분에서 '한국의 도공이

일본으로 건너가 일본 문화 형성에 크게 기여했다', '동아시아 사상과 문물을 한국이 일본에 전수, 영향을 미쳤다'는 내용이 담겨있다. 또 한국 현대사 부분에서 한국이 1980~1990년대 눈부신 경제성장을 이룬 국가이며 세계 첨단 정보기술(IT) 산업국가로 급성장한 내용, 한국이 민주주의를 정치적으로 발전시킨 대표국가라는 점 등이 추가되어 포함된다. 관련 내용은 이미 2011년 6월22일 찬성 7표, 반대 3표로 캘리포니아주 하원교육위원회를 통과했지만, 새 교과서 검정을 맡을 인물 9명을 선정한다는 등의 세부 내용이 추가되면서 위원회로부터 재검토 명령을 받았었다.

11) "위기에 빠진 찌아찌아 한글교육", 이슬기, 『한겨레 21』, 2011. 11. 28 제887호 기사 참조 및 인용.

12) "中, 해외 공자학원 통해 문화외교", 안주훈 특파원, 『연합뉴스』, 2009. 12. 9일자 보도 인용

13) 언어를 배우기 위한 교환학생 프로그램

14) 이하 관련 내용 "백일장 유학생들, 한국통으로 맹활약할 겁니다 – 제1회 대한민국 스승상 받은 이명학 성균관대 교수", 『중앙선데이』, 전영선, 2012. 5. 13일자 보도 인용

15) "한글 통해 창의적인 학생 만들겠다", 미주 중앙일보(http://www.koreadaily.com), 이주사랑 기자, 2011. 8. 19일자

16) 한국어 해외 보급 현황에 대한 정보는 다음 기사를 참조 및 인용. "'한류'타고 세계 곳곳 한글 배우기 열풍 – 1,2", 이경욱·권훈·김홍태·임상수·이충원·류성무 특파원, 『연합뉴스』, 2011. 10. 07일자

17) '한국어와 태권도의 궁합', 박갑수(서울대 명예교수), 『한국문화교류소식 1호』, 2011. 9. 5.

18) 2008. 8. 22. "국어사랑 큰잔치" 김중순 교수의 분임토의 발제문, 「문화창조의 동력 한국어」중에서

19) 관련 내용 아래 책에서 참조 인용. 『소프트파워』, 조지프 S 나이, 세종연구원.

20) 조지프 나이의 이론에 따르면, 한 나라의 소프트파워는 주로 세 가지 형태의 자원에서 좌우된다. 바로 그 나라의 문화와 정치적 가치관, 그

리고 대외정책이다.

21) 언급한 저서는 다음의 책이다. 그레그 이스터브룩, 박정숙 옮김, 『진보의 역설』(에코리브르, 2007).

22) " '한류의 힘' 국외 문화수입 매년 눈덩이 증가", 안재성 기자, 『세계일보』, 2012. 2. 6 기사 참조

23) "Korean celebrities criticized for racism", 『The Korea Times』, Jane Han, 2012. 3. 9일자 기사 참조

24) '다케시마의 날'이 체결된 것에 대응하여, 2005년 6월 9일에 경상북도 의회는 '독도의 달' 조례안을 가결하였는데, 이 법안은 매년 10월을 독도의 달로 정하는 것을 포함한다. 이후 2010년 민간단체인 한국교총에서 '10월 25일'을 '독도의 날'로 선포하였다.

25) 이 영상에 따르면 8~16세기 일본 공식지도인 '교키도'와 포르투갈의 서양 지도기법을 적용한 17세기 지도 '포르트'에는 독도를 찾아볼 수 없다. 또한 1612년 에도막부가 제작한 일본 최초의 공식지도인 '케이초일본도', 1655년 '쇼호일본지도', 1702년 '겐로쿠일본지도', 1717년 '교호일본지도', 1821년 '대일본연해여지전도', 1877년 '대일본전도' 등에도 독도는 포함되지 않았다. 특히 1984년 일본이 만든 '신찬 조선국전도'에는 한반도와 녹노가 깊은 색으로 표시돼 일본 정부가 독도를 한국영토로 인정하고 있다는 사실을 보여주고 있다.

26) 김재홍 교수는 사재를 털어 우리나라에서 처음으로 '현대시박물관'을 혜화동에 개관하면서 만해 한용운을 기리는 행사를 열기도 했다. 이 박물관은 희귀시집, 시인들의 육필시, 초상시화 등 귀한 자료들 모아 공개하고 있으며 내국인 뿐 아니라 외국인들에게도 한국 시의 100년 역사를 보여줄 수 있는 한국 현대시에 관한 종합박물관이다.

27) 한국문학번역원 의뢰로 구성된 평가위원단이 1970~2006년 영역 출간된 한국소설 72종(원작 기준 41종)의 번역 수준을 검토한 결과 작품 이해에 방해가 되는 오류가 쪽당 1건 이하인 우수번역서 비중이 10%에 그치는 것으로 나타나기도 했다.*"한국소설 영문판 'A등급 번역' 10권 중 1권뿐", 『한국일보』 2008. 7. 2일자 기사 참조 인용

28) "디자이너 이영희, 파리 오뜨꾸띄르서 한산모시옷 선보여", 『아이뉴

스24』, 홍미경, 2010. 7. 8일자 기사 참조 인용.

29) 『연합뉴스』, "中 한국학생 한국 알리기 자전거 대장정", 2009. 3. 27
일자 기사 참조.

30) "김연아가 오바마보다 인터뷰하기 어려웠다", 『매일경제』, 박준모 기
자, 2010. 8. 3일자 기사 참조 인용.

31) IOC에서 이번에 수정 보완한 내용은 첫머리부터 한국인임을 분명히
하고 있으며 '한국이 일본에 강점됐기 때문에 손기정과 동료 남승룡
은 일본 이름으로 올림픽에 출전할 수밖에 없었다. 손기정은 열렬한
민족주의자였다'고 덧붙이고 있다. IOC는 이와 함께 월계관을 받은
시상식에서는 일장기가 올라가고 일본 국가가 연주되자 조용히 고개
를 숙여 침묵으로 항의했다는 사실도 새롭게 전하고 있다.

32) "인물탐방 – 미국 CBS TV에 한국 스포츠 스타 대거 등장시킨 조현준
대표", 『한인네트워크』, 재외동포재단 홍보조사팀 육현주, 2011. 12. 6
일자 취재기사 중 인터뷰 내용 참조.

33) "'태권도도 한류다', 美전역 다큐멘터리 방영", 『연합뉴스』, 2011. 12.
29일자 기사 참조 인용

34) 현재는 외교통상부 산하 사단법인으로서, 한국수자원공사의 후원을
받고 있고 2008년부터 국가보훈처와 함께 6·25 참전국 의료봉사를
하고 있다. 또한, 현대기아자동차그룹 '해피무브 글로벌 청년 봉사단'
과 함께 의료봉사활동을 펼치고 있는 등 정부, 기업의 후원을 받고 있
다. 하지만 최초 시작지점에서 개인들이 모여 소박하게 구성한 순수
민간자원봉사 단체였으므로 이 책의 취지에 어긋나지 않는다고 본다.

35) "또 다른 '울지마 톤즈' 빈민촌의 코리안 – 필리핀 톤도 파롤라 마을
돌보는 김숙향 씨", 『동아일보』, 손효주, 2012. 1. 11일자 기사 참조
인용

36) "작가 이지성씨, 본보 '빈민촌의 코리안' 필리핀 톤도편 읽고 현장 다
녀와 4,750만원 기부", 『동아일보』, 손효주, 2012. 3. 5일자 기사 참
조 인용

37) "애국가 모르는 초등생들", 『조선일보』, 곽래건 기자, 이상정 인턴기
자, 2012. 3. 2일자 기사 참조 인용.

38) 『희망愛』, 희망인터뷰, "우리의 역사가 일본 손아귀로?! 이것만은 막아야", 2012. 4. 9일자

http://hope.agora.media.daum.net/after/interview/view.daum
?interview_id=96&page=1

위 인터넷 기사에서 참조 인용.

사진목록

코리아브랜드, 세계를 매혹시키다

사진목록

저자의 말

꿈이 길을 만든다. 문화는 발자취와 같다. 한 나라의 역사와 그 안에서 살아온 사람들의 삶이 남기는 족적이기 때문이다. 사람의 발걸음과 그 자취는 그가 걸어온 길과 나아가려는 방향을 보여주고, 갈 수 있는 길을 넓혀주고, 그를 기억하게 한다. 세계에 한국의 자취가 많아지게 하고, 세계에 한 걸음 더 다가가게 하려고 오늘도 수많은 이들이 값진 노력을 기울이고 있다. 한국의 얼과 꿈을 세계에 펼친 이 사람들의 귀한 발걸음들이 모여 '길 없는 곳에도 길을 만들며' 세계와 한국 사이를 잇는 튼튼한 다리를 놓고 있는 것이다. 그들은 개인적인 이익을 바라지도 않고, 자신의 행적을 자랑하지도 않는다. 그저 우리나라의 꿈이 더 넓고 큰 세계로 나아갈 수 있도록, 그들은 오늘도 달린다. 한국의 매력이 더 많은 세계인들을 매혹시키는 그날까지.

이 책이 만들어지기까지 많은 도움 주시고 기꺼이 인터뷰에 응해주신 여러분들께 큰 감사를 드린다. 그분들의 순수한 열정과 헌신에도 깊은 존경을 보내며, 늘 곁에서 응원해주고 힘을 주는 사랑하는 나의 가족들에게 감사를 보내고 싶다.